LA PREMIÈRE

ORTHOGRAPHE D'USAGE

AVEC

PRINCIPES, EXERCICES ET CORRIGÉ

ENSEIGNÉE ET APPRISE EN **45** LEÇONS

PAR

BESCHERELLE

Jeune

QUATRIÈME ÉDITION

REVUE, CORRIGÉE ET ENTIÈREMENT REFONDUE

Livre de l'Élève. — Principes et Exercices

PARIS

V. SEGUIN, Libraire-Éditeur
SOCIÉTÉ DE LA PETITE PRESSE
Rue Vavin, 42

Librairie classique et administrative

PAUL DUPONT, Éditeur
Rue de Grenelle-St-Honoré, 45

BESCHERELLE, Professeur
Rue de la Monnaie, 9

JUNG-TREUTTEL, Libraire
Rue de Lille, 19

MÊME MAISON A LEIPZIG
Querstrasse, 16

1863

LA PREMIÈRE
ORTHOGRAPHE D'USAGE

AVEC

PRINCIPES, EXERCICES ET CORRIGÉ

ENSEIGNÉE ET APPRISE EN **45** LEÇONS

PAR

BESCHERELLE

QUATRIÈME ÉDITION

REVUE, CORRIGÉE ET ENTIÈREMENT REFONDUE

Livre de l'Élève. — Principes et Exercices

PARIS

V. SEGUIN, Libraire-Éditeur
SOCIÉTÉ DE LA PETITE PRESSE
Rue Vavin, 42

Librairie classique et administrative
PAUL DUPONT, Éditeur
Rue de Grenelle-St-Honoré, 45

BESCHERELLE, Professeur
Rue de la Monnaie, 9
JUNG-TREUTTEL, Libraire
Rue de Lille, 19
MÊME MAISON A LEIPZIG
Querstrasse, 16

1863

PRÉFACE

Nous possédons une infinité de Grammaires, et les règles pour l'Orthographe de principes sont posées ; mais, chose singulière ! aucune n'en contient de fixes et de complètes pour l'Orthographe matérielle des mots ou, autrement dite, l'Orthographe d'usage, et ce n'est pourtant pas la moins importante. En effet, c'est par cette Orthographe que devrait commencer toute éducation ; car, que d'hommes éminents dans l'armée, dans la magistrature, dans l'administration, ont à rougir de fautes grossières qu'ils commettent en écrivant et dont on ne manque jamais de se faire une arme pour les déprécier ! que de

Maires, que d'Instituteurs, que de jeunes gens, au sortir du collége, pêchent, nous ne dirons pas seulement contre la pureté du langage, mais même contre les principes orthographiques! Il ne faut pas en être surpris : l'enseignement de ces principes a manqué jusqu'à présent à l'Université, et c'est une lacune qu'elle doit aujourd'hui combler et qu'elle comblera, nous en avons le ferme espoir, par l'adoption de l'ouvrage que nous publions et que nous avons soumis à son approbation. Cet ouvrage manquait incontestablement et il sera d'une très-grande utilité pour toutes les écoles de France pour lesquelles il est spécialement fait. L'ouvrage se compose d'un *Livre d'Exercices* pour l'élève et d'un *Livre de Dictées* pour le maître. Nos *Tableaux Synoptiques* contiennent avec les *Homonymes*, toutes les Règles orthographiques des mots de la langue française, par *Initiales*, *Médiales* et *Finales*. Notre *Livre de Dictées* n'est que l'application des règles contenues dans les *Tableaux Synoptiques*. Ce qui le distingue surtout de ces sortes de livres, c'est qu'indépendamment de son but spécial, il renferme des phrases puisées, toutes, chez les moralistes, les orateurs sacrés, les historiens, les naturalistes, et qui toutes s'adressent au cœur et à l'esprit. Ces dictées en forment en tout QUARANTE-CINQ, combinées de manière qu'à la fin de ces quarante-cinq leçons tout élève, quels que soient son âge et son intelligence, pourra savoir l'Orthographe usuelle d'une manière irréprochable. Il est de la dernière importance qu'à chaque dictée l'élève ait la règle sous les yeux, et qu'il s'en pénètre bien; ce qui sera infailliblement pour lui d'un immense avantage et surtout d'une très-grande efficacité.

En publiant la quatrième édition de cet ouvrage, revue, corrigée et entièrement refondue, notre seul désir a toujours été d'être utile aux écoles et d'aplanir, autant qu'il est en nous, les difficultés dont notre belle langue est environnée. Puissions-nous avoir atteint ce but, et ce sera notre plus douce récompense!

LA PREMIÈRE

ORTHOGRAPHE D'USAGE

AVEC EXERCICES ET CORRIGÉ

ENSEIGNÉE ET APPRISE EN **45** LEÇONS

1re Partie : TABLEAUX SYNOPTIQUES

INITIALES OU SYLLABES AU COMMENCEMENT DES MOTS

INITIALES.

N° 1.

Mots commençant par ab.

Les mots qui commencent par AB ne doublent pas la lettre B, excepté *abbaye, abbé, abbesse, abbatial* et *Abbeville*.

Exemples.

Abaissement	Abatis	Abîme	Abonné	Aboyer
Abat-jour	Abattoir	Aboiement	Abonner	Abrégé
Abandon	Abcès	Abolir	Abord	Abri
Abatage	Abdication	Abolition	Abordage	Abricot
Abattu	Abhorer	Abondance	Aborder	Abriter

N° 2.

Mots commençant par ac.

Le C double dans les mots qui commencent par AC, excepté dans *acabit, acacia, acagnarder, acajou, acanthe, acariâtre, acolyte,*

INITIALES.

acoustique, *académie*, les dérivés et tous ceux où la prononciation indique un seul C.

Exemples.

Accabler	Accéder	Accès	Accompaguer	Accordéon
Accessit	Accéléré	Accessible	Accompli	Accoster
Accommoder	Accent	Accaparement	Accord	Accoucher
Accouder	Accepter	Accident	Accueillir	Accort

N° 3.

Mots commençant par ad.

De tous les mots commençant par AD il n'y a que *addition, additionnel, additionner, adduction, adducteur* et les dérivés qui prennent deux DD.

Exemples.

Adage	Adhésion	Adolescence	Adoption	Adorer
Adapter	Adieu	Adolescent	Adoucir	Adoucissement
Adepte	Adresser	Adoniser	Aduler	Adulation
Adhérence	Adroit	S'adonner	Aduite	Adorable
Adhérer	Adresse	Adopter	Adive	Adorateur

N° 4.

Mots commençant par af.

Les mots qui commencent par AF prennent deux FF, excepté *afin, Afrique, Africain, Africaine* et *afistoler*.

INITIALES.

Exemples.

Affabilité	Affaissement	Affiche	Affiquet	Affreux
Affable	Affamé	Afficheur	Affirmer	Affront
Affadir	Affectation	Affiler	Affliction	Affubler
Affaiblir	Affection	Affûloir	Affluence	Affût
Affaire	Affermir	Affûnage	Affranchir	Affectueux

N° 5.

Mots commençant par ag.

Les mots qui commencent par AG ne doublent pas le G, excepté *agglomération, agglomérer, agglutiner, agglutination, aggraver* et les dérivés.

Exemples.

Agenda	Agonie	Agrément	Aguerrir	Agacer
Agenouiller	Agrafe	Agresseur	Agreste	Agacement
Agilité	Agrandir	Agriculture	Agricole	Age
Agir	Agréable	Agripper	Agrafer	Agraire
Agitation	Agréer	Agronome	Agiter	Agent

N° 6.

Mots commençant par al.

Les mots commençant par AL, suivis d'une voyelle, prennent deux LL, excepté *aloès, aloi, alonge, alongement, alonger, alors, alose alouette, alourdir* et *aloyau.*

INITIALES.

Exemples.

Allah	Allée	Allégresse	Alliage	Allumer
Allaitement	Allégation	Allégo	Alliance	Allumette
Allaiter	Alléger	Alléguer	Allocation	Alluvion
Allant	Allégir	Alléluia	Allocution	Allusion
Allèchement	Allégorie	Allemand	Allié	Allégorie
Allécher	Allègre	Aller	Allouer	Allure

Nº 7.

Mots commençant par am.

Les mots qui commencent par AM ne doublent pas la lettre M, excepté *ammoniac.*

Exemples.

Amabilité	Amende	Amazone	Amitié	Amusement
Amadou	Amandier	Amélioration	Amidon	Amygdales
Amadouer	Amarante	Amener	Amiral	Amovible
Amaigrir	Amarrer	Aménité	Amollir	S'amouracher
Amalgame	Amas	Amer	Amonceler	Amourettes
Amande	Amateur	Ameublement	Amortir	Amour

Nº 8.

Mots commençant par an.

AN, au commencement des mots, ne double pas devant une voyelle, excepté *année, anneau, annexe, annihiler, annonce, annoter, annuler* et les mots de la même famille.

Exemples.

Analogie	Anathème	Anecdote	Anesse	Animal
Analyse	Anatomie	Anémone	Anévrisme	Animosité
Ananas	Anéantir	Ane	Anicroche	Anisette
Anoblir	Anonyme	Anarchie	Anomalie	Anoblissement

INITIALES.

N° 9.

Mots commençant par ap.

La plupart des mots qui commencent par AP prennent deux PP.

Exemples.

Apparaître	Appartement	Appel	Appliquer	Apprendre
Apparat	Appartenir	Appeler	Appoint	Apprenti
Appareil	Appas	Appesantir	Appointement	Apprêt
Apparence	Appât	Appétit	Apporter	Apprivoiser
Apparier	Appauvrir	Applaudissement	Apposition	Appuyer
Apparition	Appeau	Application	Apprécier	Appui

Exceptions.

Les seuls mots en AP qui ne doublent pas le P sont les suivants et leurs dérivés :

Apaiser	Api	Apologie	Apostrophe	Apanage
Apis	Apologue	Apothéose	Aparté	Apitoyer
Apophthegme	Apothicaire	Apathie	Aplanir	Apoplexie
Apozème	Apens	Aplatir	Apostasie	Apre
Apercevoir	Aplomb	Aposter	Après	Apennins
Apocryphe	Apostiller	Apreté	Apéritif	Apogée
Apostolat	Aptitude	Apetisser	Apollon	Apôtre
Apurer	Apuration	Apuratif	Apostasier	Apostat

N° 10.

Mots commençant par ar.

Les initiales en AR ne doublent pas la lettre R, excepté *arracher, arranger, arrêter, arrivage, arrhes, arrière, arriver, arrogance,*

INITIALES.

s'arroger, arroi, arrondir, arroser et les dérivés.

Exemples.

Arabe	Aratoire	Aride	Arithmétique	Aruspice
Arabie	Aréomètre	Aridité	Aromate	Arack
Arabesque	Aréopage	Ariette	Aromatique	Arête
Araignée	Arène	Aristocrate	Aromatiser	Aristocratie

N° 11.

Mots commençant par as.

Les mots qui commencent par AS doublent l'S devant une voyelle, excepté dans *asile, asine, Asie* et les dérivés.

Exemples.

Assaillir	Assassinat	Asséner	Asservissement	Assiette
Assainissement	Assassiner	Assentiment	Assesseur	Associer
Assaisonnement	Assaut	Asseoir	Assez	Assommer
Assaisonner	Assemblage	Assertion	Assidu	Assortiment
Assassin	Assemblée	Asservir	Assiégeant	Assurer

N° 12.

Mots commençant par at.

Les mots qui commencent par AT prennent un double T, excepté *atelier, atermoyer, athée, athénée, athlète, atôme, atour, atout, atrabilaire, âtre, atroce,* les dérivés et quelques mots peu usités.

INITIALES.

Exemples.

Attachement	Attacher	Attaque	Atteindre	Attelage
Attenant	Attendre	Attentat	Attente	Attentif
Atténuer	Attestation	Attiédir	Attirail	Attirer
Attirer	Attitude	Attonchement	Attraction	Attroupement

N° 13.

Mots commençant par bab, bac, bad, baf, bag.

Tout mot commençant par ces initiales ne double pas la lettre finale de ces sons, excepté : *baccalauréat, bacchanal, baccanthe* et quelques mots peu usités.

Exemples.

Babel	Babil	Babillard	B..biole	Babouin
Babylonien	Bac	Bachelier	Bachique	Bachot
Bacinet	Badaud	Badigeon	Badinage	Bafouer
Bâfrer	Bagage	Bagarre	Bagatelle	Baguette

N° 14.

Mots commençant par bail, bal.

Tout mot qui commence par BAIL double la lettre L, excepté *bail.*

Tout mot, au contraire, commençant par BAL, ne double pas l'L, excepté *ballade, balle, ballon, ballet, ballot* et leurs dérivés.

INITIALES.

Exemples.

Bâillement	Bâilleur	Bal	Baleine	Balustre
Bâiller	Bailli	Baladin	Baliverne	Balance
Bailler	Bâillon	Balai	Balourd	Balayure
Bâiloque	Bâillonner	Balayer	Balustrade	Baillive

N° 15.

Mots commençant par bau, bar, bas, bat.

Les mots qui commencent par ces initiales ne doublent pas la lettre finale de ces sons.

Exemples.

Banal	Baraque	Baromètre	Basin	Bateau
Banane	Baratterie	Basane	Basilique	Batelier
Banian	Barigoule	Base	Bataclan	Bâtiment
Baron	Baril	Baser	Bataille	Bâton
Baragouin	Bariole	Basilic	Bataillon	Bâtonnier
Baragouiner	Barique	Basoche	Bâtard	Bâtir

Exceptions.

Banneret	Bannissable	Barrette	Bassin	Batte
Banni	Barrer	Barrage	Basson	Battement
Bannière	Barricade	Basse	Basset	Batteleur
Baunir	Barrière	Bassement	Battage	Battre
Bannissement	Barreau	Bassesse	Battant	et les dérivés.

N° 16.

Mots commençant par bour.

Tous les mots qui commencent par cette finale prennent deux RR devant une voyelle, excepté *bouracan*.

INITIALES.

Exemples.

Bourrache	Bourrée	Bourriche	Bourbier	Bourse
Bourrade	Bourreler	Bourrique	Bourbeux	Boursier
Bourrasque	Bourrelet	Bourriquet	Bourdon	Boursiller
Bourre	Bourrelier	Bourru	Bourgeois	Bourgmestre
Bourreau	Bourrer	Bourbe	Bourgeon	Bourgade

Nº 17.

Mots commençant par com.

COM, suivi des voyelles A, E, I, O, U, double la lettre M, excepté *comédie, comique, comestible, comète, comice, comité* et les dérivés.

Exemples.

Commandant	Commis	Communicatif	Commerçant	Communauté
Commande	Commodité	Communier	Commerce	Commune
Commandement	Commun	Commencer	Commissaire	Communiquer
Commère	Commencal	Commentaire	Commission	Commercial
Commettre	Commodément	Commérage	Commode	Commotion

Nº 18.

Mots commençant par con.

Les mots commençant par CON doublent la lettre devant une voyelle, excepté *conique* et *conifère.*

Exemples.

Connaîtra	Connaissance	Connaisseur	Connétable	Connexion
Connexité	Connivence	Connexe	Connaissement	et les dérivés.

INITIALES.

Nº 19.

Mots commençant par cor.

COR, initial, double la lettre R devant une voyelle.

Exemples.

Correct	Corrélation	Corrigible	Corroyer	Corrompre
Correction	Corrélatif	Corridor	Corroyeur	Corruption
Correctionnel	Correspondance	Corriger	Corrosif	Corruptible
Corrégidor	Correspondre	Corrigé	Corrupteur	Corroborer

Excepté.

Cor	Coran	Coraline	Corail	Coriace	Corinthien	Corolle

Nº 20.

Mots commençant par def, dif.

DEF ne double jamais la lettre F; DIF, au contraire, prend deux FF.

Exemples.

Défaillance	Défectueux	Diffamer	Diffamation	Différence
Défaire	Défendre	Différent	Différent	Différer
Défaite	Défense	Difficile	Difficulté	Différend
Défalquer	Défi	Difformité	Diffus	Diffusion
Défaut	Défiler	Diffusément	Difficilement	Différemment
Défaveur	Défunt	Diffamateur	Difforme	Diffamatoire

Nº 21.

Mots commençant par des.

DES double la lettre S dans les mots où l'S sonne comme un C; DES, au contraire, ne

INITIALES.

double pas dans les mots où l'S sonne comme un Z.

Exemples avec deux SS.   *Exemples avec un S.*

Dessaisir	Dessert	Dessiller	Désigner	Désapprouver
Dessaler	Desservir	Dessin	Désignation	Désapprobation
Déssécher	Desservant	Dessouder	Désappointement	Désir
Dessein	Dessiner	Dessus	Désert	Déshonneur
Desseller	Dessiccatif	Dessous	Déserteur	Déshonorer
Desserer	Dessiccation	Dessaouler	Désaltérer	Désirer

Nº 22.

Mots commençant par dis.

DIS ne double la lettre finale S que devant les voyelles E, I, O, U et Y.

Exemples.

Dissection	Dissemblable	Dissimulation	Dissolution	Dissuasion
Disséminer	Dissemblance	Dissipateur	Dissolvant	Dissyllabe
Dissémination	Disserter	Dissiper	Dissonance	Dissertateur
Dissension	Dissertation	Dissipation	Dissonant	Dissipatrice
Dissentiment	Dissidence	Dissolu	Dissoudre	Dissimulateur
Disséquer	Dissimuler	Dissoluble	Dissuader	Dissimulatrice

Nº 23.

Mots commençant par ec.

EC initial ne prend qu'un C, excepté dans *ecce-homo, ecchymose, ecclésiaste,* les dérivés et quelques mots peu connus.

INITIALES.

Exemples.

Ecaille	Ecoutes	Eclanche	Ecole	Ecorcher
Ecailler	Ecartement	Eclat	Ecolier	Ecot
Ecale	Ecarter	Eclipse	Econome	Ecouter
Ecarlate	Eclabousser	Ecloppé	Ecope	Ecran
Ecart	Eclairage	Ecluse	Ecorce	Ecrin

N° 24.

Mots commençant par ef.

Tout mot qui commence par EF prend deux FF, excepté *éfaufiler*.

Exemples.

Effacer	Effet	Effleurer	Effrayer	Effroyable
Effarer	Effeuiller	Effondrilles	Effréné	Effusion
Effaroucher	Efficace	S'efforcer	Effroi	Effaçable
Effectif	Effigie	Effort	Effronté	Effaner
Effectuer	Effilé	Effraction	Effronterie	Efféminer
Effervescence	Efflanqué	Effrayant	Effrontément	Efficacité

N° 25.

Mots commençant par el.

Dans les mots qui commencent par EL on ne double jamais l'L, excepté dans *elle*, *ellébore*, *ellipse* et les mots de la même famille.

Exemples.

Elaborer	Elargir	Elégant	Elévation	Eloigner
Elaguer	Elastique	Elégie	Eligible	Eloge
Elan	Electeur	Elément	Eliminer	Eluder
Elancé	Electrique	Eléphant	Elixir	Elysée

INITIALES.

N° 26.

Mots commençant par em.

EM, initial, double la lettre M quand il a le son de AN; il ne double pas lorsqu'il a le son de EMME.

Exemples avec redoublement.

Emmagasiner	Emmêler	Emmener	Emmitoufler	Emmannequiner
Emmailloter	Emménager	Emmenoter	Emmuseler	Emmusquer
Emmancher	Emménagement	Emmieller	Emmanchement	Emmanchure

Exemples sans redoublement.

Emiéter	Emailler	Emanation	Emolument	Emouvoir
Email	Emaner	Emétique	Emerveiller	Emotion

N° 27.

Mots commençant par en.

Les mots qui commencent par EN ne doublent pas la consonne N, excepté *ennemi, ennoblir, ennui, ennuyeux* et les dérivés.

Exemples.

Energie	Enharnacher	Enoncer	Enorme	Enumératif
Energique	Enharnachement	Enonciation	Enormément	Enigmatique
Energiquement	Enigme	Enorgueillir	Enuméré	Enigmatiquement
Energumène	Enivrer	Enorgueilli	Enumération	Enoncé
Enerver	Enivrement	Enorgueillissem'	Enhardir	Enonciatif
Enervation	Enivrant	Enormité	Enumérateur	Enonciateur

N° 28.

Mots commençant par es.

ES, initial, ne double la lettre S que devant une voyelle.

INITIALES.

Exemples avec deux SS.

Essai	Essayer	Essuyer	Essentiel	Essieu
Essaim	Essayeur	Essence	Essouffler	Essor

Exemples avec un S.

Escabeau	Escalier	Escarpolette	Espalier	Escabelle
Escadre	Escarbot	Esclave	Espiègle	Estafette

N° 29.

Mots commençant par et.

ET, au commencement des mots, ne double jamais.

Exemples.

Etablissement	Eté	Etinceler	Etalon	Etrivière
Etage	Eteignoir	Etiquette	Etude	Etranger
Etain	Etendard	Etoile	Etui	Etrécir
Etalage	Etendre	Etonner	Etuve	Etrécissement
Etaler	Eternel	Etouffer	Etymologie	Etendue
Etamer	Etincelle	Etoupe	Etroit	Etang

N° 30.

Mots commençant par four.

FOUR, au commencement des mots, ne double la lettre R que devant une voyelle.

Exemples avec deux RR.

Fourrage	Fourrier	Fourrage	Fourrure	Fourragé
Fourré	Fourrière	Fourrageur	Fourreur	Fourrageant
Fourreau	Fourriérisme	Fourrageuse	Fourrée	Fourrant

Exemples avec un R.

Fourbe	Fourmillant	Fourberie	Fournir	Fourbir
Fourgon	Fourvoyer	Fourmi	Fourvoiement	Fourbu

INITIALES.

N° 31.

Mots commençant par hip ou hyp.

Tout mot ayant HIP pour initial double le P ; ceux en HYP ne doublent pas le P.

Exemples avec HIP.

Hippocrate	Hippocratique	Hippogriffe	Hippomane	Hippopotame

Exemples avec HYP.

Hyperbate	Hyperborée	Hypocondriaque	Hypocrisie	Hypothèque
Hyperbole	Hypocondre	Hypocras	Hypocrite	Hypothécaire

N° 32.

Mots commençant par il.

Les mots qui commencent par IL prennent deux LL, excepté *ilote, ilotisme, île*, les dérivés et quelques mots peu usités.

Exemples.

Illégal	Illimité	Illuminer	Illustré	Illustrissime
Illégalité	Illisible	Illusion	Illustre	Illumination
Illégitime	Illuminé	Illusoire	Illettré	Illicite

N° 33.

Mots commençant par im.

IM, initial, suivi d'une voyelle, prend deux MM, excepté *image, imaginer, iman, imiter* et les dérivés.

INITIALES.

Exemples.

Immaculé	Immeuble	Immédiat	Immoler	Immoral
Immangeable	Immobile	Immémorial	Immortel	Immortalité
Immanquable	Immodéré	Immense	Immuable	Imminent

N° 34.

Mots commençant par in.

IN, initial, ne double la lettre N que dans *innavigable, innée, innocence, innombrable, innover* et les dérivés.

Exemples.

Inépuisable	Inaltérable	Inaptitude	Inexcusable	Inoculer
Inertie	Inachevé	Inappréciable	Inexorable	Inoculation
Inespéré	Inaccessible	Inégal	Inexpérience	Inodore
Inévitable	Inadmissible	Ineptie	Inexplicable	Inoffensif
Inanimé	Inamovible	Inexact	Iniquité	Inusité
Inappliqué	Inanition	Inexactitude	Initiative	Inutile

N° 35.

Mots commençant par ir

Tous les mots qui commencent par IR doublent l'R, excepté *irascible, iris, iroquois, ironie* et les dérivés.

Exemples

Irréconciliable	Irréfragable	Irréligieux	Irrémissible	Irrévérence
Irrécusable	Irrégularité	Irréligion	Irréparable	Irritation
Irréfléchi	Irrégulier	Irrémédiable	Irrésolu	Irruption

INITIALES.

N° 36.

Mots commençant par oc.

Tout mot qui commence par OC double le C devant une voyelle, excepté *ocre, oculaire, oculiste, océan* et les dérivés.

Exemples.

Occasion	Occiput	Occurrent	Occire	Occipital
Occasionner	Occulte	Occasionnel	Occurrence	Occuper
Occident	Occupant	Occasionnellement	Occidental	Occupation

N° 37.

Mots commençant par of.

OF au commencement des mots, double toujours la lettre F.

Exemples.

Offensant	Offenseur	Official	Officier	Offrant
Offense	Offensif	Officialité	Officinal	Offre
Offensé	Offertoire	Officiant	Officine	Offrir
Offenser	Office	Officier	Offrande	Offusquer
Officieux	Officieusement	Offerte	Officiel	Officiellement

N° 38.

Mots commençant par op.

OP ne prend deux PP que quand il est suivi d'un O ou d'un R. Dans tous les autres cas, il ne prend qu'un seul P.

INITIALES.

Exemples.

Opportun	Oppressif	Opale	Opiniâtreté	Opaque
Opposant	Oppresseur	Opinion	Opéra	Opticien
Oppression	Opprobre	Opération	Opérateur	Opiat
Opposer	Opposition	Opacité	Opiner	Opiniâtre

N° 39.

Mots commençant par or.

OR, au commencement des mots, ne double jamais la lettre R.

Exemples.

Orage	Orang-Outang	Oriental	Orthographe	Orémus
Oracle	Orbite	Original	Ormeau	Orfévre
Oraison	Orchestre	Origine	Oratoire	Orageux
Orange	Ordinaire	Oripeau	Orateur	Orient
Oranger	Oreille	Ortolan	Oratorio	Oratorien
Orangerie	Oreiller	Ortie	Orangeade	Orientaliste

N° 40.

Mots commençant par rap et rep.

RAP, initial, ne double que dans *rappareiller, rapparier, rappeler, rapport, rapprendre, rapprocher* et les dérivés.

REP, initial, ne double jamais la lettre P.

Exemples.

Rapace	Repaire	Repasser	Répéter	Rapide
Rapacité	Repaître	Repasseuse	Répétiteur	Rapine
Rapatrier	Répandre	Repayer	Répétition	Repas
Râpe	Réparer	Repêcher	Repeupler	Répertoire
Râper	Reparaître	Repeindre	Répit	Repesoir

INITIALES.

N° 41.

Mots commençant par ref.

REF, au commencement des mots, ne double jamais la lettre F.

Exemples.

Refaire	Réflexion	Réfraction	Refus	Reflet
Refaucher	Refluer	Refrain	Refuser	Réfractaire
Réfectoire	Refondre	Réfrigérant	Réfuter	Réfugié
Refermer	Refonte	Refrogné	Réfutation	Réfréner
Réfléchir	Réforme	Refroidir	Reflux	Réfrangible
Refleurir	Refouler	Refuge	Se réfugier	Réformateur

N° 42.

Mots commençant par suf et sup.

SUF et SUP, à la tête des mots, doublent l'F ou le P, excepté *suprême,, suprématie* et les mots commençant par SUPER.

Exemples avec deux PP.   *Exemples avec un P.*

Suffire	Support	Suppuration	Supercherie	Superficiel
Suffisance	Supportable	Supputation	Superfétation	Supérieur
Suffoquer	Supposer	Supputer	Superficie	Supériorité
Suffocation	Supprimer	Supplément	Superfin	Superstitieux
Suffisant	Suppression	Supposition	Superflu	Superstition

N° 43.

Mots commençant par ter et tor.

TER ou TOR. au commencement des mots,

INITIALES.

doublent la lettre R, excepté *térébenthine* et quelques mots peu usités.

Exemples.

Terre	Terrasser	Terrible	Territoire	Terrifioation
Terrain	Terrassier	Terriblement	Territorial	Terre-plein
Terreux	Terreau	Terreur	Terroir	Terraqué
Terrasse	Terrorisme	Terrifier	Terroriste	Terrien
Terrestre	Terrier	Terrine	Terrorifier	Terrinée
Torrent	Torrentiel	Torrifier	Torréfaction	Torride

MÉDIALES

OU

SYLLABES AU MILIEU DES MOTS

MÉDIALES.

N° 44.

C au milieu des mots.

Le C médial se double dans les mots suivants et leurs dérivés et composés :

Exemples.

Vaccin	Raccorder	Raccroc	Succéder	Succession
Saccager	Successif	Peccadille	Succulent	Successif
Saccharin	Raccommoder	Impeccabilité	Succès	Succinct
Siccité	Vaccine	Succion	Siccatif	Peccant
Succomber	Saccade	Succursale	Raccourci	Successeur
Peccable	Saccagement	Baccalauréat	Accès	Vaccination

N° 45.

F au milieu des mots.

L'F médial se double dans les mots suivants et leurs dérivés ou composés.

MÉDIALES.

Exemples.

Bouffissure	Coiffure	Bouffée	Griffonner	Bouffir
Coffretier	Chiffonner	Buffle	Souffrance	Souffleter
Chiffonnier	Coefficient	Buffet	Beffroi	Bouffette
Etouffement	Coffre-fort	Chiffon	Suffrage	Truffière
Biffer	Bouffonnerie	Coiffer	Chiffrer	Bouffe
Bouffant	Touffu	Pouffer	Buffleterie	Bouffon

Nº 46.

Emploi du G ou du J.

G précède ordinairement I, E; mais J précède A, O, U; l'I n'est jamais précédé d'un J.

Exemples.

Agile	Girafe	Régisseur	Giroflée	Tabagie
Bijou	Toujours	Déjouer	Jouer	Jamais

Exceptions.

Je (moi)	Jeune	Majeur	Majesté	Jeûner

Nº 47.

Emploi de l'M médial.

L'M médial se double dans les mots suivants et dans la plupart des adverbes formés d'adjectifs en ANT et en ENT.

Exemples.

Sommet	Grammaire	Dommage	Grommeler	Sommeil
Hommage	Hommasse	Ammoniac	Anagramme	Renommée
Commander	Femme	Epigramme	Eloquemment	Dédommagement
Obligeamment	Elégamment	Arrogamment	Décemment	Méchamment
Ardemment	Abondamment	Apparemment	Violemment	Prudemment.

MÉDIALES.

N° 48.

N au milieu des mots.

L'N médial se double dans les mots suivants et leurs composés, ainsi que dans les mots qui font l'objet des règles pour les initiales et les finales IN, ON, AN, EN, etc.

Exemples.

Baïonnette	Bannière	Bannir	Bonnet	Banneret
Canneler	Cannibale	Connaître	Connivence	Connétable
Connexe	Ennemi	Nonne	Ennoblir	Hanneton
Hennir	Honnête	Honneur	Honnir	Innocent

N° 49.

Emploi de l'R médial.

L'R médial se double : 1° dans les mots suivants et leurs dérivés ; 2° dans *je courrai, je pourrais,* et toutes les formes semblables des verbes *courir, mourir, quérir, envoyer, choir, voir, pouvoir* et leurs composés.

Exemples.

Barrer	Carriole	Jarret	Sarrasin	Barrique
Carrousel	Courrier	Marron	Verre	Terre
Serrure	Courroie	Parrain	Verrou	Torrent

N° 50.

Emploi de SC.

Les principaux mots où l'on trouve SC de-

MÉDIALES.

vant E, I, sont les suivants et leurs dérivés ou composés.

Exemples.

Science	Scélérat	Sceller	Scène	Obscène
Sceptique	Sceptre	Sciatique	Scission	Scier
Adolescent	Ascendant	Ascension	Condescendance	Conscience
Convalescence	Descendre	Discerner	Disciple	Effervescence
Escient	Susciter	Oscillation	Réminiscence	Irascible
Lascif	Faisceau	Fasciner	Proscience	Roscif

N° 51.

Emploi du T au milieu des mots.

Le T médial se double dans les mots suivants et les dérivés ou composés.

Exemples.

Trotter	Brouetter	Nettoiement	Sagittaire	Cette
Nettoyer	Dégoutter	Rattraper	Lutte	Fouetter
Littéraire	Guetter	Balotter	Littoral	Mettre
Latte	Pittoresque	Quitter	Lutteur	Sottise
Nettement	Betterave	Crotter	Ottomane	Lettre
Ratteindre	Littérature	Emietter	Rattendrir	Crotter
Regretter	Lutter	Littéral	Acquitter	Garotter

N° 52.

BAN et BEN au milieu des mots.

Le son BAN ne se rend par BEN que dans les mots *prébende*, *prébendier* et *térébenthine;* hors de là, il se rend par BAN.

MÉDIALES.

Exemples.

Bombance	Radoubant	Englobant	Bombant	Dérobant
Absorbant	Abandonner	Courbant	Ebarbant	Désembourbement
Enjambant	Bandage	Contrebande	Daubant	Bande
Flambant	Bandouillère	Baudelette	Bandeau	Abandon
Regimbant	Ruban	Porbau	Banderolle	Ban
Embourbant	Tombant	Turban	Contrebandier	Banc

Nº 53.

GA, GAN, au milieu des mots.

Dans aucun mot les sons GA, GAN, ne se rendent par GUA, GUAN; ils s'écrivent toujours GA, GAN.

Exemples.

Navigation	Allégation	Elégant	Prodigalité	Gant
Inégalité	Bourgade	Bigarreau	Égarement	Ganter
Egard	Mégarde	Suffragant	Gantelet	Astragale
Gargarisme	Arrogant	Gateau	Paganisme	Légation
Cigale	Fatigant	Inf: tigable	Navigable	Egal
Intrigant	Brigand	Extravagant	Fringant	Inégal

Nº 54.

ISS, ICE au milieu des mots.

Les noms qui viennent des verbes en IR prennent deux SS, excepté *nourrice, nourricier, service, sévices,* qui viennent de *nourrir, servir, sévir.*

MÉDIALES.

Exemples.

Asservissement	Refroidissement	Anoblissement	Agrandissement	Démolissement
Affermissement	Réjouissance	Rétablissement	Amortissement	Frémissement
Ralentissement	Adoucissement	Ravissement	Appauvrissement	Accomplissement
Anéantissement	Affranchissement	Jouissance	Retentissement	Obéissance
Saisissement	Alourdissement	Affaiblissement	Etablissement	Abâtardissement

N° 55.

I, É représentés par AI, EI.

Les principaux mots où le son médial I, É, se trouve représenté par AI, EI, sont les suivants :

Exemples.

Oraison	Affaiblir	Etain	Treize	Prairie
Affaiter	Reinette	Maison	Mousquetaire	Saignée
Liaison	Enchaîner	Raisin	Epaissir	Traîner
Raiponce	Rafraîchir	Assaisonner	Aigreur	Métairie
Saison	Maigreur	Vainement	Aimable	Faisan
Traître	Paraître	Araignée	Teinture	Peigne
Châtaigne	Comparaison	Neige	Clairon	Plaisir

N° 56.

C représenté par Q.

Le C se représente par Q : 1° dans les mots suivants et leurs dérivés ou composés; 2° dans tous les temps des verbes en QUER.

Exemples.

Quai	Queue	Quotient	Quine	Quolibet
Quand	Quiconque	Piqûre	Quinquet	Qualité

MÉDIALES.

Quarante	Inquiet	Bibliothèque	Quinte	Quotité
Manqua	Quille	Quart	Quinzaine	Quincailler
Débarqua	Quiproquo	Quartier	Equivoque	Quinteux
Quarteron	Quoi	Questeur	Quadrupède	Quintal

N° 57.

K représenté par CH.

Les principaux mots où le son K est représenté par CH sont les suivants et leurs dérivés.

Exemples.

Achromatique	Chrétien	Charybde	Chlorate	Cholérique
Anachronisme	Chrysocale	Cholérine	Chlorure	Cochléaria
Bacchanal	Echo	Choriste	Almanach	Exarchat
Archiépiscopal	Machabée	Christ	Archange	Chromatique
Chersonèse	Pyrotechnie	Chronologie	Catachrèse	Chronomètre
Chiromancie	Archaïsme	Chlore	Chélidonie	Ichthyophage
Choléra-morbus	Chaos	Melchisédec	Chœur	Nabuchodonozor
Anachorète	Archonte	Chaldéen	Chronique	Terpsichore
Chrysalide	Lichen	Polytechnique	Chrême	Ichthyologie

C représenté par K.

La lettre K n'est employée que dans un très-petit nombre de mots que voici :

Exemples.

Ukase	Schako	Nankin	Pékin	Moka
Tokai	Kyrielle	Kermesse	Kandser	Kalmouk
Jockey	Kermès	Kiosque	Kakatoès	Kangourou
Kamtschatka	Kan	Kabyle	Kaléidoscope	Kilomètre
Kilogramme	Kilostère	Kilomètre	Coke	Ankylose

MÉDIALES.

N° 58.

N changé en M.

On écrit M au lieu de N devant les lettres P, B, M, au commencement, au milieu et à la fin des mots, excepté *bonbon, bonbonnière, embonpoint, néanmoins* et *nonpareille.*

Exemples.

Jambon	Prompt	Membre	Bambin	Impayable
Tambour	Vampire	Jambe	Ambigu	Ombre
Plomb	Intempérie	Chambre	Exemption	Sombre
Rembourser	Remmener	Pampre	Semblable	Impiété
Bambou	Comble	Camp	Campagne	Novembre
Tempête	Emplâtre	Tombe	Compère	Commère

N° 59.

F représenté par PH.

S'écrivent par PH au lieu de F tous les mots où se trouvent les sons GRAPHE, TROPHE, PHAGE, PHANE, PHONIE, PHIL, PHYS, AMPHI, OPHTAL, ainsi que les mots suivants et leurs dérivés ou composés, excepté *agrafe,* qui s'écrit par F.

Exemples.

Acéphale	Eléphant	Pamphlet	Phébus	Bosphore
Alphabet	Emphase	Logogriphe	Porphyre	Bucéphale
Amphibie	Ephémère	Philosophe	Prophète	Lymphe

MÉDIALES.

Amphore	Ephémérides	Philosophie	Zéphir	Méphytique
Anthropomane	Ephores	Phosphore	Sarcophage	Typhon
Anthropophage	Epiphanie	Phosphorique	Séraphin	Typhus
Aphorisme	Epitaphe	Sophisme	Sphère	Strophe
Apocryphe	Euphémie	Philosophisme	Sphinx	Catastrophe
Apophtegme	Euphémisme	Strophe	Phénix	Christophe
Asphalte	Euphonie	Sycophante	Phénomène	Phoque
Asphyxie	Euphonique	Sylphe	Philanthrope	Hydrophobie
Bibliographie	Graphie	Symphonie	Philippique	Hydrophobe
Bibliophile	Hiéroglyphe	Triomphe	Philologie	Limitrophe
Blasphème	Hiérophante	Trophée	Philtre	Lithophage
Phrase	Phthisie	Physiologie	Physionomie	Olographe

N° 60.

T représenté par TH.

S'écrivent par TH : 1° les mots commençant par THÉO, ORTHO, LITHO ; 2° ceux qui finissent par THÈSE, THOLOGIE, PATHIE ; 3° les mots suivants et leurs dérivés ou composés.

Exemples.

Théorie	Antithèse	Arithmétique	Logarithme	Sympathie
Théologie	Parenthèse	Authentique	Luthier	Antipathie
Théorème	Synthèse	Athlète	Mathématique	Apathie
Théocratie	Thalie	Bibliothèque	Menthe	Thèse
Théodore	Thaumaturge	Catholique	Méthode	Acanthe
Orthographe	Thé	Cantharide	Panthéon	Anthère
Orthodoxe	Théâtre	Cothurne	Panthère	Apothicaire
Orthopédique	Thériaque	Diphtongue	Phthisie	Gothique
Orthologie	Thermal	Enthousiasme	Pléthore	Hyacinthe

MÉDIALES.

Ornithologie	Thésauriser	Epithalame	Plinthe	Hypothèque
Anthologie	Thon	Epithète	Posthume	Isthme
Pathologie	Absinthe	Ether	Pythonisse	Labyrinthe
Rhéteur	Térébenthine	Galimathias	Thyrse	Léthargie
Rhétorique	Zénith	Thym	Thurifère	Améthiste

N° 64.

Mots avec un H muet.

S'écrivent avec un H muet initial les mots commençant par ABI, UM, UI, HECTO, HIPPO (signifiant cheval), IDR, IP, GOTH, ainsi que les mots suivants et leurs dérivés.

Exemples.

Habiller	Hermétique	Hospice	Prohiber	Hébreu
Habitant	Hermine	Abhorrer	Répréhensible	Hécatombe
Humidité	Herbe	Adhérent	Redhibition	Hectolitre
Humoriste	Héritier	Ahurir	Réhabiliter	Hémisphère
Huile	Heure	Appréhender	Rehausser	Hémistiche
Habile	Heureux	Arrhes	Aujourd'hui	Hémorragie
Habitude	Hyène	Bonheur	Trahir	Hérétique
Humanité	Hiatus	Malheur	Souhaiter	Hésiter
Humecté	Hier	Brouhaha	Véhément	Honnête
Humble	Hiéroglyphe	Cahoter	Véhicule	Hôtel
Huître	Hilarité	Cahier	Catarrhe	Inhumer
Huissier	Hirondelle	Cahutte	Myrrhe	Inhérent
Haleine	Histoire	Cohorte	Rhabillage	Hypocrite
Hameçon	Hiver	Compréhensible	Rhétorique	Hyperbole
Harmonie	Hippodrome	Envahir	Rhin	Rhône
Hebdomadaire	Hydropisie	Exhiber	Rhinocéros	Rhum
Héberger	Hydre	Exhorter	Hippopotame	Rhume
Hébéter	Horloge	Exhumer	Horizon	Rhumatisme

MÉDIALES.

Mots avec un H aspiré.

S'écrivent avec un H aspiré les mots suivants, leurs dérivés ou composés, excepté *héroïne*, *héroïque*, dont l'H est muet, bien qu'il soit aspiré dans *héros*.

Exemples.

Hableur	Hameau	Hollande	Hussard	Haire
Hasard	Hampe	Homard	Hutin	Halle
Houblon	Hanche	Hongre	Hutte	Hallebarde
Hardi	Hanneton	Hongrie	Haïr	Hallier
Hargneux	Haquenée	Honte	Hatif	Halte
Hideux	Haquet	Hoquet	Hanter	Hamac
Hache	Harangue	Hoqueton	Happer	Hêtre
Havresac	Haras	Horde	Haranguer	Hibou
Houe	Hardes	Horion	Harceler	Hiérarchie
Haie	Hareng	Hotte	Harnacher	Holà
Haut	Haricot	Hottentot	Hâter	Huche
Haine	Haridelle	Houppe	Hérisser	Huguenot
Hauteur	Harpe	Houppelande	Heurter	Huit
Houille	Harpon	Houri	Hisser	Hune
Haillon	Hart	Housse	Hocher	Huppe
Héraut	Hernie	Houssine	Honnir	Haubert
Houle	Héron	Houx	Houspiller	Hasard
Hère	Héros	Hoyau	Hurler	Hors
Houlette	Herse	Héron	Hennir	Hardiesse.

N° 62.

Mots où se trouve la lettre Y.

S'écrivent avec un Y les mots commençant par HYDRO, HYPER, MYRIA, PHYSI, POLY

MÉDIALES.

(police, politique, etc., exceptés), et les suivants et leurs composés ou dérivés.

Exemples.

Acolyte	Physique	Presbytère	Syntaxe	Hymne
Analyse	Kyrielle	Egypte	Syndic	Hysope
Apocryphe	Lacrymal	Prosélyte	Synode	Syntaxe
Chyle	Larynx	Prytanée	Synonyme	Synthèse
Chrysalide	Lymphe	Satyre (un)	Système	Thyrse
Cyprès	Lycée	Style	Syphon	Tympan
Dynastie	Lyre	Sycomore	Type	Typhus
Elysée	Lynx	Syllabe	Tyran	Zéphyr
Embryon	Martyr	Syllepse	Hydraulique	Zéphyre
Etymologie	Martyre	Syllogisme	Hydrogène	Hyperbole
Erysipèle	Myope	Sylphe	Myriamètre	Physiologie
Gymnase	Myrrhe	Symbole	Anonyme	Polygraphe
Gypse	Mystère	Symétrie	Physicien	Polytechnique
Homonyme	Mythologie	Symphonie	Physiologie	Hydrophobe
Hyacinthe	Paralysie	Symptôme	Paronyme	Hydrophobie
Hydre	Panégyrique	Synagogue	Scythe	Nymphe
Hygiène	Porphyre	Syncope	Syrie	Nymphœa

FINALES

ou

SYLLABES A LA FIN DES MOTS

FINALES.

N° 63.

Mots terminés par a.

Il y a des mots qui s'écrivent avec un A final simple, au nombre desquels sont les suivants :

Exemples.

Géorama	Sopha	Duplicata	Camarilla	Et cætera
Panorama	Aga	Nota	Harmonica	Brouhaha
Néorama	Acacia	Alléluia	Paria	Ana
Diorama	Cochléaria	Ave-Maria	Villa	Hada
Angora	Falbala	Agenda	Ratafia	Choléra
Lama	Quinquina	Dahlia	Assa-fœtida	Hortensia
Brama	Opéra	Libia	Abracadabra	Errata
Tréma	Visa	Pacha	Ipécacuanha	Prorata

N° 64.

Mots terminés par as.

Les mots finissant par le son A et s'écrivant par un S sont les suivants : –

FINALES.

Exemples.

Amas	Tas	Cervelas	Lacs	Lilas
Ananas	Trépas	Canevas	Chas	Repas
Appas	Verglas	Bras	Cannelas	Taffetas
Bas	Ras	Cadenas	Acomas	Fatras
Chasselas	Sas	Cabas	Abdalas	Compas
Echalas	Pas	Embarras	Abraxas	Damas
Frimas	Ramas	Galetas	Choucas	Coutelas
Haras	Las	Matelas	Entrepas	Cas
Judas	Gras	Galimatias	Faguenas	Madras

Nº 65.

Mots terminés par at.

Tous les mots du son A, non compris dans les deux numéros précédents, s'écrivent par AT avec un T, excepté : *hourrah! ah! bah!* qui se terminent par H.

Exemples.

Muscat	Odorat	Célibat	Canonicat	Cérat
Noviciat	Chat	Magistrat	Légat	Débat
Grenat	Certificat	Auvergnat	Incarnat	Attentat
Ingrat	Appât	Climat	Achat	Chocolat
Grabat	Apparat	Orgeat	Assassinat	Crachat
Pugilat	Ducat	Plagiat	Notariat	Combat
Pontificat	Cédrat	Ebat	Rabat	Rat
Plat	Dégât	Mât	Bât	Etat

Nº 66.

Mots terminés par ac ou aque.

S'écrivent avec la désinence AC tous les

FINALES.

mots masculins de cette terminaison ; avec AQUE, tous les mots féminins, excepté : *cloaque* et *zodiaque*. Les adjectifs ont la terminaison en AQUE pour les deux nombres : *opaque, braque, maniaque, démoniaque.*

Exemples.

Bac	Bivouac	Bissac	Baraque	Cosaque
Cornac	Crac	Cognac	Laque	Craque
Lac	Micmac	Gaïac	Claque	Caque
Sac	Tabac	Hamac	Cosaque	Chabraque
Tictac	Tillac	Havresac	Plaque	Élégiaque
Trictrac	Ammoniac	Tac	Thiriaque	Attaque

N° 67.

Mots terminés par acer, asser.

Il faut écrire ACER avec un C les verbes suivants et leurs dérivés : *agacer, lacer, placer, effacer, espacer, farcer, glacer, grimacer, menacer, tracer, verglacer, avancer;* tous les autres s'écrivent par ASSER, avec deux SS.

Exemples.

Amasser	Coasser	Enchâsser	Finasser	Compasser
Brasser	Damasser	Ramasser	Rêvasser	Crevasser
Cadenasser	Décrasser	Prélasser	Fracasser	Embarrasser
Casser	Délasser	Passer	Fricasser	Embrasser
Croasser	Dépasser	Outrepasser	Harasser	Entasser
Lasser	Matelasser	Pourchasser	Écrivasser	Repasser

FINALES.

N° 68.

Mots terminés par af, affe, aphe.

Les mots terminés par le son AF s'écrivent par APHE, excepté : *agrafe, carafe, girafe, gaffe, naffe;* on écrit *pataraffe* ou *patarafe, parafe* ou *paraphe.*

Exemples.

Autographe	Bibliographe	Historiographe	Calligraphe	Olographe
Cénotaphe	Chalcographe	Orthographe	Cosmographe	Diagraphe
Epigraphe	Epitaphe	Paragraphe	Géographe	Télégraphe
Lexicographe	Pantographe	Polygraphe	Télégraphe	Typographe

N° 69.

Mots terminés par ail, eil, euil, eul, pour le masculin; aille, eille, euille, eule, pour le féminin.

La terminaison AIL, EIL, EUIL, EUL appartient aux substantifs masculins; la terminaison AILLE, EILLE, EUILLE, EULE appartient aux substantifs féminins.

Substantifs masculins.

Attirail	Appareil	Accueil	Aïeul	Travail
Ail	Conseil	Bouvreuil	Epagneul	Gouvernail
Bail	Eveil	Cercueil	Filleul	Soleil
Corail	Orteil	Cerfeuil	Glaïeul	Fauteuil
Détail	Réveil	Orgueil	Tilleul	Bisaïeul

Substantifs féminins.

Bataille	Abeille	Entaille	Taille	Muraille

FINALES.

Futaille	Bouteille	Limaille	Tenaille	Paille
Caille	Corbeille	Ferraille	Feuille	Trouvaille
Ecaille	Groseille	Maille	Bégueule	Treille
Médaille	Merveille	Valetaille	Gueule	Salsepareille
Mitraille	Oreille	Mangeaille	Semaille	Aïeule
Ouaille	Oseille	Marmaille	Ripaille	Filleule

Nº 70.

Mots terminés par aire, ère.

Les adjectifs de cette désinence s'écrivent généralement par AIRE, excepté : *adultère, austère, colère, délétère, éphémère, prospère, pubère, sévère, sincère, pestifère, léthifère, conifère.*

Exemples.

Agraire	Salutaire	Nécessaire	Imaginaire	Téméraire
Alimentaire	Tributaire	Musculaire	Incendiaire	Solaire
Angulaire	Funéraire	Circulaire	Universitaire	Sédentaire
Sanguinaire	Ordinaire	Elémentaire	Temporaire	Séculaire

Nº 71.

Mots terminés par ale, alle.

S'écrivent avec la désinence masculine AL tous les mots masculins, excepté : *cannibale, dédale, scandale* et *intervalle,* qui prennent un E, et dont le dernier prend deux LL.

S'écrivent avec la désinence féminine ALE

FINALES.

tous les mots féminins de cette terminaison, excepté : *balle, dalle, halle, malle, salle* et *stalle*, qui s'écrivent avec deux LL.

Exemples.

Substantifs masculins.			Substantifs feminins.	
Amiral	Caporal	Général	Amygdale	Cathédrale
Animal	Carnaval	Littoral	Annale	Cigale
Bal	Cérémonial	Minéral	Cabale	Cymbale
Bocal	Fanal	Pascal	Cavale	Ecale
Canal	Local	Val	Cale	Gale

N° 72.

Mots terminés par an, anc, ang, aon.

Les mots de cette terminaison se terminent généralement par AN, excepté : *banc, flanc, fer-blanc*, qui s'écrivent avec un C ; *étang, orang-outang, rang, sang*, avec un G ; *dam, quidam*, avec un M ; et *faon, paon, taon, Laon*, avec un O médial.

Exemples.

Alcoran	Cadran	Divan	Maman	Partisan
An	Carcan	Ecran	Merlan	Plan
Artisan	Charlatan	Faisan	Ortolan	Roman
Bilan	Satan	Mahométan	Ouragan	Ruban
Brelan	Courtisan	Sultan	Turban	Tyran

N° 73.

Mots terminés par ance, ence, anse, ense.

Les mots de ces diverses terminaisons

FINALES.

s'écrivent par un C, excepté : *anse, danse, contredanse, ganse, panse, transe, défense, dépense, dispense, offense, récompense.*

Ils s'écrivent avec un A quand ils dérivent d'un verbe : *abondance, obligeance,* qui viennent d'*abonder, obliger,* à moins qu'il ne viennent d'un adjectif terminé par ENT : *négligent, négligence, président, présidence.* Ils s'écrivent généralement avec un E, quand ils ne dérivent pas de verbes : *science, absence.*

Exemples.

Mots en ANCE.			Mots en ENCE.	
Abondance	Constance	Résistance	Adolescence	Essence
Confiance	Espérance	Ignorance	Faïence	Pénitence
Obéissance	Puissance	Quittance	Confidence	Potence

N° 74.

Mots terminés par anc, anne.

Les mots de cette terminaison s'écrivent par AANE, excepté : *banne, canne* (bâton), *dame-jeanne, manne, panne, paysanne* et *rouanne.*

Exemples.

Banane	Chicane	Papimane	Soutane	Diaphane
Cabane	Caravane	Pertuisane	Sultane	Anglomane
Bardane	Cane	Plane	Tartane	Sarbacane
Basane	Courtisane	Platane	Tisane	Frangipane
Bibliomane	Organe	Profane	Tramontane	Filigrane

FINALES.

N° 75.

Mots terminés par ate, atte.

Les noms de cette terminaison ne prennent qu'un T, excepté : *baratte, batte, chatte, datte* (fruit), *jatte, latte, natte* et *patte.*

Exemples.

Acrobate	Aromate	Frégate	Rate	Aristocrate
Automate	Cravate	Omoplate	Savate	Démocrate
Agate	Disparate	Ouate	Sonate	Pirate
Date	Ecarlate	Patate	Stigmate	Tomate

N° 76.

Mots terminés par ation, assion.

Les mots de cette terminaison prennent un T, excepté : *passion* et *compassion.* Les mots en CATION prennent un C, excepté : *équation,* qui s'écrit avec un Q et que l'on prononce *ékouacion.*

Exemples.

Abdication	Accélération	Adjudication	Agitation	Abréviation
Abjuration	Altération	Adoration	Dissipation	Abrogation
Abnégation	Acceptation	Adulation	Education	Accusation
Abomination	Acclamation	Affection	Opération	Affirmation

N° 77.

Mots terminés par cier, scier, sciable, tiable.

Les verbes terminés par le son CIÉ s'écrivent

FINALES.

par CIER, excepté : *balbutier* et *initier*. Scier est le seul verbe de cette terminaison qui prenne un S devant le C. Quant aux mots en CIABLE ou TIABLE, comme ils dérivent des verbes en CIER, ils s'écrivent tous par CIABLE, excepté : *insatiable* qui est la seule exception.

Exemples.

Gracier	Négociable	Vicier	Remercier	Insociable
Négocier	Préjudiciable	Viciable	Regracier	Supplicier
Préjudicier	Appréciable	Insociable	Officier	Suppliciable
Apprécier	Inappréciable	Justiciable	Licencier	Sociable

N° 78.

Mots terminés par eau, au.

Les mots terminés par AU s'écrivent par EAU avec un E, excepté : *étau, landau, pillau, sarrau, aloyau, boyau, fabliau, fléau, gluau, gruau, hoyau, joyau, noyau* et *tuyau.*

Exemples.

Eau	Perdreau	Bateau	Museau	Rouleau
Chapeau	Pigeonneau	Bedeau	Lapereau	Couteau
Peau	Pinceau	Berceau	Drapeau	Carreau
Veau	Plateau	Oiseau	Ecriteau	Créneau

FINALES.

N° 79.

Mots terminés par eindre, indre, aindre.

Les mots de cette terminaison INDRE s'écrivent par EINDRE, excepté : *cylindre, gindre, contraindre, craindre, plaindre* et les dérivés.

Exemples.

Atteindre	Aveindre	Eteindre	Ceindre	Teindre
Geindre	Déteindre	Empreindre	Peindre	Dépeindre
Enceindre	Enfreindre	Etreindre	Feindre	Restreindre

N° 80.

Mots terminés par andre, endre.

Excepté *épandre* et *répandre*, tous les verbes du son final ANDRE s'écrivent par ENDRE avec un E.

Exemples.

Apprendre	Rendre	Comprendre	Condescendre	Surprendre
Défendre	Attendre	Descendre	Détendre	Vendre
Entendre	Entreprendre	Reprendre	Fendre	Revendre
Méprendre	Prendre	Pourfendre	Pendre	Survendre
Prétendre	Suspendre	Tendre	Refendre	Reprendre

N° 81.

Mots terminés par el, elle, èle.

S'écrivent par EL tous les substantifs et les adjectifs masculins de cette terminaison ;

FINALES.

Par ELLE, tous les substantifs et les adjectifs féminins ;

Par ÈLE, tous les termes de médecine.

Exemples.

Mots masculins.

Appel	Arc-en-ciel	Autel	Carrousel	Cartel
Ciel	Hôtel	Matériel	Naturel	Scalpel
Colonel	Fiel	Ménestrel	Noël	Sel
Constitutionnel	Hydromel	Miel	Pastel	Casuel
Dégel	Manuel	Missel	Pluriel	Conditionnel

Exceptions.

Libelle	Modèle	Rebelle	Zèle	Vermicelle

Mots féminins.

Aisselle	Bretelle	Cervelle	Chapelle	Escarcelle
Bagatelle	Canelle	Chanterelle	Citadelle	Crécelle
Demoiselle	Dentelle	Echelle	Ecrouelle	Ecuelle
Escabelle	Etincelle	Femelle	Ficelle	Flanelle
Gabelle	Gamelle	Gravelle	Haridelle	Javelle
Kyrielle	Mamelle	Manivelle	Margelle	Moëlle
Nacelle	Nouvelle	Parcelle	Poutrelle	Prunelle
Querelle	Ridelle	Ritournelle	Rouelle	Ruelle
Sarcelle	Sauterelle	Selle	Semelle	Séquelle
Soutanelle	Tourelle	Voyelle	Truelle	Tutelle
Vaisselle	Vielle			

Exception.— Parallèle.

Verbes.

J'étincelle	Que j'étincelle	J'étincellerai	J'étincellerais
J'appelle	Que j'appelle	J'appellerai	J'appellerais
J'attelle	Que j'attelle	J'attellerai	J'attellerais
Je nivelle	Que je nivelle	Je nivellerai	Je nivellerais
Je renouvelle	Que je renouvelle	Je renouvellerai	Je renouvellerais

FINALES.

Exceptions.

Je cèle	Que je cèle	Je cèlerai	Je cèlerais
Je bourrèle	Que je bourrèle	Je bourrèlerai	Je bourrèlerais
Je harcèle	Que je harcèle	Je harcèlerai	Je harcèlerais
Je gèle	Que je gèle	Je gèlerai	Je gèlerais
Je pèle	Que je pèle	Je pèlerai	Je pèlerais

Termes de médecine.

Asphodèle	Entérocèle	Epiplocèle	Erysipèle	Hydrocèle
Bronchocèle	Hystérocèle	Varicocèle	Cacozèle	Sarcocèle

N° 82.

Mots terminés en ec, èque.

La terminaison EC appartient aux substantifs masculins, la terminaison EQUE aux substantifs féminins ;

On excepte, pour les masculins, *bifteck* et *copeck* ; pour les féminins, *grecque.*

Exemples.— Masculins.

Bec	Echec	Pec	Romestec	Sec
Caudebec	Grec	Rebec	Salamalec	

Féminins.

Arèque	Bibliothèque	Hypothèque	Obsèques	Pastèque

N° 83.

Mots terminés par eu, eue, eux.

Les mots terminés par EU, au singulier, sont tous masculins et s'écrivent ainsi ; les

FINALES.

seuls féminins sont *banlieue*, *lieue* et *queue*, qui prennent un E, signe du féminin ; *nœud* est le seul qui s'écrive avec un OE.

Les adjectifs en EUX dont le féminin fait EUSE s'écrivent tous avec un X au masculin singulier et pluriel.

Exemples.

Substantifs.

Adieu	Dieu	Boiteux	Nerveux	Lépreux
Essieu	Pieu	Creux	Généreux	Ténébreux
Jeu	Lieu	Affreux	Tortueux	Vaniteux
Moyeu	Aveu	Épineux		

Adjectifs.

N° 84.

Mots terminés par eur, eure, eurre.

Les mots de cette désinence s'écrivent par EUR.

Exemples.

Grondeur	Menteur	Tuteur	Erreur	Ardeur
Peur	Joueur	Tumeur	Escamoteur	Boudeur
Terreur	Pesanteur	Labeur	Procureur	Brasseur
Couleur	Gladiateur	Laboureur	Protecteur	Faveur
Défenseur	Frayeur	Pudeur	Liqueur	Liqueur
Largeur	Lecteur	Vendeur	Créateur	Parfumeur

Exceptions.

Beurre	Babeurreurre	Feure	Leure	Gageure
Demeure	Chantepleure	Heure	Plateure	Majeure

FINALES.

N° 85.

Mots terminés par ge, je.

A l'exception du mot *je* (moi), tous les mots qui ont ce son final prennent GE.

Exemples.

Neige	Âge	Collége	Cortége	Manége
Sacrilége	Siege	Attelage	Cirage	Sauvage
Courage	Cordage	Visage	Prestige	Vertige
Vertige	Volage	Prodige	Âge	Singe

N° 86.

Mots terminés par jon, geon, jonc, geons.

Les mots de cette terminaison s'écrivent par GEON ou GEONS, excepté : *donjon, goujon, jonc* et *ajonc.*

Exemples.

Substantifs.

Bourgeon	Pigeon	Escourgeon	Esturgeon	Surgeon
Sauvageon	Badigeon	Plongeon	Gorgeon	Ménageons

Verbes.

Nous jugeons, nous ménageons, nous engageons, nous interrogeons, nous plongeons, et toutes les formes semblables des verbes en GER.

N° 87.

Mots terminés par ic, ique, ict.

On écrira avec la finale IC tous les substantifs masculins, et avec la finale IQUE, tous les noms féminins, ainsi que l'indicatif et le subjonctif des verbes en *iquer* et les adjectifs

FINALES.

masculins et féminins de la terminaison IQUE, excepté : *public* et *publique,* qu'on écrit ainsi au masculin et au féminin.

Les seuls mots qui s'écrivent avec la finale ICT sont *district* et *strict.*

Exemples.

Substantifs masculins.		*Substantifs féminins.*		*Adject. et Verbes.*
Agaric	Alambic	Barrique	Clique	Académique
Arsenic	Aspic	Boutique	Fabrique	Analytique
Basilic	Cric	Colique	Logique	Catholique
Mastic	Pic	Trique	Mécanique	Classique
Pronostic	Public	Brique	Nique	Explique
Ric-à-ric	Syndic	Chique	Pratique	Indique
Trafic	Tic	Bourrique	République	Pronostique

S'écrivent avec la terminaison féminine IQUE les substantifs masculins suivants : *cantique, cosmétique, émétique, portique, tropique, topique* et *viatique.*

Nº 88.

Mots terminés par if, ife, iffe, iphe, yphe.

Parmi les mots de cette terminaison, les seuls qui prennent IFE, IFFE ou YPHE sont les suivants : *calife, pontife, chiffe, escogriffe, apocryphe, hiéroglyphe, logogryphe;* tous les autres en IF.

FINALES.

Exemples.

Canif	Récitatif	Furtif	Siccatif	Adoptif
Suif	Naïf	Significatif	Purgatif	Fugitif
Tarif	Alternatif	Hâtif	Rébarbatif	Tardif
Esquif	Vif	Récréatif	Attentif	Rétif

N° 89.

Mots terminés par il, ile, ille.

Les adjectifs terminés par IL sont : *bissextil, civil, puéril, subtil, vil, viril, volatil* et *gentil*; *tranquille* s'écrit avec deux LL; tous les autres adjectifs s'écrivent par ILE.

Exemples.

Agile	Débile	Difficile	Docile	Utile
Facile	Fertile	Fluviatile	Fragile	Immobile
Habile	Imbécile	Indocile	Fossile	Versatile
Mobile	Servile	Stérile	Tactile	Nubile

N° 90.

Mots terminés par illant, iliant.

Les mots de cette terminaison s'écrivent par deux LL, excepté : *conciliant* et *humiliant*.

Exemples.

Assaillant	Bienveillant	Bouillant	Brillant	Défaillant
Feuillant	Fourmillant	Frétillant	Grouillant	Malveillant
Pétillant	Taillant	Sémillant	Vaillant	Vacillant

FINALES.

N° 91.

Mots terminés par illard, illiard.

Les mots terminés par le son IARD ne prennent jamais d'I après les deux LL, excepté *milliard*.

Exemples.

Babillard	Béquillard	Billard	Vieillard	Egrillard
Brouillard	Corbillard	Pillard	Braillard	Gaillard

N° 92.

Mots terminés en iller, ailler, illier.

Les verbes terminés par AILLER, EILLER, ILLER, OUILLER, ne prennent pas d'I après les deux LL, excepté : *allier, mésallier, pallier, concilier, réconcilier, domicilier, humilier* et *résilier*.

Exemples.

Habiller	Travailler	Surveiller	Souiller	Briller
Tortiller	Tirailler	Veiller	Brouiller	Batailler
Gaspiller	Tenailler	Dépareiller	Chatouiller	Réveiller
Grappiller	Chamailler	Conseiller	Dépouiller	Débarbouiller

N° 93.

Mots en illeûx, illieux.

Bilieux est le seul mot de cette terminaison qui s'écrive par LI ; dans les autres, où le son

FINALES.

est mouillé, il est représenté par deux LL sans I après.

Exemples :

Croustilleux	Orgueilleux	Pointilleux	Sémilleux	Pouilleux
Chatouilleux	Merveilleux	Vétilleux	Périlleux	Sourcilleux

N° 94.

Mots terminés par ine.

Tous les mots de cette terminaison ne prennent jamais deux NN.

Exemples.

Balsamine	Bobine	Aubépine	Aveline	Marine
Berline	Mandoline	Bottine	Cantine	Houssine
Zibeline	Voisine	Usine	Terrine	Mine
Térébenthine	Sardine	Sabine	Routine	Héroïne
Résine	Rapine	Tartine	Racine	Mousseline
Purpurine	Poitrine	Origine	Narine	Hermine

N° 95.

Mots terminés en ir, ire.

IRE termine les verbes *bruire, frire, rire, sourire* et tous ceux qu'on peut changer en VANT ou SANT (prononcé *zant*), tels que *écrire, décrire, suffire, conduire,* qui font *écrivant, décrivant, suffisant, conduisant.* Il n'y a d'excepté que *servir* et *desservir.*

FINALES.

Exemples.

Verbes se changeant en SANT *(zant).*

Dire	Lire	Circonsfire	Cuire	Médire
Relire	Déconfire	Recuire	Prédire	Elire
Suffire	Introduire	Redire	Luire	Décuire
Instruire	Reluire	Produire	Induire	Réduire
Traduire	Confire	Construire	Détruire	Nuire

Verbes se changeant par VANT.

Ecrire	Circonscrire	Décrire	Inscrire	Récrire
Prescrire	Proscrire	Souscrire	Transcrire	Décrire

Nº 96.

Mots terminés par ir, ire.

Les verbes terminés par le son IR, qui ne se changent ni par VANT ni par SANT (prononcez *zant*), s'écrivent par IR. Il n'y a d'excepté que *maudire.*

Exemples.

Blanchir	Trahir	Finir	Venir	Eclaircir
Ternir	Accomplir	Ternir	Rajeûnir	Rougir
Vieillir	Cueillir	Tenir	Ressentir	Bondir
Aboiir	Aboutir	Palir	Eblouir	Contenir
Rétablir	Mûrir	Mugir	Servir	Bénir

Nº 97.

Mots terminés par iscer, icer, isser.

Les verbes de cette conjugaison s'écrivent par ISSER, excepté : *épicer, policer* et *s'immiscer.*

FINALES.

Exemples.

Plisser	Déplisser	Visser	Esquisser	Clisser
Vernisser	Éclisser	Lisser	Tapisser	Pâtisser
Apetisser	Ratisser	Lambrisser	Treillisser	Glisser

N° 98.

Mots en ite, iter, itter.

Les mots de ces diverses terminaisons ne prennent qu'un T, excepté : *fritte* et *quitte, acquitter, quitter, racquitter.*

Exemples.

Satellite	Mérite	Accréditer	Réhabiliter	Orbite
Site	Marmite	Agiter	Réciter	Parasite
Sybarite	Limite	Annuiter	Profiter	Faillite
Réussite	Licite	Habiter	Préméditer	Ermite
Redite	Guérite	Visiter	Précipiter	Solliciter
Pituite	Hypocrite	Susciter	Péricliter	Ressusciter

N° 99.

Mots terminés par oc, oque.

S'écrivent par OC tous les substantifs masculins de cette terminaison, excepté : *coq,* et par OQUE tous les substantifs féminins.

Ventriloque, phoque, colloque et *soliloque,* quoique masculins, ont la terminaison féminine.

FINALES.

Exemples.

Noms masculins.

Bloc	Choc	Estoc	Froc	Manioc
Roc	Soc	Toc	Troc	

Noms féminins.

Baïoque	Bicoque	Breque	Coque	Epoque
Equivoque	Loque	Pendeloque	Toque	

N° 100.

Mots terminés par oin, ouin.

Les mots terminés par OUIN sont *babouin, baragouin, bédouin, chafouin, maringouin, marsouin* et *sagouin; coing* (fruit) et *poing* s'écrivent avec un G ; un *point,* avec un T. Les autres mots de cette terminaison s'écrivent par OIN.

Exemples.

Besoin	Coin	Sainfoin	Loin	Tintoin
Foin	Groin	Aubifoin	Recoin	Choin
Témoin	Soin	Benjoin	Tabloin	Talapoin

N° 101.

Mots terminés par oir, oire

OIR termine les verbes, excepté : *boire, croire* et leurs composés.

FINALES.

Exemples.

Apercevoir	Ravoir	Voir	Falloir	Asseoir
Recevoir	Revoir	Percevoir	Concevoir	Vouloir
Echoir	Pleuvoir	Déchoir	Revouloir	Emouvoir
Pouvoir	Pourvoir	Prévoir	Prévaloir	Entrevoir
Seoir	Surseoir	Avoir	Mouvoir	Equivaloir

N° 102.

Mots terminés par oir.

Ecrivez par OIR tous les mots masculins de cette terminaison.

Exemples.

Bougeoir	Comptoir	Semoir	Parloir	Chauffoir
Arrosoir	Couloir	Séchoir	Mouchoir	Soir
Abreuvoir	Crachoir	Sautoir	Miroir	Pressoir
Battoir	Tiroir	Réservoir	Lavoir	Eteignoir
Terroir	Trottoir	Rasoir	Grattoir	Noir

Exceptions.

Auditoire	Laboratoire	Réfectoire	Vésicatoire	Promontoire
Ciboire	Oratoire	Répertoire	Grimoire	Ivoire
Consistoire	Conservatoire	Accessoire	Déboire	Réquisitoire
Echappatoire	Purgatoire	Territoire	Compulsoire	Déclinatoire

N° 103.

Mots terminés par oire.

S'écrivent par OIRE tous les noms féminins et tous les adjectifs de cette terminaison, excepté : *noir.*

FINALES.

Exemples.

Noms féminins.			Adjectifs.	
Armoire	Nageoire	Contradictoire	Expiatoire	Inflammatoire
Bassinoire	Poire	Provisoire	Notoire	Préparatoire
Baignoire	Ratissoire	Conservatoire	Illusoire	Méritoire
Balançoire	Victoire	Exécutoire	Obligatoire	Transitoire

N° 104.

Mots terminés par oupe, ouppe, ouper, oupper.

Tous les mots de cette terminaison s'écrivent par OUPE ; il n'y a d'excepté que le mot *houppe*.

Exemples.

Etoupe	Soupe	Chaloupe	Recoupe	Loupe
Croupe	Troupe	Coupe	Groupe	Entrecouper
Poupe	Attrouper	Couper	Découper	Souper

N° 105.

Mots terminés par se, ze.

On écrit par ZE final les mots *gaze, topaze, alèze, trapèze, bonze, bronze* et les adjectifs numéraux *onze, douze, treize, quatorze, quinze, seize. Mélèze* peut s'écrire avec un S : *mélèse.* Dans les autres mots, le son ZE se rend par SE. Les verbes *gazer* et *bronzer* sont les seuls qui prennent ZER ; dans les autres, le son ZER se rend par SER.

FINALES.

Exemples.

Rose	Analyse	Cornemuse	Infuser	Oser
Ruse	Brise	Arquebuse	Refuser	Baser
Thèse	Marquise	Muse	User	Embraser
Antithèse	Franchise	Céruse	Abuser	Composer
Dose	Valise	Raser	Désabuser	Arroser
Diocèse	Crise	Chose	Phrase	Excuser

N° 106.

Mots terminés par son, zon.

Gazon et *horizon* sont les seuls mots qui se terminent par ZON; tous les autres prennent SON.

Exemples.

Blason	Trahison	Cloison	Exhalaison	Diapason
Saison	Toison	Raison	Poison	Salaison
Foison	Démangeaison	Guérison	Maison	Liaison

N° 107.

Mots terminés par xion, cion, sion, tion

XION termine les mots *complexion, connexion, flexion, fluxion* et leurs dérivés.

CION ne se trouve que dans le mot *succion*.

TION termine tous les autres mots du son SION.

Exemples.

Ambition	Préparation	Friction	Observation	Nation
Attention	Modération	Occupation	Prédiction	Eruption
Dénonciation	Plantation	Opération	Présomption	Option

FINALES.

Obligation	Tradition	Emotion	Transition	Citation
Prétention	Végétation	Destitution	Inanition	Invention
Carnation	Vaccination	Profanation	Exposition	Prédilection
Introduction	Vénération	Irruption	Extinction	Imagination
Invocation	Vocation	Indiscrétion	Jonction	Corruption

Exceptions.

Accession	Conversion	Extorsion	Progression	Cession
Appréhension	Convulsion	Immersion	Impression	Compassion
Ascension	Digression	Ingression	Répercussion	Compression
Aspersion	Discussion	Mission	Répréhension	Concession
Agression	Diversion	Inversion	Rétorsion	Concussion
Aversion	Dissension	Obsession	Rétrocession	Contorsion
Emersion	Omission	Réversion	Scission	Succession
Emission	Passion	Révulsion	Session	Tension
Expansion	Impulsion	Pension	Permission	Passion
Expression	Extension	Percussion	Procession	Compassion

N° 108.

Mots terminés par tiel, ciel, cieux.

Dans les adjectifs en IEL, formé des noms terminés par *ance, ence,* le C du nom se change en T : *substantiel, essentiel,* etc., *circonstanciel.* Les adjectifs en IEUX, au contraire, gardent le C du nom dont ils dérivent : *licencieux, sentencieux, silencieux,* etc.

Exemples.

Substantiel	Superficiel	Artificiel	Officieux	Sentencieux
Essentiel	Pénitentiel	Concordantiel	Révérencieux	Silencieux
Consubstantiel	Superficiel	Pénitentiel	Licencieux	Audacieux
Avaricieux	Capricieux	Consciencieux	Délicieux	Gracieux

FINALES.

N° 109.

Mots terminés par é ou ée.

Tous les mots masculins s'écrivent avec un seul É.

Tous les mots féminins s'écrivent avec deux ÉE, excepté *clé,* qu'on écrivait autrefois *clef.*

Tous les mots en TÉ, soit féminins, soit masculins, s'écrivent avec un É.

Exemples. — Mots masculins en É.

Abbé	Péché	Auto-da-fé	Préjugé	Jubilé
Archevêché	Abécé	Thé	Délégué	Lé
Buché	Fossé	Café	Gué	Scellé
Débauché	Passé	Abrégé	Blé	Déshabillé
Evêché	Possédé	Clergé	Défilé	Consommé
Marché	Procédé	Congé	Démêlé	Intimé
Sublimé	Déjeûné	Raisiné	Séné	Canapé
Coupé	Arriéré	Curé	Degré	Emigré
Fédéré	Gré	Juré	Pré	Référé

Exceptions.

Scarabée	Caducée	Cétacée	Lycée	Testacée
Coryphée	Trophée	Apogée	Périgée	Mausolée
Pygmée	Hyménée	Dorée	Périnée	Empyrée
Elysée	Musée	Athée	Protée	Pyrée

Mots féminins en ÉE.

Enjambée	Bouchée	Brochée	Chevauchée	Couchée
Flambée	Nichée	Idée	Gorgée	Rangée
Gerbée	Ruchée	Ondée	Allée	Assemblée

FINALES.

Fiancée	Trachée	Bouffée	Coudée	Giboulée
Panacée	Bordée	Fée	Culée	Giroflée
Accouchée	Coudée	Dragée	Gelée	Onglée

Mots masculins et féminins en TÉ.

Absurdité	Bénédicité	Cité	Vérité	Comité
Activité	Clarté	Comté	Cruauté	Difficulté
Beauté	Célébrité	Côté	Dextérité	Député
Pâté	Frugalité	Thé	Sécurité	Sincérité

Exceptions. — Féminins.

Assiettée	Hottée	Jetée	Nuitée	Pelletée	Dictée
Charretée	Jattée	Montée	Pâtée	Platée	Portée

Masculins.

Panthée	Polythée	Prométhée

N° 110.

Mots terminés par ul, ule, ulle.

Ecrivez par UL les mots *calcul, consul, acul, recul, proconsul* et *nul*, masculin.

Ecrivez par ULLE les mots *bulle, canulle* et *nulle*, féminin.

Tous les autres mots s'écrivent par ULE.

Exemples.

Crédule	Bascule	Scrupule	Véhicule	Pillule
Pendule	Campanule	Fécule	Tarentule	Péninsule
Monticule	Canicule	Férule	Ridicule	Pellicule
Capsule	Crépuscule	Vestibule	Renoncule	Incrédule
Acidule	Lunule	Virgule	Pédicule	Cédule

FINALES.

N° 111.

Mots terminés par uc, uque.

UC est la terminaison masculine, UQUE la terminaison féminine.

EUNUQUE, quoique masculin, a la terminaison féminine.

Exemples.

Mots masculins.

Aquéduc	Archiduc	Duc	Stuc	Truc	Suc	Caduc

Mots féminins.

Nuque	Perruque	Caduque

N° 112.

Mots terminés par ur, ure.

Ecrivez par UR les mots *azur, dur, futur, impur, mûr, mur, obscur, pur, sûr, sur.* Tous les autres mots avec URE.

Exemples.

Facture	Levure	Ouverture	Filature	Chevelure
Coupure	Quadrature	Miniature	Foulure	Chaussure
Brochure	Parjure	Magistrature	Agriculture	Dorure
Rature	Future	Enluminure	Ceinture	Teinture
Reliure	Nature	Enflure	Froidure	Mesure
Presure	Ordure	Piqûre	Ecriture	Torture

HOMONYMES

ou

MOTS QUI ONT LA MÊME PRONONCIATION

OU A PEU PRÈS

SANS AVOIR LA MÊME ORTHOGRAPHE

HOMONYMES.

N° 113.

Air, qu'on respire ;

Erre, marche d'un vaisseau, au pluriel *traces ;*

Aire, surface unie ;

Haire, petite chemise de crin;

Ere, époque;

Pauvre *hère*, pauvre diable.

Ache, herbe ;

Hache, instrument.

Alène de cordonnier;

Haleine, souffle.

Amande, fruit ;

Amende, condamnation.

Anche de clarinette;

Hanche, partie du corps.

Antre, caverne;

Entre, verbe ou préposition.

Ancre de vaisseau ;

Encre pour écrire.

Août, mois;

Houx, arbuste.

Où, adverbe;

Houe de cultivateur.

Ou, conjonction.

Appas, charmes ;

Appât, amorce.

Arrhes d'un marché ;

Art, talent, méthode.

Are, mesure agraire;

Hart, corde à pendre.

Au, article composé :

Eau à boire.

HOMONYMES.

Aulx, pluriel de *ail*;	*Haut*, élevé;
Os d'animal;	*O, oh! oh!*
Auspice, présage, protection;	*Hospice*, hôpital.
Autel d'un temple;	*Hôtel*, logis.
Auteur d'un ouvrage;	*Hauteur*, élévation.
Bas, chaussure, abaissé;	*Bah!* interjection.
Bât d'un âne.	
Bal où l'on danse;	*Balle* à jouer; pellicule d'avoine.
Balai pour balayer;	*Ballet*, danse.
Bon, de bonté;	*Bond*, saut, de bondir.
Bonace, calme de mer;	*Bonasse*, sans malice, niais.
Brocart, étoffe;	*Brocard*, raillerie.
Butte, éminence;	*Bute*, instrument pour couper la corne des chevaux.
Cahot de voiture;	*Chaos*, confusion.
Camp d'armée;	*Quand*, conjonction.
	Quant à, préposition.
Cane, femelle du canard;	*Canne* de jonc.
Cartier, fabricant de cartes;	*Quartier*, partie.
Cène, dernier repas de J.-C.;	*Saine*, féminin de *sain*;
Scène, action théâtrale;	*Seine*, fleuve.
Ceint, du verbe *ceindre*;	*Saint*, de sainteté.
Cinq, nombre;	*Seing*, signature.
Sein, cœur.	
Celle, pronom démonstratif;	*Sel*, pour saler.
Cellier au vin;	*Sellier*, qui fait des selles.
Cent, adjectif numéral;	*Sang* de veines.
Cens, dénombrement;	*Sans*, préposition.
Sens, jugement;	*S'en* pour SE EN, s'en rire.
Cerf, bête fauve;	*Serf*, esclave (de servitude).

HOMONYMES.

Chaîne, lien de métal;	*Chéne*, arbre.
Chair, viande;	*Cher*, chère.
Chaire à prêcher.	
Champ de blé;	*Chant*, de la voix.
Chaud, de chaleur;	*Chaux*, pour bâtir.
Chœur, chant;	*Cœur*, sein, etc.
Comte, titre;	*Compte*, calcul.
Conte, récit.	
Cor, durillon, instrument.	*Corps* de l'homme.
Cou, partie du corps;	*Coup* que l'on frappe.
Coud, du verbe coudre;	*Coût* d'un acte.
Cour de maison;	*Cours*, de course.
Court, peu long.	
Cygne, oiseau aquatique;	*Signe*, marque.
Date, époque;	*Datte*, fruit.
Dessin, art;	*Dessein*, projet.
Don, présent;	*Dont*, pronom.
Donc, conjonction.	
Echo, qui répète la voix;	*Ecot*, dépense.
Enter un arbre;	*Hanter*, fréquenter.
Etaim, laine fine;	*Eteint*, verbe.
Etain, métal.	
Etre, verbe;	*Hêtre*, arbre.
Faim, besoin;	*Fin*, de finir.
Feint, de feindre.	
Fait, action;	*Faix*, charge.
Fête, jour solennel;	*Faîte*, sommet.
Foi, croyance, fidélité;	*Foie*, viscère;
Fouet, pour frapper;	*Fois*, pour le nombre des actions.

HOMONYMES.

Fond, profondeur ;   *Fonds,* propriété.
Font, troisième personne du verbe FAIRE.

Gai, joyeux ;   *Gué* de rivière.
Guet, garde.
Guère, peu ;   *Guerre,* combat.
Geai, oiseau ;   *Jais,* minéral noir.
Jet, de jeter.

Hâle, sécheresse ;   *Halle* au blé.
Héraut, officier public ;   *Héros,* guerrier.

Lacs, lacet ;   *Las,* fatigué.
Là, adverbe ;   *La,* article.
Laid, vilain ;   *Laie,* femelle du sanglier ;
Lai, poésie ;   *Lait* de vache ;
Lé, étoffe ;   *Legs,* donation.
Les, article.
Lyre, instrument de musique ;   *Lire* un livre.
Lut, enduit ;   *Lutte,* combat.
Luth, instrument de musique.

Mai, mois ;   *Mais,* conjonction.
Mets, aliment ;   *Mes,* adjectif possessif.
Met, verbe.
Maire, dignité ;   *Mer,* amas d'eau.
Mère de famille.
Mal, douleur ;   *Malle,* meuble.
Mettre, verbe ;   *Mètre,* mesure.
Mors de bride ;   *Mort,* trépas.
Maure ou *More,* africain.

Naître, venir au monde ;   *N'être,* pour NE ÊTRE, verbe.

HOMONYMES.

Pain à manger;	*Pin*, arbre.
Peint, verbe.	
Pair, dignité;	*Paire* de souliers.
Père de famille.	
Paix, tranquillité;	*Paie*, solde.
Peau d'un animal;	*Pot*, vase.
Pan, d'un vêtement;	*Paon*, oiseau.
Pause, temps d'arrêt;	*Pose*, de poser.
Penser, réfléchir;	*Panser*, soigner.
Plaine, campagne;	*Pleine*, remplie.
Plan, dessin;	*Plant*, de planter.
Poids, pesanteur;	*Pois*, légume.
Poix, résine.	
Poing, main fermée;	*Point*, piqûre, etc.
Porc, cochon;	*Port* de mer.
Pore de la peau.	
Raie, barre, poisson;	*Rais* de roue.
Rets, filet.	
Raisonner, réfléchir;	*Résonner*, rendre un son.
Rênes pour guider un char;	*Reine*, femme du roi.
Raine, espèce de grenouille;	*Renne*, quadrupède.
Salle, grand appartement;	*Sale*, malpropre.
Satire, poëme mordant;	*Satyre*, divinité champêtre.
Saut, de sauter;	*Sceau*, grand cachet.
Sot, sans esprit;	*Seau*, pour l'eau.
Sceller, cacheter;	*Seller* un cheval.
Céler, cacher.	
Serein, calme et pur;	*Serin*, oiseau.
Saoul, rassasié;	*Sou*, monnaie.

HOMONYMES.

Sous, préposition.
Statue, figure, etc.;   *Statut*, règlement.

Teint, éclat du visage;   *Thym*, plante.
Tan pour tanner;   *Tant*, adverbe.
Temps, durée.
Tante, femme de l'oncle;   *Tente*, pavillon.
Taon, mouche;   *Thon*, poisson.
Ton de musique.
Toue, bateau;   *Tout*, entier.
Toux, rhume.
Tribu, partie du peuple;   *Tribut*, impôt.

Vain, vaniteux;   *Vingt*, adjectif numéral.
Vin à boire;   *Vint*, du verbe venir.
Van, pour le blé;   *Vent*, souffle.
Verre à bouteille, à vitre;   *Ver*, insecte.
Vert, couleur;   *Vers* de poésie, préposition.
Vair, fourrure.
Vice, grand défaut;   *Vis*, qui serre.
Voie, chemin, moyen;   *Voix*, parole.

Zéphir, vent;   *Zéphyre*, dieu.

FIN DES TABLEAUX SYNOPTIQUES.

LA PREMIÈRE
ORTHOGRAPHE D'USAGE

AVEC EXERCICES ET CORRIGÉ

ENSEIGNÉE ET APPRISE EN **45** LEÇONS.

2ᵉ Partie : **EXERCICES**.

Iʳᵉ LEÇON.

SUR LES RÈGLES Nᵒˢ 1, 2, 44, 45, 63 ET 64.

(*Voir la 1ʳᵉ Partie.*)

EXPLICATION.

Mots commençants par *ab* et par *ac*, n. 1 et 2.
C et *F* au milieu des mots, n. 44 et 45.
Mots terminés par *a* ou par *as*, n. 63 et 64.

———

L' (*acca, aca, cia*) craint les grands froids. — Les graines
de (*da, dah, lia*) ont rarement le temps de mûrir sous le climat de Paris. — Les plaisirs (*abré, abrè, gent*) les jours. —
La pie n' (*abban, aban, done, onne*) jamais la tige des arbres.
—L'industrie s' (*ac, acc, croît*) de jour en jour. —L' (*acier,
assier*) est un fer très-dur et très-cassant. — Il est absolu-
ment indifférent pour le (*suy, suc, cès*) de la (*vaqsi, vacci,
nation*) que le virus (*vacci, vaqsi, nal*) ou (*vac, vaq, sin*)
soit puisé à sa source primitive ou sur les boutons humains.
— Les (*suq, succ, esseurs, abo, abbo, lissent*) souvent les
actes de leurs prédécesseurs. — Les grands noms (*abbessent,
abaissent*) ceux qui ne savent pas les porter. — L'huître
s' (*acc, ac, roche*) aux rochers et aux racines des arbres sur
le bord de la mer. — Des soldats effrénés, des vainqueurs

féroces, des barbares (*sac, sacc, age, nt*) une ville prise d'assaut. — Les races mongoles ont les jambes (*racc, rac, ourcies*). — Le (*bu,,ffe, ffle*) est un animal très-sale et d'un naturel violent. — L'if s'épanouit au (*sou, fle, ffle*) de Borée. — De toutes les découvertes faites par la médecine, on peut dire que celle du (*kink, quinq, uina*) est une des plus importantes, — Les fleurs de l'(*ortan, horten. sia*) conservent longtemps leur éclat et leur fraîcheur. — La longue servitude (*abbâ, abâ, tar dit*) le courage. — Les caves fraîches (*abbonn, abon, issent*) le vin. — La capacité de l'esprit s'étend ou se resserre par l'(*acc, ac, outu, mense, mance*).

Les chiens prennent en moins d'un an leur (*acroice, accroisse, ment*) en longueur, — Nos peines s'(*acumull, s'accumul, ent*) sans cesse. — Il y a des plaies qu'on guérit par la (*suq, succ, ion*). — Il y a des gens qui, lorsqu'on les presse, se (*racro, raccro, chent*) à mille prétextes. — Tel vaincrait les tentations qui (*sucon, succom, be*) au mauvais exemple. — Les cordonniers sont les plus mal chaussés, et les perruquiers les plus mal (*coif, coiff, és*). — La (*bouff, bouf, issure*) est la vraie fièvre de la médiocrité. — On met des (*bouff, bouf, ettes*) aux harnais des chevaux. — Le charançon dévore un vaste (*ama, s*) de grains.—L'(*anna, anan, as*) est un fruit très-estimé par sa saveur. — Le (*lila, s*) fleurit un des premiers au printemps. — Une (*abéi, abbaye*) est un monastère gouverné par un (*ab, abb, é*) ou une (*ab, abb. esse*). — L'éléphant ne fait jamais (*abu, s*) de sa force. — Il est des (*aqsi, accid, ents*) qu'il est impossible de prévoir. — Il faut du temps pour (*acli, accli, mater*) une plante étrangère. — Le (*suq, suc, cès*) encourage. — En Russie, il y avait encore des (*bouf, bouff, on, s*) de cour sous Pierre Ier. — La monarchie française (*com, comm, ença*) sous Pharamond en l'an 420. — C'est une folie de la part d'un père de se mettre, par l'(*abb, ab, andon*) de ses biens, à la merci de ses enfants. — Les mariages entre proches parents (*ab, abb, atardisse, nt*) les enfants. — L'homme (*abb, ab, attu*) par le malheur n'est plus un homme.

La paresse d'esprit (*abb, ab, étit*). — On aime un bon plaisant, on (*abh, aborre*) un caustique. — Les lois absurdes s'(*abb, ab, olissent*) d'elles-mêmes. — Des ennemis mortels ne s'(*abb, ab, ordent*) qu'en tremblant.— Dix personnes qui (*parle, nt*) font plus de bruit que dix mille personnes qui se taisent : voilà le secret des (*abb, ab, oyeurs*) de tribune. — Il n'y a pas de temps plus purement perdu que celui que l'on perd à lire des (*abb, ab, régés*). — On pousse les hommes faibles où l'on veut, en leur montrant de l'autre côté un (*ab, îme; yme*). — Le peuple qu'on (*acc, ac, able*) d'impôts finit par n'en plus payer. — Il est sage de vivre avec des infirmités que l'on ne pourrait détruire sans (*aquecé, accé, lérer*) sa propre destruction. — Il y a souvent dans les soupirs des mourants des (*aqsents, accents*) de vérité dont les survivants. s'ils sont justes, doivent faire leur profit. — Ce n'est pas dans un (*aqsès, accès*) de raison qu'on se tue. — Des juges dépendant de l'influence royale doivent être nécessairement (*aqsessibles, accessibles*) à l'intérêt. — Les plus (*acc, ac, ommodants*), ce sont les plus habiles. — Le bonheur consiste principalement à s'(*acomoder, accommoder*) à son sort, à vouloir être ce qu'on est. — Les (*sacc, sac, ageurs*) de provinces ne sont pas des héros. — (*Sac, sac, ager*) n'est pas conquérir. — Qu'a produit le sang de tant de millions d'hommes et le (*sacc, sac, agcment*) de tant de villes ? Rien de grand.

N' (*abb, ab, usex*) point de la victoire, le sort du parti qui triomphe est de (*sucon, succom, ber*) à son tour. — Le *suqsès, succès*) légitime est une grande jouissance. — Les critiques et les (*chifon, chiffon, niers*) cherchent leur vie dans les ordures. — L'éducation doit s'efforcer d'empêcher que l'affection naturelle à l'homme pour son semblable ne soit (*étouf, étouff, ée*) par son égoïsme. — La vie s'éteint par nuances (*suq, succ, essives*). — L'argent profite mieux dans le (*coff, cof, re*) des habitants que dans ceux des rois. — Pour être inviolable, il faut être (*inpécable, impeccable*). — Nos âmes sont des (*souff, souf, les*) animés de Dieu, dont elles sont l'image; pour animer nos corps. — La (*souff, souf, rance*) est l'état habituel de l'humanité. — Qui ne sait pas (*souff, souf, rir*) ne sait pas vivre. — Ce qu'il y a de plus exécrable au monde, ce sont les (*bouff, bouf, onneries*) d'un tyran. — Les passeports doivent être revêtus du (*visa, s, t*) de la préfecture de police. — Quel que soit le mode de gouvernement chez une nation corrompue, elle sera toujours le jouet d'un (*ta, t, s*) d'intrigants ambitieux qui la duperont avec de grands mots. — Il n'y a rien de si pestilentiel pour le jugement que le (*fatra, t, s*) des connaissances pédantesques. — La poésie brillante en prose n'est plus qu'un (*canne, cane, va, s*) dont on ôte la broderie. — Dieu n'a pas donné deux (*bra, s, ts*) à l'homme pour rester oisif.—Les savants s'enterrent les uns les autres sous les (*fatra, s, t*) éphémères de leurs barbares nomenclatures. — La guerre a ses (*apa, appa, t, s*) et la paix ses douceurs. — Il n'y a point de petits (*pa, t, s*) dans les grandes affaires.

IIe LEÇON.

SUR LES RÈGLES N°s 3, 4, 46, 47, 65 ET 66.

(Voir la 1re Partie.)

EXPLICATION.

Mots commençant par *ad* et par *af*, n. 3 et 4
Emploi du *g* et du *j*, n. 46.
Emploi de l'*m* médial n. 47.
Mots terminés par *at*, n. 65.
        Id.   par *ac* ou *aque*, n. 66.

Les feuilles de la bétoine peuvent remplacer le (*taba, c*). — La terre est (*op, opp, aque*). — On a cru longtemps que la (*thér, tér, iaque*) était propre à guérir la morsure des animaux vénimeux. — Le (*cha, t*) est un domestique infidèle. — Le mercure est dans un (*éta, t*) de liquidité (*continuel, le*). — Chaque (*clima, t*) a ses oiseaux bienfaiteurs. — Les méchants sont (*add. ad. roit, s*) à (*diss, dis, imuler*). — Le temps apporte de l'(*add. ad, oucice. oussise, ment*) aux plus grandes douleurs. — Tout homme qui craint Dieu et (*s'ad, add, on, nne*) à la justice, lui est agréable, de quelque nation qu'il soit. — L'habitude de priser (*afai, affai, bli, e. t*) l'odorat d'une manière notable. — L'(*Afri, affri, quin, cain*) qui travaille n'est jamais gras. — Il faut être (*aff. af, able*) sans familiarité. — Tout devient (*aff. af, reu, s, x*) dans la pauvreté. — L'esprit s'(*af, aff, ine*) par la conversation et la société. — L'oiseau-mouche est le (*bi, geou, jou*) de la nature. — On (*badi. jone, geonne*) les maisons que le temps a (*noircie, s*). — La pâte de (*ju, jub, jube*) est pectorale.—La chèvre aime à gravir au (*som, mm, et*) des montagnes. — La (*re, nom, nomm, é, e*) est le prix des talents supérieurs. — Dans le Nord il se fait d'immenses (*cons, oma, omma, cion, tion, s*) de viandes, de légumes, de boissons fermentées. — L'éléphant n'obéit qu'à son (*corna, c, que*). Les livres qui se vendent le plus sont les (*almana, ch, s*). — Le chien, le poisson, la balance, le taureau sont des signes du (*zodia, c, que*).

L' (*odorat, t*) du corbeau est extrêmement fin. — Le bras des athlètes était armé de cestes dans l'exercice du (*pugila, t*). — Tout le monde déteste un (*ingra, t*). — L' (*add, ad, or, orr, a, c, t, ion*) n'est due qu'à Dieu seul. — Le lait et les huiles douces sont les principaux (*ad, add, ou, ous, si, ci, sant s*). — Ventre (*af, affa, mmé, mé*) n'a pas d'oreilles. — Il n'y a pas de moyen plus sûr de gagner l' (*af, aff, ection*) des autres que de leur donner la sienne. — Le (*jar, rs*) est le mâle de l'oie. — Tout (*bour, jois, geois*) veut avoir des (*pa, je, ge, s*). — Les trop longs jeûnes (*aff, af, aiblisse, nt, l'estoma, c*). — Le cerf écoute avec plaisir le son du (*fla, jo, gco, let*). — Le lait caillé est le met (*c, om, omm, un*) des Tartares. — La cuisine française est (*reno, mé, mmé, e*) partout. — C'est en France que l'on a porté au plus haut degré la variété dans l'art d' (*ac, acc, omm, om, odé, r*) la nourriture. — Le loup sait se tenir (*prud, em, am, ment*) embusqué. — Un mauvais (*est, om, mm, a, c, t*) prive de la moitié de la vie. — Faute d'aliment, l'esprit ainsi que l' (*estoma, c, t*) meurt d'inanition. — Peu de livres donnent plus à méditer sur la mobilité des choses humaines que les (*almana, ch, s*) de cour. — Si tous ceux qui sont plus malheureux que vous faisaient autant de vacarme, on ne s'entendrait pas dans le monde; ce serait un (*s, ab, abb, at*) interminable. — Chacun de vous a dans son (*sa, que, c*) le bâton de maréchal de France. — Le (*taba, c*) d'Espagne éclarcit la vue, fortifie le cerveau et réjouit le cœur.

L' (*at, att, aque*) nécessite la défense. — L' (*a, té, thé, isme*) arrête l'âme dans son élan vers les cieux et la (*j, ète, ette*) dans le (*clo, ac, aque*) de la matière. — L'esprit des sots et des incrédules est un corps (*o, pp, p, aque*) que la lumière ne peut jamais pénétrer. — Le bois de (*gaïa, c, que*) est un bois sudorifique. — Les soldats construisent des (*b, ara, arra, que, s*) pour se mettre à couvert. — La (*sand, arr, ar, ac, que*) empêche le papier de boire. — Il faut être égoïste ou (*mi, san, trope, thrope*) pour aimer le (*s, c, éliba, t*). — Le législateur doit être l' (*é, co, cho*) de la raison, et le (*ma, jis, gis, tra, t*) l' (*é, co, cho*) de la loi. — Le (*plagia, t*) doit être pardonné lorsqu'il est utile. — La mémoire fait faire des (*pla, jia, gia, t, s*) involontaires. — La mort du maréchal Ney fut un (*a, ssa, sa, ssi, si, na, t*) juridique. — Sans les veilles des gens de lettres un empire perdrait au moins de son (*écla, t*). — La (*ven, jan, gean, ce*) augmente la haine et la nourrit. — N'appelez pas le (*chan, jeman, gement*); il amène souvent le regret avec lui. — Il en est du gouvernement comme du temps; il est rare qu'on n'en désire pas le (*chan, jeman, gement*). — Il faut (*joué, r*) sans doute, mais il faut aussi (*travaillé, r*). — La mort met les empereurs et les (*gouja, t, s*) au même rang. — La mer ne se glace (*j, am, amm, ais*) dans toute son étendue. — Les (*épigr, am, amm, e, s*) irritent et ne corrigent point. — Celui qui désire (*ard, am, emm, ment*) une couronne ne sait ce qu'il souhaite. — La meilleure de toutes les (*gram, gramm, aire, ère, s*) est une bonne habitude.

La vie est un (*s, om, omm, eil*) et la mort un réveil. — On parle (*éloqu, ament, emment*) en parlant à propos. — Sans la (*f, ame, emme*) l'aurore et le jour seraient sans secours, et le midi sans plaisir. — Toute autre science est (*dom, a, ja, geable*) à celui qui n'a pas la science de bonté. — Socrate disait (*add, ad, ieu*) tous les jours à ses amis, ne sachant pas si la mort le lui permettrait le lendemain. — Il est impossible de faire entendre raison à ceux qui ont (*add, ad, opté*) une façon de penser conforme à leur intérêt. — Il n'y a rien de si fâcheux que l'étude n' (*add, ad, ouci, oussi, sse*). — Le plus (*add, ad, roit*) l'emporte toujours sur le plus fort. — Les lois inutiles (*af, aff, aibl, ice, isse, nt*) les lois nécessaires. — Il ne faut ni préjugés ni passions dans les (*af, aff, ère, aire, s*) la seule permise est celle du bien (*publ, ic, ique*). — On ne peut rien fonder sur des cadavres; ils s' (*af, aff, aice, aisse, nt*) et l'édifice croule. — Le peuple (*af, aff, amé, ammé*) ne sait pas craindre. — Toute (*af, aff, ecta, cion, tion*) est ridicule, même celle par laquelle on prétend s'éloigner de l' (*af, aff, ecta, cion, tion*). — Ce n'est pas une bonne qualité dans une femme d'être savante, et c'en est une très-mauvaise d' (*af, aff, ecté, r*) de paraître telle. — Avoir des sujets (*af, aff, ec, cionné, tionné, s*) vaut mieux que d'avoir de vaillants soldats. — L'égoïste qui n'éprouve aucun sentiment (*af, aff, ectueu, x*) n'en inspire aucun. — Le penchant qui nous porte à bien

présumer d'autrui est la meilleure (*af, aff, iche*) de la probité.
— Il est des esprits qui ne peuvent rien attraper qu'a la vo-
lée, d'autres à la piste, d'autres à l' (*af, aff, û, t*). — L'esclavage (*af, aff, inne, ine*) les langues et stimule l'allégorie. —
La jeunesse s' (*af, aff, o, le, lle*) de maximes singulières.

IIIᵉ LEÇON.

SUR LES RÈGLES Nᵒˢ 5, 6, 48, 49, 67 ET 68.

(*Voir la 1ʳᵉ Partie.*)

EXPLICATION.

Mots commençant par *ag* et *al*, n. 5 et 6.
N au milieu des mots, n. 48.
Emploi l'*r* médial, n. 49.
Mots terminés par *acer*, *asser*, n. 67.
Id.   par *af*, *affe*, *aphe*, n. 68.

L'(*â, je, ge*) de l'homme ne passe pas communément quatre-vingts ans.—La lecture (*agg, ag, randi, e, t*) l'âme.—Les
chameaux et les éléphants s'(*aje, age, nouille, nt*). — Les
circonstances (*agra, aggra, ve, nt*) le crime. — L'argent et le
cuivre servent d'*alia, allia, ge, je*) à l'or. — Nous avons besoin, l'été, d'une (*alli, ali man, men, ta, tion, cion*) moins
forte qu'en hiver.—C'est la parfaite (*alien, allian, se, ce*) de
la nature et de l'art qui fait la souveraine perfection. — Le
malheur (*alon, allon, je, ge*) la vie, le bonheur l'(*ab, abb,
rége, rèje*).—On raconte de quelques peuples sauvages que,
pour se guérir des maux de tête, il se font (*doné, donné, r*)
de violents coups de bâton sur la partie malade. — La permission de porter à la (*b, outt, out, onière, onnière*) un petit
ruban fait bien des heureux et ne coûte rien aux princes. —
La (*c, an, ann, èle, elle*) de Ceylan est la plus estimée.—Nous
attirons par notre industrie les substances (*nouri, nourri,*

cière, sière, s) les plus délicates de toutes les parties du monde. — Les demeures (*souter, souterr, eine, aine, s*) sont d'un usage général en hiver, dans le nord de la Sibérie et en Laponie. — Chez les Arabes nomades, la famille de celui qui a été tué est en droit de tuer le meurtrier, si celui-ci ne s'(*aran, arran, ge, je*) avec elle. — La (*jira, gira, fe, ffe, phe*) est d'un naturel fort doux. — Il est honteux de ne pas savoir l'(*orto, ortho, grafe, graffe, graphe*). — Il n'y a plus d'(*isto, histo, rio, grafe, graphe*) de France. — Le (*lexico, grafe, graphe*) doit avoir une grande rectitude d'esprit et beaucoup de connaissances.

Les grenouilles (*co, ace, asse, nt*) et les corbeaux (*cro, ace, asse, nt*). — Le soir on entend (*co, acé, assé, r*) les grenouilles. — Il y a des personnes qui ne sauraient s'empêcher de (*grima, cé, ssé, r*). — L'œil peut (*amb, emb, racé, rassé, r*) les petits objets, tandis que les grands confondent la vue. — Les enfants aiment à (*c, acé, assé, r*) et à briser tout ce qu'ils peuvent atteindre. — Il faut arracher les navets avant les gelées et les (*ant, ent, acé, assé, r*) en lieu couvert. — Un savant qui a vu les cèdres antiques du mont Liban assure que dix hommes n'en pourraient (*emb, amb, racé, rassé, r*) un seul. — L'(*aggri, agri, cultur, e*) est le premier des arts. — La peur (*aggra, agra, ve*) le mal sans y remédier. — Les sables se sont (*agglo, aglo, méré, s*) de manière à former des masses solides. — Dieu (*agré, ée*) nos offrandes, nos prières. — Le vice ne saurait s'(*alié, allié, r*) avec la vertu. — L'Etre-Suprême (*al, all, uma*) le soleil et le lança avec les autres planètes dans la vaste solitude des airs. — L'argent et le cuivre servent d'(*al, all, ia, je, ge*) à l'or. — Les (*col, coll, onn, onna, des*) supposent un haut degré de perfection dans les arts et dans le goût. — Les (*Cal, Kal, mouques, mouks*) tiennent beaucoup aux cérémonies. — Le froid peut (*gla, cé, ssé, r*) les rivières. — Il ne faut pas (*aga, cé, sé, r*) un homme de mauvaise humeur. — La grande sécheresse fait (*creva, cé, se, r*) la terre. — Les sauvages de l'Afrique méridionale se font des chaussures de peau de (*gira, fe, ffe, phe*). — La loi (*ag, agg, rère, raire*) serait un larcin. — Les véritables amis d'un roi ne font jamais de mal en son nom, pour ne pas lui (*al, all, iéné, ienné, r*) les cœurs.

Le verjus (*aga, ce, sse*) les dents. — On peut juger du caractère des nations par les (*al, all, iman, imen, t, s*) dont elles font le plus d'usage. — Il faut (*al, all, ié, r*), par un sage tempérament, une force qui retienne les enfants sans les rebuter, et une douceur qui les gagne sans les (*amo, ammo, l, ll, ir*). — Les Suédois sont bien faits, robustes, (*agil, le, lle, s*). — La vue continuelle du sang, même en peinture, peut en (*al, all, umé, ummé, r*) la soif. — On reconnaît l' (*ipo, hypo, crite, critte*) à ses allures. — Tout le mal qu'on ne peut éviter est (*allé, jé, gé*) par la patience. — Il semble à l'avare qu'il (*al, all, onje, onge*) sa vie en grossissant son trésor. — L'homme a le sentiment inné du mal et du bien : il peut les confondre ; mais (*al, all, or, ors*) même il peut les voir où ils ne sont pas. — Les titres de beaucoup de livres sont comme le miroir du chasseur aux (*al, all, ouète, ouette, s*). — C'est un fonds de jalousie vaniteuse qui fait que la critique (*al, all, èche*) notre esprit. — Heureux celui dont la vigoureuse espérance peut, dans les temps d'inquiétudes, de détresse, lutter contre les (*al, all, armiste, s*)! — Chez les nations corrompues, le despotisme trouve des milliers d' (*a, jens, gents*). — Sans la philosophie divine, la vieillesse est un (*aggra, agra, veman, vement*) successif de maux, une mort partielle de chaque jour. — L'ambitieux est trop habile pour ne pas (*a, j, g, ir*) en honnête homme lorsque son intérêt l'exige. — L' (*aji, agi, tacion, tation*) convient aux amis de la liberté : le sommeil est le (*paradi, s*) de l'esclavage.

La lecture (*aggran, agran, di, e, t*) l'âme. — Aucune (*aggré, agré, gacion, gassion, ation*) d'hommes ne peut subsister en paix, si elle n'est cimentée avec l'idée d'un Dieu vengeur et rémunérateur. — Le système des emprunts est moins avantageux aux nations (*aggri, agri, colle, cole, s*) qu'aux nations (*comer, commer, sante, çante, s*). — Catinat avait dans l'esprit une application et une (*agili, té, tée*) qui le rendaient capable de tout. — Les hommes droits et simples (*agice, gisse, nt*) sans déguisement. — Les Athéniens étaient naturellement doux et (*agréable, s*). — Notre propre intérêt est un merveilleux instrument pour nous crever (*agréable, mant, ment*) les yeux. — Les Egyptiens ont inventé l' (*agri, aggri, culture*). — Rome, encore pauvre, était (*ata, atta, ché, c*) à l' (*aggri, agri, culture*). — Les Macédoniens étaient des soldats (*aggué, agué, ri, s*). — Les Moscovites s' (*aguérice, agguérris, ait, aient*) tous les jours contre les troupes que Charles XII avait laissées en Pologne. — Chaque instant nous donne de nouvelles (*all, al, arme, s*). — Plus on tient à la vie, plus tout ce qui la menace nous (*all, al, arme*). — La religion mahométane a pour fondement l' (*Alko, alco, ran*) de Mahomet. — Peut-on laisser (*all, al, i, éné, enné, r*) des cœurs qu'on peut gagner à si bas prix? — L'homme a besoin d' (*all, ali, mant, ment, s*) pour le nourrir. — Il y a des gens nés pour les (*al, all, é, ée, s*) et venues. — Les mystères des Grecs et des Egyptiens étaient remplis d' (*al, all, égorie, s*). — Saint Paul et les autres apôtres ne cessent d' (*al, all, égué, r*) ce que Moïse a dit et écrit. — Rien ne s' (*al, all, it, ie*) mieux avec la vanité que la (*ba, bas, vèce, sesse*).

<hr>

IVᵉ LEÇON.

SUR LES RÈGLES Nᵒˢ 7, 8, 50, 51, 69 ET 70.

(*Voir la 1ʳᵉ Partie.*)

EXPLICATION.

Mots commençant par *am* et *an*, n. 7 et 8.
Emploi de *sc* et du *t*, n. 50 et 51.
Mots terminés par *ail, eil, euil, eul*, pour le masculin; et *aille, eille, euille, eule*, pour le féminin, n. 69.
Mots terminés par *aire, ère*, n. 70.

L' (*am, amm, itié, itiée*) est le charme de la vie. — L' (*an, amm, andié, andier*) fleurit dès que les gelées sont passées. — La justice est l' (*amc, âme*) des lois. — Les gens de la campagne préparent une sorte d' (*am, amm, adou*) en faisant brûler du vieux linge, et en l'étouffant avant qu'il soit entièrement consumé. — L' (*an, ann, émone*) (*an, ann, onse, once*) le printemps. — L' (*âne, anne*) souffre la faim: un chardon le contente. — L' (*a, née, nnée*) est composée de trois cent soixante-cinq jours. — Le consulat à Rome était (*an, ann, ucl*). — Le prince peut vous (*a, no, nno, blir*), votre mérite seul vous (*anno, enno, blira*). — L' (*anna. ana, na, s*) est, sans contredit, le plus délicieux de tous les fruits. — De quelque côté qu'on se tourne, le monde est rempli d' (*ani, anni, croche, s*). — Dieu donne et ôte le (*cep, scep, tre*) aux rois comme il lui plaît. — Le vrai repos dépend d'une (*con, cien, scien, se, ce*) pure. — On sait combien l'intérêt particulier (*fa, sine, scine*) les yeux et restreint l'esprit. — Dans chaque village de l'Inde, le blanchisseur (*net, nett, oie, oye*) le linge de tous les villageois. — Les anciens Scandinaves abandonnaient les enfants que la stérilité de leur sol ne leur (*per, métait, mettait*) pas de nourrir. — C'est Dieu qui a lancé le (*sol, soll, eil*) dans l'espace. — Le camphrier a le port du (*tiieul, tilleul*). — L'oie a le (*som, somm, eil*) très-léger. — La lime mord l'acier et l' (*or, orr, eil, eille*) en frémit. — Le latanier donne chaque mois une (*feu, ie, ille*) nouvelle. — Le (*ser, cer, feuil, feuille*) est une plante que les bestiaux et les lapins mangent avec avidité. — Le (*trav, ail, aille*) entretient la santé.

L'air se purifie dans les (*entr, ail, aille, s*) de la terre. — Le (*cor, corr, ail, aille*) sert à la parure des négresses, aux yeux desquelles il est d'un grand prix. — Les oiseaux sont très-friands de la graine d' (*os, eil, elle*). — L'aérostat est un (*apa, appa, reil, reille*) à l'aide duquel on peut s'élever dans l'air. — Les (*am, amm, endes, andes*) (*am, amm, ères*) sont un poison pour les volailles. — Le serpent a ses mœurs, ses combats, ses (*am, amm, our, s*). — L' (*am, amm, arante, aranthe*) est le symbole de l'immortalité. — Les Arabes et les Turcs ont beaucoup de foi aux (*amul, ètes, ettes*). — Le vent (*amon, cèle, selle*) les sables. — La cire s' (*am, amm, olie, ollit*) par la chaleur. — Les trois quarts de l'Afrique n'eurent jamais d' (*an, ann, alle, ale, s*). — L'origine de l' (*an, ann, atomi, atomie*) se perd dans la nuit des temps. — Saint Paul de Thèbes est regardé comme le premier (*an, ann, akorète, achorète*). — L' (*an, ann, alise, alyse*) remonte des conséquences aux principes. — Les anciens (*Si, cy, te, the, s*) mettaient de la chair crue sous la selle de leurs chevaux et la mangeaient ensuite. — Dans tout l'Orient, un médecin est accueilli partout, et on le consulte avant d'avoir même la moindre preuve de sa (*sian, scien, se, ce*). — On fabrique du papier avec la pulpe de (*bete, bette, rave*).

La nouvelle lune était jadis (*an, ann, on, cé, sé, e*) par le bruit de la (*tromp, ète, ette*). — La crainte prend l'homme

au berceau et l'accompagne jusqu'au (*ser, cer, cueil, cueille*).
— La fleur du (*chèvre, feuil, feuille*) embaume les jardins.—
L' (*écu, reuil, reuille*) est le plus agréable des quadrupèdes.
— Tous les enfants qui naquirent le même jour que Sésostris
furent (*em, amm, ené, s*) par ordre du roi. — Pierre **reparut**
en Russie, (*am, amm, enan, t*) avec lui les arts de l'Europe.
— Plus l'orgueil est excessif, plus l'humiliation est (*am, amm,
er, e*). — Les plaisirs du moment sont toujours mêlés d'. (*am,
amm, ertume, s*). — Il faut du temps pour (*am, amm, euté,
r*) des chiens qui n'ont pas accoutumé de chasser ensemble.
— Il n'est que la charité qui puisse former des (*am, amm, i,
s*) solides et véritables. — Il n'y a guère de véritable (*am,
amm, itié, e*) qu'entre égaux. — La retraite fortifie la vertu,
la vie dissipée l' (*am, amm, olie, ollit*). —Toute volupté (*am,
amm, olie, ollit*) le corps et l'esprit. — La gloire a de puis-
santes (*am, amm, orce, orse, s*) pour les grandes âmes. —
N'estimez dans les hommes que l' (*am, amm, our, e*) du devoir. — La nature de l' (*am, amm, our, e, propre*) est de
n'aimer que soi, de ne considérer que soi. — Du côté de l'Asie
était Vénus, c'est-à-dire les folles (*am, amm, our, e, s*) et la
mollesse ; du côté de la Grèce était Junon, c'est-à-dire la
gravité avec l' (*am, amm, our, e*) conjugal. — Les plaisirs
sont des (*am, amm, usement, s*) qui ne laissent qu'un long et
funeste repentir. — Une fausse Ithaque se présentait toujours
au pilote pour l' (*am, amm, usé, r*), tandis qu'il s'éloignait
de la véritable.

Il est indigne que les hommes destinés à une vie sérieuse
et noble s' (*am, amm, use, nt*) à inventer des parures affec-
tées. — La démocratie pure dégénère facilement en (*an, ann,
archi, e*). — Le concile de Chalcédoine (*an, ann, atè, athè,
matisa*) divers patriarches d'Alexandrie. — Tous les pères du
concile d'Ephèse crièrent (*an, ann. atè, athè, me*) à Nestorius.
— L' (*âne, anne*) est le jouet de tous les animaux. — Dieu n'a
qu'à retirer sa main pour (*an, ann, éantir, e*) toutes les
créatures. — Platon disait que l'homme était un (*an, ann,
imal, e*) à deux jambes sans plumes. — Il y a dans les corps
vivants un principe qui les (*an, ann, ime*). — Les (*an, ann,
imosité, e, s*) se perpétuent dans les familles. — Prenez vos
plumes sacrées, vous qui composez les (*ana, anna, l, e, s*) de
l'Eglise. — La loi fut donnée à Moïse la même (*ané, anné, e*)
que le peuple hébreu sortit de l'Egypte. — Les cieux (*anon,
annon, se, ce, nt*) la gloire de Dieu. — La vie nous paraît

courte et les heures longues ; nous voudrions (*alon, allon, jé, gé, r*) la chaîne et rétrécir les (*anau, anneau, s, x*). — La liberté (*ano, anno, blie, blit*) tous les hommes. — La férocité n'a peut-être pour cause qu'une trop violente tension des nerfs. — On pourrait (*ané, anné, ant, ent, ir, e*) presque tous les abus. — Il faut un grand (*ati, atti, rail, raille*) pour le service de l'artillerie — Les Espagnols mangent beaucoup d' (*ail, aille*). — Nul de nous n'a de (*bail, baille*) avec la mort. — Il faut prendre les hommes par les (*détail, détaille, s*) pour les bien étudier. — L'amour du (*trav, ail, aille*) est la vertu de l'homme en société. — Celui qui joint l'habitude du (*trav, ail, aille*) à celle des bonnes mœurs est un être respectable. — La (*col, coll, air, èr, e*) est un délire. — La peur ignorante nous rend (*tribut, er, air, e, s*) des charlatans de toute espèce. — Les temps (*prosp, air, èr, e, s*) sont passés ou futurs.

Vᵉ LEÇON.

SUR LES RÈGLES Nᵒˢ 9, 10, 52, 53, 71 ET 72.

(*Voir la 1ʳᵉ partie.*)

EXPLICATION.

Mots commençant par *ap* et *ar*, n. 9 et 10.
Ban et *ben* au milieu des mots, n. 52.
Ga et *gan*   id.   id.   n. 53.
Mots terminés par *al, alle*, n. 71.
      Id.   par *an, anc, ang, aon*, n. 72.

Le nez est le trait le plus (*a, p, pp, arent*) du visage. — La beauté est l' (*a, pp, p, anage*) des peuples policés. — L' (*a, p, pp, éti, t*) se satisfait moins vite que la faim. — La viande est peu en usage en (*A, r, rr, abie*). — Les métaux sont (*ar, arr, aché, s*) des entrailles de la terre. — Les rivières serpentent dans les campagnes pour les mieux (*a, r, rr, oser*). — Les bienfaits sont des (*a, r, rr, hes*) pour le ciel.

— Il faut (*é, p, pp, argner*) quelque chose pour l' (*a, r, rr, ière*) saison. — Les (*a, r, rr, aignées*) aiment la musique. — Quand on songe à la destinée qui attend l'homme sur la terre, il faudrait (*a, r, rr, osé, r*) de pleurs son berceau. — En Suisse, on s'attend à un rude hiver quand on voit (*a, r, rr, ivé, r*) beaucoup de cygnes sur les lacs. — L'ambitieux ne s' (*ar, rr, éte*) jamais. — Nos cuisiniers (*a, r, rr, omatise, nt*) quelquefois leurs lapins domestiques avec du mélilot, pour en déguiser l'origine. — Nous sommes entre les mains de Dieu comme des (*bal, lle, s*) entre les joueurs de paume. — Le monde convertit les temples de l'Eternel en (*s, al, alle, s*) de théâtre ou de luxe où les passions jouent leur rôle. — La justice s'égare dans le (*déda, le, lle*) des lois. — Toute personne qui pense et parle fortement, est de droit le (*scanda, le, lle*) des petits esprits. — Le grand monde est un (*bal, lle*) masqué. — Les grands enfants jouent au (*cérémonia, l, lle*), et les petits à la chapelle. — Les peuples nomades n'ont pas d' (*an, ann, ale, alle, s*). — Les louanges de la (*caba, le, lle*) ne seront de rien pour la postérité.

Vous devez plaindre les hommes d'un (*ran, g*) inférieur, au lieu de les mépriser. — Il est étrange que le (*san, g*) qui, chez tout les hommes, a la même origine, prétende à tant de distinctions. — Les esclaves font les (*ty, i, ran rants, s*). — Partout où se trouvent d'habiles (*charlata, n, nt, s*), les dupes fourmillent. — Les disputes sont des (*ouraga, n, nt, s*) ; on se trouve au sein de la tempête sans savoir d'où le vent est venu. — On peut être (*partisa, n, nt*) de la République, comme du bonheur, sans y croire. — Un (*courtisa, n, nt*) doit, pour réussir, n'avoir ni honneur, ni humeur. — La Chine est excessivement peuplée, et on assure que l'usage d'y (*a, b, bb, and, on, onn, e, er*) les enfants sur la voie publique n'est malheureusement que trop commun. — Le ver, ce destructeur-né de nos garde-robes, est tué par l'odeur seule de la (*téréb, en, an ti, thi, ne*). — Les Chrétiens n'oseraient porter le (*turba, n*) blanc dans les Etats du Grand-Seigneur. — Autrefois on condamnait les (*contreb, en, an, dier, s*) aux galères. — La (*contreb, en, an, de*) tend à ruiner les fabriques nationales en inondant nos marchés de produits étrangers. — C'est surtout dans le bouleversement des Etats que les (*intriga, n, nt, s*) s'agitent. — La (*ciga, le, lle*) cesse de vivre dès qu'elle a passé le temps où elle chante. — La fumée du (*si, ci, ga, r, rr, e*) est comme l'opium en Orient. — Le temps marche toujours d'un pas (*éga, l, le*), uniforme et réglé. — Le cidre, quoi qu'en disent les Normands, n'(*a, p, pp, roche*) pas du vin.

L'œil, en parcourant une prairie, n'(*a, p, pp, er, soit, çoit*) pas la fleur modeste qui se cache sous l'herbe. — Saint Pierre et saint Paul sont nommés les princes des (*a, p, pp, ôtre, s*). — La perfection n'(*a, p, pp, artien, t*) qu'à Dieu seul. — La guerre (*a, p, pp, auvri, e, t*) les provinces qui en sont le théâtre. — Le beau temps nous (*a, p, pp, èle lle*) à la promenade. — Le vent (*a, r, rr, ache*) les arbres. — Tous les grains de blé que vous mangez ont été (*a, r, rr, osé, s*) de la sueur du laboureur. — L'(*A, r, rr, abe*) du désert reconnaît les traces de Dieu dans l'univers, comme celles de l'homme et du chameau sur le sable. — L'ancien gouvernement de Venise était une (*a, r, rr, istocra, cie, tie*). — La cruauté qu'on exerce envers les animaux n'en est que l'(*a, pp, p, ren, ti, sa, ssa, ge*) envers les hommes. — La beauté est l'(*a, p, pp, ana, je, ge*) des peuples policés. — Où l'un voit des chardons, l'autre (*a, p, pp, er, soit, çoit*) des roses. — L'homme gâte son esprit en voulant l'(*a, p, pp, liqu, è, er*) à trop d'objets. — La fureur des flots s'(*a, p, pp, è, ai, se*) après une violente tempête. — Les parvenus et les sots mettent ordinairement beaucoup d'(*a, p, pp, a, ra, t*) dans leurs actions. — Il est aussi facile de se tromper soi-même sans s'en (*a, p. pp, er, se ce, voir*) qu'il est difficile de tromper les autres sans qu'il s'en (*a, p, pp, er, soi, çoi, ve, nt*) — Les talents (*a, p, pp, li, qua. cable, s*) à tout sont les plus utiles.

L'œil de l'homme grossit les torts qu'il a reçus ; il (*a, p, pp, e, tis, tisse*) ceux qu'il a faits. — Les arrogants sont comme les ballons : une piqûre de la satire ou de la douleur les (*a, p, pp, la, ti, e, t*), — La vieillesse (*a, p, pp, orte*) les infirmités. — On étudie pour (*a, p, pp, ren ran, dre*), et l'on (*a, p, pp, ren, t, d*) à force d'étudier. — N'attends aucune pitié de celui qui ne s'(*a, p, pp, ito, ie, ye*) pas sur lui-même. — Vivez comme si vous vous (*a, p, pp, rétiez*) à mourir. — Selon les temps et les opinions, une même action est attribuée au zèle, au fanatisme ; honorée de l'(*a, p, pp, o, té, thé, ose*) ou punie sur l'échafaud. — La bienveillance (*a, p, pp, rivoise*) même les tigres. — Les lois sont comme des toiles d'(*a, r, rr, ei, ai, gné, e*), les petits insectes s'y prennent, les gros passent à travers. — Les ouvrages des athées sont (*a*, *r*, *rr*, *ide*, *s*) et secs ; ils étonnent quelquefois ; jamais ils ne touchent. — L'(*a*, *r*, *rr*, *istocra*, *cie*, *tie*) des grandes propriétés n'était bonne que dans le système féodal. — L'(*a*, *r*, *rr*, *istocra*, *t*, *c*, *ie*) et la démocratie sont deux sœurs qui diffèrent par l'éducation, la fortune et les manières. — La religion est l'(*a*, *r*, *rr*, *oma*, *te*) qui empêche la science de se corrompre. — Quiconque jouit de la santé, et ne manque pas du nécessaire, s'il (*a*, *r*, *rr*, *ache*) de son cœur les biens de l'opinion, est assez riche. — Une femme serait au désespoir si la nature l'avait faite telle que la mode l'(*a*, *r*, *rr*, *en*, *an*, *je*, *ge*). — L'intérêt ou la malignité suggère presque toutes les (*a*, *r*, *rr*, *iè*, *re*) pensées. — Ferdinand II fut près de changer l'(*a*, *r*. *rr*, *istocra*, *t*, *c*, *ie*) allemande en une monarchie absolue. — Le milieu du cirque était une (*a*, *r*, *rr*, *è*, *ai*, *ne*) préparée pour les combattants.

VIᵉ LEÇON.

SUR LES RÈGLES Nᵒˢ 11, 12, 54, 55, 73 ET 74.

(*Voir la 1ʳᵉ Partie.*)

EXPLICATION.

Mots commençant par *as* et *at*, n. 11 et 12.
Isse et *ice* au milieu des mots, n. 54.
I et *é* représentés par *ai*, *ei*, n. 55.
Mots terminés par *ance*, *ence*, *anse*, *ense*, n. 73.
    Id. —   par *ane*, *anne*, n. 74.

Le feu de la cheminée (*a*, *s*, *ss*, *é*, *ai*, *ni*, *e*, *t*) très-bien les appartements. — Tout d'un Dieu créateur (*a*, *t*, *tt*, *este*) le génie. — L'eau qui, par le (*re*, *f*, *ff*, *roidi*, *ce*, *sse*, *m*, *an*. *ent*), a passé à l'état solide, s'appelle glace. — L'(*é*, *ai*, *m*, *ant*, *eni*) a la propriété d'attirer le fer. — La (*m*, *é*, *ai*, *greur*) ride la peau. — Les Indiens entendent le bruit que fait en marchant une armée ennemie à plusieurs lieues de (*di*, *s*, *ss*, *t, an; en, se, ce*). — L'arc-en-ciel est un signe de la (*clém, en, an, ce, se*) de Dieu. — La (*ca, ne, nne*), pond quelquefois jusqu'à soixante œufs. — Ce fut vers le temps de la prise de Rome par les Gaulois qu'on apporta le (*plata, ne, nne*) en Italie. — L'habitude d'entendre le canon (*a, s, ss, ure*), les soldats. — L' (*a, s, ss, oupi. ce, sse, m, an, ent*) est le commencement du sommeil. — Nous naissons dépourvus de tout. nous avons besoin d' (*a, s. ss, is, ten, tan, se, ce*). — Le sel est le plus général et le plus utile des (*a, s, ss, é, ai, z, s. one, onne, man, ent, s*). — Il n'y a d'incontestable que ce qui est sanctionné par l' (*a, s, ss, an, en, tim, an, ent*) universel. — Celui qui aime le travail a (*assé, z*) de soi-même. — Nous nous (*a, s, ss, imi, l, ll, on, s*) volontiers aux hommes supérieurs à nous. — Il n'y a jamais de sûreté à s' (*a, s, ss, o, ci. si, é, er*) avec quelqu'un de plus puissant que soi. — Il faut accoutumer les enfants à s'amuser sans (*a, s, ss, ourdi, r, re*) les grandes personnes. — La colère est ridicule lorsqu'elle s'allume contre les objets insensibles et qu'elle s' (*a, s, ss, ouvi, e, t*) sur eux. Nos passions, nos devoirs, nos besoins nous (*a, s, ss, ervi, ce, se, nt*).

Solon ne survécut pas longtemps à l'(*a, s, ss, ervi, se, ce, m. an, ent*) de sa patrie. — A force d' (*a, s, ss, idui, té, e*) et de patience, on vient à bout de tout. — Il ne faut s' (*a, s. ss, o, ci, si, é, er*) qu'avec les gens que l'on connaît bien. — Un grand parleur (*a, s, ss, o, me, mme*) par son bavardage. — Le bruit du canon (*a, s, ss, ourdi, e, t*). — On vient à bout d'apprivoiser le zèbre et d' (*a, s, ss, oupli, r, re*) sa nature sauvage et récalcitrante. — La colombe (*a, t, tt, an, en, dri, e, t*) les échos des forêts. — Pline (*a, t, tt, ribu, e, t*) l'invention du verre aux Phéniciens. — Ne dites rien qui puisse (*a, t, tt, risté, r*) ceux qui vous écoutent. — Souvenez-vous que de tous les (*a, t, tt, ribu, t, s*) de Dieu, bien qu'ils soient égaux, sa miséricorde l'emporte. — La satiété (*a, t, tt, aint, eint*) ceux qui ont usé de tout. — La misère (*a, t, tt, an, en, t, d*) le dissipateur. — Le soleil (*a, t, tt, ir, e*) les vapeurs. — Tous les sentiments de l'âme peuvent être exprimés par les (*a, t, tt, itude, s*) du corps. — Jésus-Christ guérissait les malades par le simple (*a, t, tt, oucheman, ent*). — La nature nous conduit à ses fins par l' (*a, t, tt, rai, t*) du plaisir. Plusieurs villes d'Allemagne s' (*a, t, tt, ribu, ent*) exclusivement l'invention de l'imprimerie. — Les vents agitent l'air d'heureux (*frémi, ce, se, sse, m, an, ent, s*). — Lalande mangeait avec plaisir des (*a, r, rr, é, ai, gné, e, s*). — On fait un grand usage de l'alun dans la (*t, ain, ein, tur, e*). — Chez les Esquimaux, les cellules sont faites en (*n, ai, ei, je, ge*) durcie, et il n'y pénètre pas le moindre jour.

Les Samoïèdes et les Esquimaux avalent, comme un délice, l'huile de (*ba, l, ll, ai, ei, ne*). — L'univers décèle une intelligence (*pl, ai, ei, ne*) de sagesse. — Les brises s'élèvent de la mer et répandent la vie et la (*fr, è, aî, cheur, e*). — La lune semble partager avec le soleil le soin de nous (*écl, é, ai, ré, r*). — La (*n, ai, ei, je, ge*) et la rosée engraissent les campagnes. — Les douces rosées (*ra, f, ff, ré, rai, chi, ce, sse nt*) les airs. — Le (*l, é, ai, ton*) s'obtient en combinant le cuivre rouge avec le zinc. — Les têtes de la (*barda, n, nn, e*) s' (*a, t, tt, ache, nt*) aux vêtements et aux jambes des passants. — La (*bana, n, nn, e*) se mange crue, cuite, séchée ou réduite en farine. — La (*prés, an, en, ce, se*) de l'homme fait le charme de la nature. — La (*confi, en, an, ce, se*) est un moyen de plaire. — L' (*indul, g, j, an, en, ce, se*) encourage à la (*désobé, is, iss, an, en, ce, se*). — La (*prud, an, en, ce, se*) vaut mieux que la valeur. — Les talents donnent l' (*indép, an, en, d, en, an, se, ce*). — L' (*a, d, dd, o, l, ll, esc, ess, an, en, ce*) méprise les jouets du passé. — L'époque de l'agriculture est celle de la (*n, é, ai, cen, ssan, ce, se*) des sociétés. — L' (*indi, j, g, an, en, se, ce*) avilit l'âme. — L' (*ai, é, z, s, en, an, se, ce*) étouffe l'industrie. — Les bonnes actions portent leur (*réco, n, m, p, en, an, se, ce*). — Le sentiment de sa (*dé, p, pp, an, en, d, en, an, se, ce*) d'un Etre suprême est instinctif dans l'homme. — On fait souvent de fausses (*confi, den, dan, se, ce, s*) pour en obtenir de véritables.

La (*confi, an, en, se, ce*) naît du succès. — L' (*ab, c, s, en, an, se, ce*) des désirs vaut mieux que la (*joui, san, ssan, se, ce*) de tous les biens. — Il faut que la jeunesse achète son (*expé, ri, an, en, se, ce*). — La (*const, an, en, se, ce*) ne consiste pas toujours à faire les mêmes choses, mais celles qui tendent à la même fin. — Les faux dévots caressent le péché avant d'embrasser la (*pénit, an, en, se, ce*). — La pensée est une (*pui, cen, ssan, se, cè*). — Les obstacles naturels révoltent moins un despote que la plus faible (*résist, en, an, se, ce*). — Les (*paysa, n, nn, e, s*) mangent moins de viande que les femmes de la ville. — La (*ca, n, nn, e*) est un appui dans la promenade ou dans le voyage. — Un cœur droit est le premier (*orga, n, nn, e*) de la vérité. — Dieu fit tomber la (*ma, n, nn, e*) du ciel pour nourrir son peuple. — On oublie trop, en beaucoup de circonstances, le précepte d'Horace, qui défend de mêler les choses sacrées aux (*profa, n, nn, e, s*). — Les maux de tête se guérissent avec de la (*tisa, n, nn, e*) de tilleul. — La colombe (*a, t, tt, an, en, dri, e, t*) les échos des forêts. — On peut (*a, t, tt, an, en, dri, r, e*) le fer en le mettant au feu. — La mer, (*a, t, tt, en, an, tive*) à payer le tribut qu'elle doit à ses maîtres, enrichit nos tables de poissons délicats. — En se mêlant dans une rixe, on peut (*a, t, tt, ra, p, pp, é, r*) quelque coup. — La vertu (*a, t, tt, ractive*) de l'aimant se communique au fer, en faisant toucher le fer à l'aimant. — T' (*a, t, tt, an, en, dre*) aux yeux d'autrui, quand tu dors, c'est erreur. — Les (*b, in, ein, ain, s*) étaient fort en usage chez les anciens. — Les (*m, in, ain, ein, s*) élevées à Dieu en forment plus de bataillons que celles qui frappent. — Les injures s'écrivent sur l' (*é, ai, r, in, ein, ain*), et les bienfaits sur le sable. — Il y a dans la ville la grande et la petite robe, et la première se venge sur l'autre des (*dé, d, dd, in, ain, ein, s*) de la cour et des petites humiliations qu'elle y essuie.

VIIe LEÇON.

SUR LES RÈGLES N°s 13, 14, 56, 57, 75 ET 76.

(*Voir la 1re Partie.*)

EXPLICATION.

Mots commençant par *bab, bac, bad, baf, bag*, n. 13.
     Id.   par *bail, bal*, n. 14.
C représenté par *q*, n. 56.
K   id.   par *ch*, n. 57.
Mots terminés par *ate, atte*, n. 75.
     Id.   par *ation, assion*, n. 76.

Le (*ba, c, cc, al, au, o, réa, t*) est le premier degré que l'on prend dans une Faculté pour parvenir au doctorat. — Les (*ba, c, ch, ana, le, lle, s*) portèrent le trouble en Egypte et dans la Grèce. — On ne va pas à la postérité avec un gros (*baga, je, ge*). — La nature (*ba, l, ll, en, an, se, ce*) sans cesse le mal par le bien. — La (*ba, l, ll, e*) cherche le bon joueur.

— Les (*ba, l, ll, et, s*) sont la partie la plus brillante de l'Opéra de Paris. — C'est dans les mers du Nord que se trouvent en général les (*ba, l, ll, è, ai ei, ne, s*). — Les feuilles ainsi que les fleurs de la (*bal, s, z, ami, n, nn, e*) peuvent servir à teindre la laine en jaune. — La (*cua, qua, drature*) du cercle est regardée comme un problème insoluble.—Rome et Londres n'ont pas de (*qu, é, ai, s*). — Les (*c, qu, o, li, bet, s*) ne sont que de misérables pointes qui ne tombent sur rien. — Le (*k, c, qu, a dru, pède*) en tondant les prés les empêche de germer. — Les (*li, ken, chen, s*) sont les premières plantes qui végètent sur les rochers. — Le (*co, k, qu, e*) est du charbon de terre desséché. — Les (*C, k, al. mou, k, que, s*), comme les Arabes, n'ont point de demeure fixe ni d'ameublement. — Les (*K, c, amtchada, l, ll, e, s*) entassent leurs poissons, les laissent pourrir, et les mangent avec avidité. — La jolie couleur du fruit de la (*to, m, mm, a, t, tt, e*) produit un effet agréable dans les jardins. — La couleur (*écarla, t, tt, e*) fait fuir certains animaux.

Les (*a, r, rr, o, m, mm, a, t, tt, e, s*) sont surtout usités par les habitants des pays méridionaux. — Les meilleures (*da, t, tt, e, s*) sont celles qui nous viennent de Tunis. — La révolution de Février n'est plus un événement de fraîche (*da, t, tt, e*).—Les (*pi, r, rr, a, t, tt, e, s*) vont sur mer attaquer les vaisseaux marchands pour les piller et les voler.—Il n'y a que les grandes (*pa, c, ss, t, ion, s*) qui fassent les grandes nations.—Les hommes sont plus faibles que méchants, plus dignes de (*co, n, m, pa, s, ss, t, ion*) que de haine.—Les plantes, les arbres, la (*végéta, s, c, t, ion*) purifient l'atmosphère. — Le lait d'ânesse n'est en (*réputa, c, t, s, ion*) en France que depuis François Ier. — L'(*éduca, c, t, s, ion*) est la culture de l'âme. — Quelque génie qu'on ait, on ne peut sans (*a. p; pp, lica, t, s, c, ion*) exceller en quoi que ce soit. — La (*fa, b, bb, rica, t, s, c, ion*) de la tôle est aujourd'hui en grande activité. — Charles-Quint fit (*abdi, ca, c, s, t, ion*) de l'empire. — L'(*éduca, s, t, c, ion*) publique préserve la jeunesse du poison de l'(*a, d, dd, u, l, ll, a, c, s, t, ion*) dont l'enivre l'(*éduca, c, s, t, ion*) domestique. — Une révolution reporte les hommes à la tour de (*Ba, b. bb, e, l, ll, e*); on ne s'y entend plus, chacun parle la langue de son intérêt. — On croit voir les germes du génie dans le (*ba, b, bb, i, l*) d'un enfant. — A (*ca, qua, r, en, an, te*) ans un homme sensé ne doit plus (*badin, é, er*) avec la vie.

De petites (*bagat, e, l, ll, e, s*) tolérées dans un enfant peuvent le faire aller à l'échafaud pour de plus grandes. — C'est aux (*Ba, b, bb, i, y, lo, n, nn, ien, s*) qu'est due l'(*inv, en, an, c, t, s, ion*) du zodiaque. — Henri IV, avec une partie de sa cour, faillit demeurer au fond de la Seine en passant le bac à Neuilly. — Le (*bà, ie, ille, m, en, ent*) est pénible pour celui qui parle. — Pour bien juger un homme, il faut mettre dans la (*ba, l, ll, en, an, s, c, e*) ses vertus et ses vices. — La douleur, le plaisir, l'ennui font également (*bâ, yer, iller*). — L'amour-propre est un (*ba, l, ll, on*) gonflé de vent, dont il sort des tempêtes quand on y fait une piqûre. — La fortune est un enfant peu difficile en jouets, elle (*ba, l, ll, o, t, tt, e*) aussi bien un pauvre hère qu'un potentat. — Les (*ba, l, ll, i, s, z, ier, s*) figurent très-bien dans les plates-bandes, mais ils craignent le froid. — La première et la plus importante (*ca, qua, lité, e*) d'une femme est la douceur. — Une femme est toujours assez belle (*can, quan, d, t*) elle est bonne. — Discutons : (*can, quan, d, t*) à nous battre, jamais. — Point de (*car, quar, tié, r*) aux méchants et aux corrupteurs. — On reconnaît l'(*aga, t, tt, e*) orientale à la netteté, à la transparence, à la beauté du poli. — Certaines gens (*démocra, t, tt, e s*) à la cour, deviennent (*a, r, rr, istocra, t, tt, e, s*) à la ville. — On peut se méfier des lois faites par (*a, c, cc, lama, c, t, s, ion*). — L'orgueil n'aime pas la (*démonstra, c, t, s, ion*).

La (*c, s. ivili, s, z, a, s, t, c, ion*) place les talents, l'instruction en première ligne. — On n'a pas de (*bai, l, ll, e*) avec la mort. — C'est une illusion de vouloir maintenir l'équilibre quand on n'a pas le bras assez fort pour tenir la (*ba, l, ll, an, en, s, c, e*. — L'opinion est le (*ba, l, ll, an, en, s, c, ié; r*) d'un gouvernement libre, et doit régler son mouvement. — Il est permis de (*ba, l, ll, o, t, tt, é, er*) un intrigant solliciteur. — Les voleurs mettent des (*bà, yon, illon, s* à ceux qu'ils veulent empêcher de crier. — Dans quelques marnes, on trouve beaucoup de (*coquille, s*). — (*Qui, c, q, on, que*) est soupçonneux invite à le trahir. — Les journaux, depuis six lustres, sont le pain (*co, quo, tidien*) des esprits. — Le rétablissement de la monarchie, avec tous ses priviléges, serait aujourd'hui un (*a, n, nn, a, cro, kro, chro, nisme*). — Le (*co, cho, léra-morbu, s, ce*) a fait invasion en Angleterre. — Le (*cré, chré, tien*) vertueux et de bonne foi est certainement heureux. — Les gens d'esprit ne doivent pas être les (*é, co, cho, s*) des sots. — Le (*Cri, Chri, st*) est mort sur la croix. — La couleur (*écarla, t, tt, e*) fait fuir certains animaux. — Une (*fréga, t, tt, e*) est un vaisseau de guerre qui n'a ordinairement que deux ponts. Les anciens donnaient le nom d'(*acro, b, bb, a, t, tt, e, s*) à certains danseurs de corde. — On va a la cour en (*crava, t, tt, e*) blanche et en frac.

Le sang est le (*stigma, t, tt, e*) du meurtrier. — Les (*pira, t, tt, es*) sont des écumeurs de mer. — Ceux qui n'ont pas de (*ra, t, tt, e*) sont les meilleurs coureurs. — Le Français passe pour le plus (*ba, b, bb, ill, ar, t, d*) de tous les peuples. —(*Ba, b, bb, illé, er*), c'est parler beaucoup sans rien dire. —Le (*ba, b, bb, eu, r. rr, e*) est le nom que l'on donne à la liqueur qui reste après que le lait a été battu et converti en beurre. — C'est à tribord et non pas à (*ba, b, bb, or, t, d*) que le commandant se promène quand le vaisseau est au mouillage. — Chaque (*pa, c, t, ss, ion*) parle un différent langage. — Ayons (*co, n, m, pa, s, t, c, ion*) de la misère d'autrui. — Les choses de ce monde sont sujettes à de grandes (*révo, l, ll, u, s, t, c, ion, s*).

VIIIe LEÇON.

SUR LES RÈGLES N°s 15, 16, 58, 59, 77 ET 78.

(Voir la 1re Partie.)

EXPLICATION.

Mots commençant par *ban, bar, bas, bat*, n. 15.
   Id.   par *bour*, n. 16.
N changé en *m*, n. 58.
F représenté par *ph*, n. 59.
Mots terminés par *tier, scier, ciable, tiable*, n. 77.
   Id.   par *cau, au*, n. 78.

(*S', c', est*) une croyance populaire chez les Grecs de nos jours que si quelqu'un s'avise d'enlever des (*ba, n, nn, a, n, nn, e, s*) avant l'époque où elles doivent être cueillies, le (*ba*, *n*, *nn*, *a*, *n*, *nn*, *ié*, *r*) abaisse la tête et frappe le ravisseur. — Les (*ba*, *r*, *rr*, *on*, *s*) ont été, dans l'origine, les seigneurs les plus puissants de la monarchie. — Adrien rebâtit Jérusalem, mais il en (*ba*, *n*, *nn*, *i*, *e*, *t*) les Juifs. — L'éloquence et la science des lois brillent dans le (*ba*, *r*, *rr*, *au*, *eau*). — Les Alpes sont les (*ba*, *r*, *rr*, *ière*, *s*) naturelles entre la France et l'Italie. — L'Espagne a de grandes (*ba*, *r*, *rr*, *ière*, *s*) qui la séparent de ses voisins, la mer et les monts Pyrénées. — Nous avons autant de maîtres et de (*bou*, *r*, *rr*, *au*, *eau*, *x*) que nous avons de désirs violents. — Le méchant porte son (*bou*, *r*, *rr*, *au*, *eau*) dans son cœur. — On met des fleurs de (*bou*, *r*, *rr*, *ache*) sur les salades. — Le (*bou*, *r*, *rr*, *acan*) est une espèce d'étoffe qui sert principalement à faire des manteaux pour se préserver de la pluie en voyage. — Dans quelques pays, on cultive la (*bou*, *r*, *rr*, *ache*) comme plante potagère, et l'on mange ses feuilles comme les épinards. — La (*bou*, *r*, *rr*, *asque*) n'est pas seulement un vice d'éducation; dans bien des cas elle décèle une insolence qui ne veut pas s'imposer des bornes. — Le (*bou*, *r*, *rr*, *e*, *el*, *lié*, *r*) est le tailleur des chevaux. — Les seigneurs contraignaient leurs sujets, sous des peines assez sévères, à se rendre au moulin (*ba*, *n*, *nn*, *al*).

La condamnation au (*ba*, *n*, *nn*, *ice*, *is*, *isse*, *ment*) n'entraîne pas la mort civile. — Les lois de toutes les nations commerçantes sont également sévères contre toutes les matières de (*ba*, *r*, *rr*, *at*, *atte*, *ri*, *e*). — Le mot (*ba*, *r*, *rr*, *aque*) a été apporté dans l'armée française par les troupes gasconnes, quand elles commencèrent à servir les rois de France. — Le (*ba*, *r*, *rr*, *aquement*) est presque toujours un camp de passage. — Le (*ba*, *r*, *rr*, *igel*, *e*) est à Rome l'officier ou chef des archers dont le soin est de veiller à la sûreté publique. — A Paris, la (*ba*, *r*, *rr*, *i*, *c*, *que*) contient 210 pintes, et en Angleterre 252. — Les agriculteurs peuvent consulter avec fruit le (*ba*, *r*, *rr*, *omètre*), puisque ses mouvements indiquent souvent d'avance la pluie, l'orage, le vent. — Le (*ba*, *s*, *z*, *ili*, *c*, *que*) est un reptile fort innocent, du moins pour l'homme. — Un général (*ba*, *t*, *tt*, *u*) a toujours tort. — Chaque soldat a dans son havresac le (*bâ*, *t*, *tt*, *on*) de maréchal de France. — Celui qui a la manie de (*bâ*, *t*, *tt*, *i*, *r*, *re*) n'a pas besoin d'autre ennemi pour sa ruine. — La phalange macédonienne n'était qu'un gros (*ba*, *t*, *tt*, *aion*, *aillon*) carré, fort épais de toutes parts. — Salomon (*bâ*, *t*, *tt*, *i*, *e*, *t*)

le temple sur le modèle du tabernacle. — Le consul Duilius,
qui donna la première (*ba, t, tt, aie, aille*) navale, la gagna.
— Les Romains perdirent la fameuse (*ba, t, tt, aie, aille*)
d'Allia.

La terre est un vaste champ de (*ba, t, tt, aie, aille*). — Ne
soyez pas (*ba, t, tt, an, t*) de peur d'être (*ba, t, tt, u*). —
Quoi que vous écriviez, évitez la (*ba, s, ss, è, c, s, ss, e*). —
C'est du luxe que l'architecture a reçu ses (*e, a, n, m, b, el,
ell, i, c, s, ss, emen, t, s*), — Le (*t, e, a, m, n, p, s,*) passe et
coule avec rapidité. — Une année se (*co, n, m, pose*) de
douze mois. — L' (*atmos, ph, f, è, ai, re*), en réfléchissant
les rayons du soleil, illumine tout le globe. — Le globe terrestre est (*s, f, ph, érique*). —Le plus beau (*por, f, ph, y, i,
r, e*) est rouge. — Le (*na, f, ph, t, e*) est très-transparent et
d'une grande fluidité. — L'odeur de l' (*as, f, ph, alte*) n'est
sensible que par le frottement.—L' (*o, f, ph, r, i, y, s*)—bourdon et l' (*o, f, ph, r, i, y, s*) — mouche ressemblent si parfaitement à l'insecte dont ils portent le nom, qu'on y est toujours
trompé lorsqu'on ne les connaît pas. — Les fleurs du (*n, i,
y, n, m, f, ph, e, œ, a*) s'épanouissent et se ferment à heures
fixes. — Pour (*tro, n, m, pé, r*) le chemin, on converse en
voyage. — L'Autriche est un (*e, a, n, m, pir, e*). — Le forgeron (*do, n, m, pte*) les métaux enflammés. — Un (*si, m, n,
ple*) trafic ou échange a dû être le commencement du commerce. — Dans l'Inde, il y a plusieurs tribus qui font toutes
un commerce (*a, e, m, n, bu, l, ll, an, t*). — Un vase (*i, m,
n, pur, e*) aigrit la plus pure liqueur. — Le bouilli est une
nourriture qui apaise (*pro, m, n, ptement*) la faim.

Tous les (*cha, n, m, pignon, s*) ne sont pas comestibles. —
La timide infortune aime à gémir dans l' (*o, n, m, bre*). —
L'adversité (*retr, e, a, m, n, pe*) les âmes. — Les revers
n'éteignent pas l' (*e, a, n, m, bi, c, s, t, ion*). — Les (*ba, n,
m, bou, s*) du Gange s'élèvent à plus de cent pieds de hauteur. — Les volcans (*e, a, n, m, brase, nt*) les montagnes.
— L'air est le (*cha, nt, mp*) des (*t. e, a, m, pêtes*). — La (*tro,
n, m, be*) s'élève majestueusement du sein des eaux. — Les
bois (*i, n, m, prégnés, s*) d'alun sont presque (*in, co, n, m,
bus, tibles*). — On fait avec la peau des bergamotes des (*bo,
n, m, bo, n, nn, ière, s*) qui exhalent une odeur suave. —
La fraise vermeille (*a, e, n, m, b, o, au, me*) les gazons. —
La tête (*s', e, a, n, m, boîte*) dans les (*vertèbre, s*) du cou. —

La loi (*i, n, m, périeuse*) de la nécessité força les premiers hommes de cultiver la terre. — Le droit de (*gra, c, s, ss, ié, r*) un coupable n'appartient qu'au roi. — On doit chercher ses intérêts sans (*préjudi, c, s, ss, ié, r*) à ceux des autres. — Il faut (*a, p, pp, ré, c, ss, ié, r*) les choses à leur juste valeur. — Un (*o, f, ff, i, c, s, ss, ié, r*), pour être plus ancien, n'est pas toujours meilleur. — Le (*li, s, c, en, s, c, i, ie, men, t*) de la garde nationale amena la révolution de juillet.

Il y a des gens (*inso, c, s, ss, iable, s*). — Quand quelqu'un vous a rendu service, c'est bien le moins que vous l'en (*remer, s, c, iez, iiez*). — Dans les temps de crise financière, il est difficile de (*négo, c, s, ss, ié, r*) une lettre de change. — L'homme d'Etat doit avoir des talents et des vertus (*ina, p, pp, ré, c, s, ss, iable, s*). — Le voleur est (*justi, c, s, ss, iable*) des tribunaux correctionnels, et l'assassin des cours d'assises. — Sur le front des mortels Dieu mit son (*s, sc, au, eau, ot*) divin. — La nature offre un spectacle toujours (*nouv, au, eau*). — Le sable est impénétrable à l' (*au, eau*). — La minéralogie remonte au (*her, s, c, eau*) des sociétés humaines. — Le (*maquer, au, eau*) se sale comme le hareng. — Les impies (*blas, f, ph, è, ai, me, nt*) la religion chrétienne parce qu'ils la connaissent mal.

IXᵉ LEÇON.

SUR LES RÈGLES Nᶜˢ 17, 18, 60, 61, 79 ET 80.

(*Voir la 1ʳᵉ Partie.*)

EXPLICATION.

Mots commençant par *com* et *con*, n. 17 et 18.
T représenté par *th*, n. 60.
Mots avec un *h* muet et avec un *h* aspiré, n. 61.
Mots terminés par *eindre, indre, aindre*, n. 79.
    Id.   par *andre, endre*, n. 80.

On doit savoir se (*contr, in, ain, ein, dre*) quand l'occasion l'exige. — Un enfant veut déranger tout ce qu'il voit : il casse, il brise tout ce qu'il peut (*a, t, tt, in, ein, ain, dre*). — Avant de se jeter dans le péril, il faut le prévoir et le (*cr, in, ain, ein, dre*). — Prévenir tous ses désirs n'est pas l'art de les contenter, mais de les (*é, t, tt, in, ain, ein, dre*). — Il n'est pas permis à l'homme d' (*en, an, fr, in, ein, ain, dre*) les lois de la nature. — Il faut savoir se (*restr, ein, ain, dre*) selon les circonstances. — Il faut (*p, ain, ein, dre*) les choses dans toute leur vérité. — Nous aimons mieux tout risquer que de nous (*contr, ein, ain, dre*). — Deux épouvantables naufrages (*contr, é, ai, gnir, ent*) les Romains d'abandonner l'empire de la mer aux Carthaginois. — Il faut (*cr, ein, ain, dre*) moins la justice des hommes que la justice de Dieu. — L'ennemi qui veut nous perdre est encore moins à (*cr, ein, ain, dre*) que l'adulateur qui ne cherche qu'à nous plaire. — Le passé nous tourmente, et nous (*cr, é, ai, gnon, s*) l'avenir. — Que notre sort est à (*pl, ein, ain, dre*). — Ceux qui emploient mal leur temps sont les premiers à se (*pl, ain, ein, dre*) de sa brièveté. — La veuve et l'orphelin se (*pl, é, ai, gnent*) de leur abandon. — Bien des gens voudraient (*a, p, ppr, en, an, dre*) sans étudier. — On est protégé par les autres; on peut se (*dé, f, ff, an, en, dre*) et se soutenir par soi-même. — Il est toujours bien d'(*ent, en, an, dre*) les deux parties.

On ne doit rien (*en, an, trepr, en, an, dre*) au-dessus de ses forces. — Il faut bien se garder de (*conde, sc, s, en, an, dre*) toujours aux goûts des enfants. — Les méchants ne peuvent (*co, n, m, pr, en, an, dre*) la pure vertu. — Plus on est élevé en dignité, plus il faut (*cr, ein, ain, dre*) de (*de, s, sc, an, en, dre*). — Le (*th, t, câtre*) du monde abonde en phénomènes. — L'(*a, m, mm, étis, t, th, e*) est le signe caractéristique de la dignité des évêques de l'Église chrétienne. — Les soudes de (*Car, t, th, agè, n, nn, e*) et de Malaga sont les plus estimées. — Enée aima Didon, reine de (*Car, t, th, a, j, g, e*). — L'(*a, c, cc, an, t, th, e*) porte un feuillage d'un vert admirable. — Prise en infusion comme le thé, la (*mé, l, ll, i, s, ss, e*) est très-agréable et bonne pour les nerfs. — Les géraniums du Cap, qui font l'ornement des jardins, ont dix étamines, dont cinq seulement portent des (*an, th, t, th, è, n, nn, e, s*). — L'(*a, r, rr, it, ith, méti, c*, que) décimale et les caractères numéraux dont nous nous servons ont été, dit-on, inventés par les Arabes. — La sandaraque est produite par une espèce de (*tu, llia, ya*).

—L'(*i, hy, dro, j, g, è, ne*) s'enflamme dans les airs. — Les (*ou, hou, s, x*) servent à faire des (*ai, hai, e, s*). — La (*ouil, houil, le*) sert au chauffage. — L'agaric arrête les (*é, hé, mo, r, rr, a, ha, gi, es*). — Les (*a, ha, bi, t, tt, an, t, s*) des Moluques font usage du bétel. — Les (*a, ha, r, rr, en, an, y, s*) sont phosphoriques. — L'(*i, hi, p, pp, o, pota, m, mm, e*) est le patriarche des fleuves. — Les (*é, hé, ron, s*) se nourrissent de reptiles. — La (*u, hu, p, pp, e*) ne garnit jamais son nid de mousse.

L'(*i, hi, rond, el, ell, e*) nous annonce le retour des beaux jours. — Le coq matinal éveille les (*a, ha, mau, meau, s, x*). — Les (*e, he, rbe, s*) poussent plus vite que les arbres. — Pendant l'(*i, hi, ver*) les plantes sont engourdies. — On ne peut courir vite et longtemps, lorsque l'(*a, ha, l, è, ei, ai, ne*) est courte. — En France, les (*a, ha, bit, en, an, t, s*) des montagnes sont plus petits que ceux des plaines. — La race caucasienne est le type de la race (*u, hu, m, ei, ai, ne*). —La plupart des peuples d'Afrique ont le poisson en (*o, ho, r, r, reu, r, re*). — Les mêmes actes, plusieurs fois répétés, forment l'(*a, ha, bitude*). —Les eaux tombent des (*au, hau, te, s*) montagnes où leur réservoir est placé. — Les (*a, ha, rico, t, s*) entrent, comme aliments, en harmonie avec les blés chez tous les peuples. — L'(*o, ho, spitalit, é, ée*) est en (*o, ho, n, nn, eu, r, re*) chez tous les peuples de l'Orient. — Les Européens sont devenus les plus (*a, ha, rdi, s*) des navigateurs. — Le mensonge est un vice dont on ne saurait avoir trop d'(*o, ho, r, rr, eu, r, ré*). — La belette et l'(*e, he, rmi, n, nn, e*) ne veulent pas manger quand on les regarde. — Le (*o, ho, ma, r, rd*) est indigeste et l'(*u, hu, ître*) peu nourrissante. — Le globe est (*é, hé, r, rr, i, c, ss, é*) de montagnes. — Ce sont les Grecs et les Romains qui nous ont enseigné l'art de bâtir des palais, des temples, des maisons (*co, m, mm, ode, s*).

On ne (*co, m, mm, an, en, s, ç, a*) à faire du verre à Rome que sous Tibère. — La crainte du Seigneur est le (*co, m, mm, an, en, c, s, ement*) de la sagesse. — Tous les champignons ne sont pas (*co, m, mm, estible, s*). — Le besoin invite les (*o, ho, m, mm, e, s*) au (*co, m, mm, er, se, ce*) pour se donner mutuellement ce qui leur manque. — La beauté passe (*co, m, mm, e*) la fleur. — Le lait caillé est le mets (*com, mm, un*) des Tartares. — Le système des emprunts est moins avantageux aux nations agricoles qu'aux nations (*co, m, mm, er, c, s, an, en, te, s*). — L'Evangile (*co, m, mm, en, an, de*) d'aimer son prochain. — Le (*co, m, mm, en, an, cement*) de toutes choses vient de Dieu. — (*Co, m, mm, en, an, s, c, é, r, z*) par vous faire aimer, afin que chacun cherche à vous complaire.—Les (*co, m, mm, en, an, s, c, ement, s*) sont toujours difficiles. — Les forces navales servent à protéger le (*co, m, mm, er, s, c, e*). — Un (*co, m, mm, i, s, ss, io, n, nn, e, ai, re*) n'est que le dépositaire d'une chose qui n'est pas à lui. — Un verre de montre est (*co, n, m, cave*) en dedans et (*co, n, m, vexe*) en dehors. — La surface extérieure d'une bouteille est (*co, n, m, vexe*) et la surface intérieure est (*co, n, m, cave*). — Les anciens ne (*co, n, nn, ai, s, ss, ai, ent*) pas l'harmonie et n'avaient, par conséquent, pas de (*con, c, s, er, t, s*). — Dans les relations privées, il faut se faire des (*con, s, c, e, s, ss, ion, s*) mutuelles, sans quoi la vie commune deviendrait insupportable.

Dans le midi et dans le Nord, il se fait une immense (*conso, m, mm, a, c, t, s, ion*) de tous les (*conco, n, m, bre, s*) indistinctement, pour être employés crus en salade. — Des (*co, n, m, plice, s*) sont toujours de (*co, n, nn, iv, en, an, s, c, e*). — Mille (*co, n, nn, é, ai, s, ss, an, en, ce, s*) ne valent pas un ami.—Plus on (*co, n, nn, ai, s, i, t*) l'art, plus on en sent les épines. — On n'est jamais parfait (*co, n, nn, ai, s, ss, eur*) en peinture sans être peintre. — Ce n'est pas un acte de religion que de (*contr, ein, ain, dre*) à la religion, — Se (*restr, ain, ein, dre*) c'est économiser le plaisir.

Xe LEÇON.

SUR LES RÈGLES N°s 19, 20, 62, 63, 83 ET 84.

(Voir la 1re Partie.)

EXPLICATION.

Mots commençants par *cor*, n. 19.
      Id.   *def, dif*, n. 20
Mots où se trouve la lettre *y*, n. 62.
Mots terminés par *a*, n. 63.
      Id.   *eu, eue, eux*, n. 83.
      Id.   *eur, eure, eurre*, n. 84.

Les femmes de l'Orient surtout savent apprécier le (*co, r, rr, ail*). — Le (*Co, r, rr, an*) est le recueil du dogme et des préceptes de la religion musulmane. — Les (*corb, au, eau, x*) sentent les cadavres d'une lieue. — Le pont *Louis-Philippe*, à Paris, est suspendu sur des cordes de fer composées de fils disposés comme ceux d'un (*échev, au, eau*). — Dans le Midi, on voit des champs très-spacieux semés en oignon et en (*co, r, rr, i, en, an, dre*) mêlés. — Au moyen de (*co, r, rr, ectif, s*), on tempère l'activité de certains remèdes, on (*co, r, rr, ige*) l'odeur et le goût de quelques autres. — Un enfant, un esclave, un mauvais sujet a besoin de (*co, r, rr, ec; c, s, t. ion*) lorsqu'il a fait une faute contre l'éducation, le travail ou la morale. — Le père a le pouvoir (*co, r, rr, ec, c, s, t, io, n, nn, el*) sur ses enfans. — En Espagne, le (*co, r, rr, égidor*) est le magistrat chargé de punir les vagabonds. en ordonnant leur (*co, r, rr, ec, c, t, s, ion*). — La (*co, r, rr, espond, an, en, s, c, e*) par écrit ou par lettre a pour origine le besoin de se (*co, m, mm, uniqué, r*) des vues réciproques d'intérêts ou de sentiments d'affection. — Les habitants de la *Co, r, rr, èxe*) montrent une (*an, t, th, ipa, t, th, ie*) invincible pour le service militaire. — L'éducation seule peut (*co, r, rr, igé. r*) le naturel. — Les défauts les moins (*co, r, rr, igible, s*) sont ceux dont on se fait gloire. — Le (é, hé, risson) sait se (dé, f, ff, an, en, dre) sans combattre. — Ayez une (dé, f, ff, er, an, en, s, c, e) respectueuse pour les vieillards.

Qui promet trop inspire la (dé, f, ff, i, an, en, s, ce). — Le silence est le parti le plus sûr pour celui qui se (dé, f, ff, i, t, e) de soi-même. — Dieu est au-dessus de toutes les (dé, f, ff, i, n, nn, i, s, c, i, ion, s). — Un bon roi ne (di, f, ff, ère) pas d'un bon père. — La (di, f, ff, ama, s, c, t, ion), comme la calomnie, comme la médisance, agit presque toujours dans l' (o, n, m, bre). — Ne tardez pas à cueillir le fruit s'il est mûr; s'il n'est pas mûr, (di, f, ff, éré, z, r). — Toutes les sciences, tous les arts ont leurs (di, f, ff, iculté, e, s). — Les (di, f, ff, ormité, e, s) les plus choquantes sont celles qui ravalent vers la brute. — Il est toujours facile de combattre une (di, f, ff, ormité, e) commençante. — L'amitié rend (di, f, ff, u, s) l'ami qui parle; elle rend toujours patient l'ami qui écoute. — Les (dé, f, ff, aut, s) détruisent la physionomie et rendent désagréables ou (di, f, ff, orme, s) les plus beaux visages. — Il est (di, f, ff, icile) de se (dé, f, ff, air, e) de marchandises (dé, f, ff, ectueuse, s). — Les Romains ont (dé, f, ff, éré) les honneurs divins à la plupart de leurs empereurs. — Les chevaux qui ont mauvais pied ou qui forgent se (dé, f, ff, ère, nt) souvent. — Le vent (dé, f, ff, euille) les arbres. — Un embonpoint excessif (dé, f, ff, igur, e) tous les traits. — Le Canada abonde en blé depuis le (dé, f, ff, richemen, t) des terres. — Le plus parfait est celui qui a le moins de (dé, f, ff, aut, s). — Fénelon ne fut jamais en disgrâce auprès de Louis XIV, mais toujours en (dé, f, ff, aveu, r, re). — On considère avec raison les odeurs nauséabondes, les sucs vénéneux, les poils rudes, les aiguillons et les épines, comme des armes (dé, f, ff, an, en, sive, s) des végétaux.

Un homme bien élevé est toujours plein de (dé, f, ff, ér, an, en, s, c, e) pour les femmes et les vieillards. — Un (dé, f, ff, i, s, c, it) est un malheur toutes les fois qu'il résulte de dépenses improductives. — Un (dé, f, ff, ilé) est un passage étroit dans un gorge de montagnes. — Aujourd'hui les (dé, f, ff, richement, s) sont beaucoup plus fréquents en France qu'autrefois. — De (bru, i, y, an, en, te, s) cataractes se précipitent du sommet des montagnes. — Les armes des (Eg, i, y, p, s, t, e, ien, s) étaient de bronze. — Les cercueils des momies d' (Eg, i, y, pte) sont de (si, cy, près) ou de cèdre.

— L' (*os, i, y, ris*) croît dans les provinces méridionales de la France. — Les fleurs du (*n, i, m, n, phœa*) se ferment et se plongent dans l'eau au coucher du soleil. — Les anciens (*S, sc, i, y, t, the, s*) et les (*U, hu, n, s*) mettaient de la chair crue sous les selles de leurs chevaux, et la mangeaient ensuite. — Les tribus arabes, en (*S, i, y, ri, e*), ramassent les sauterelles, qui tombent quelquefois par nuées, et les mangent en bouillie. — Autrefois les Italiens tiraient de la (*bellado, n, nn, a*) une espèce de fard. — L' (*assa, f, é, œ, tida, t, s*) est une espèce de résine d'une odeur désagréable.

La (*cha, l, ll, eu, r, re*) n'est que le toucher de la lumière. Dieu est le (*créateu, r, re*) de toutes choses. — Dieu a appris au soleil l' (*heu, r, re*) de son coucher. — L'éclat continuel de la (*n, é, ai, ei, g, j, e*) éblouit la vue. — Les (*ch, ant, amp, s*) de l'air s' (*épure, nt*) par l' (*o, r, rr, a, j, g, e*) — La puissance et la (*grand, eu, r, re*) de Dieu éclatent dans ses ouvrages. — L'art du (*la, b, bb, ou, r, rr, a, j, g, c*) a nécessité l'emploi des métaux. — Les oiseaux nous charment toujours par leur touchant (*ra, m, mm, a, j, g, e*). — Les brises s'élèvent de la mer et répandent la vie et la (*fr, é, ai, cheu, r, rr, e*). — La (*va, p, pp, eu, r, rr, c*) des brouillards obscurcit les (*s, c, ieu, x*). — L' (*o, ho, n, nn, eu, r, e*) est l'instinct de la vertu. — Georges Agricola est regardé comme le (*fondat, eu, r, c*) de la (*mé, t, tt, a, l, ll, urgi, e*), dans les temps modernes. — L' (*odeu, r, e*) de l'asphalte n'est sensible que par le frottement — Les lèvres embellissent le (*visa, j, g, e*). — La beauté est l' (*a, p, pp, ana, j, g, e*) des peuples (*poli, s, ss, c, é, s*). — La génisse se plaît dans un gras (*pâtura, j, g, e*). — Jamais on n'a vu le (*sin, j, g, e*), habitant des forêts, s'armer pour combattre ses ennemis. — L' (*or, j, g, e*) croît jusqu'auprès de la zone glaciale. — Les oignons de l'Egypte sont remarquables par leur (*gro, s, ss, eu, r, e*). — La (*con, s, sc, i, an, en, s, c, e*) est le (*me, y, i, ll, eur, e*) livre de morale.

L'insecte dépose un ver (*ron, j, g, eu, r, e*) dans le sein de la (*fleu, r, e*). — La (*chaleu, r, e*) augmente en raison de la (*pro, f, ff, ondeu, r, e*) des couches de la terre. — Socrate disait (*a, d, dd, ieu, x*) à tous ses amis, ne sachant pas si la mort le lui permettrait le lendemain. — Il y a quatre (*lieu, e, x, s*) de Paris à Versailles. — Les petits rentiers demeurent à la (*banlieu, e*). — En temps de révolution, tout le monde tire le diable, par la (*queu, e*). — Vivre au (*mi, l, ll, ieu*) d'un peuple qui n'a pas de sentiments (*re, l, ll, i, j, g, ieu, x*) c'est vivre au (*mi, l, ll, ieu*) de bêtes féroces.

XIe LEÇON.

SUR LES RÈGLES N°s 21, 22, 64, 65, 86 ET 87.

(Voir la 1re Partie.)

EXPLICATION.

Mots commençants par *des, dis*, n. 21 et 22.
Mots terminés par *as, at*, n. 64 et 65.
    Id.   *jon, geon. jonc, geons*, n. 86.
    Id.   *ic, ique, ict*, n. 87.

Ne (*ju, jon, geon, s*) jamais sur l' (*a, p, pp, ar, en, an, ce, se*). — Les chenilles dévorent les feuilles et les (*bourg, eon, jon, s*). — L' (*escour, jon, geon*) est d'une couleur plus jaune que l'orge commune. — C'est à l'époque qui précède l'épanouissement de la fleur qu'il faut faucher l'(*a, jon, geon, c*). — Les rameaux du (*geon, jon, c*) marin, nombreux et garnis d'épines, le rendent propre à former des haies. — Le (*pi, j. ge, on*) vit sept à neuf ans. — Dès que le (*bour, jon, geon*) commence à prendre de la consistance, il demande à être palissé. — L'(*arseni, c, que*) est un poison dont on ne saurait trop se défier. — Le (*caoutchou, c*) a beaucoup d'analogie avec la gomme (*élasti, c, que*). — L'(*agari, c, que*) arrête les hémorrhagies. — Les tiges de l'(*angéli, c, que*) confites dans le sucre font des conserves très-recherchées. — Les araignées aiment la (*musi, c, que*). — Saint-Bernard ne fut pas de ceux qui regardèrent la science comme un (*trafi, c, que*) honteux. — Le caille-lait a une odeur (*aromati, c, que*); c'est une plante que son utilité recommande à l'économie rurale et (*domesti, c, que*). — La (*mécani, c, que*) a multiplié les forces. — Les cardinaux occupent en France le premier rang (*eclé, ecclé, siasti, c, que*). — L'(*aé-*

rostati, c, que) est la science de la navigation aérienne. — Les (*politi, c, que, s*) se trompent souvent dans leurs (*pronosti, c, que, s*). — La (*basili, c, que*) de Saint-Pierre, à Rome, est un chef-d'œuvre d'architecture.

Les grands ne craignent pas un (*publi, c, que*) qui les craint et qui les respecte.—L'éducation (*publi, c, que*) est nécessaire à ceux qui doivent être des hommes (*publi, c, que, s*). — Le (*rir, e*) sur les mots est plus facile et moins gai que le (*rir, e*) sur les choses ; celui-ci constitue le vrai (*comi, c, que*). — Les auteurs (*satiri, c, que, s*) sont les gens du monde contre lesquels il faut qu'un lecteur soit le plus en garde. — Celui qui ne comptera jamais sur rien ne sera jamais (*desa, p, pp, ointé*).—Nous (*dés, a, p, pp, rouvons*) dans un temps ce que nous approuvons dans un autre. — Les calculs (*dé, s, ss, èche, nt*) l'esprit. — On se (*dé, s, ss, er, e, t*) en servant les méchants. — Le fer-blanc se (*dé, s, ss, oude*) facilement au feu. -- Le (*dé, s, ss, in, cin*) est la base d'un grand nombre d'arts. — Le prince Eugène arrangeait lui-même ses (*de, s, ss, in, cin, s*) et ne les confiait à ceux qui devaient les seconder qu'au point de l'exécution. — La charpie sèche ou trempée dans quelque liqueur spiritueuse est un bon (*dé, s, ss, icatif, e*). — Le (*dé, s, ss, èchemen, t*) des côtes de la Guyane exigerait des travaux longs et difficiles. — Les (*dé, s, ss, ert, s*) peuvent être regardés comme des océans de sable. — Les marais (*dé, s, ss, éché, s*) deviennent fertiles.

L'eau (*dé, s, ss, altèr, e*) les campagnes arides. — La gloire de nos aïeux est un patrimoine national que nous devons remettre intact à nos (*d, ess, sc, endant, s*).—Il y a longtemps que les hommes sont à la recherche de la (*dé, s, ss, a, l, ll, a, t, c, ion*) de l'eau de mer. — On trouve, en Hollande, de beaux et grands (*modè, l, ll, e, s*) de (*dé, s, ss, échement*). — Les vieillards forment peu de (*de, s, ss, in, ein, s*). — On trouve dans les historiens des (*d, es, esse, crip, t, c, ion, s*) de (*dé, s, ss, ert, s*) d'une magnificence inouïe. —La (*dé, s, ss, i, ca, qua, t, s, ion*) est un des principaux moyens que nous ayons pour conserver les plantes et les animaux. — Il est impossible de dire à quelle époque l'homme a commencé à (*dé, s, ss, i, n, nn, é, r*); mais il est probable qu'il a exercé cet art dès qu'il s'est trouvé en société. — En (*dé, s, ss, équan, t*) ou (*acquié, re, t*) cette dextérité si nécessaire pour les opérations de chirurgie. — La (*di, s, ss, erta, t, s, ion*) est verbeuse de sa nature. — On fuit le (*di, s, ss, ipateur, e*) ruiné.—La (*di, s, ss, ipa, t, s, ion*) est insouciante —L'eau ét l'alcool sont les (*di, s, ss, olv, a, e, nt, s*) les plus. usuels. — Il y a des animaux capables de (*di, s, sc, ipli, n, nn, e*). — L'auteur de la nature a (*di, s, ss, sc, émi, n, nn, é*) la lumière dans l'espace, le feu dans le corps. — On peut être bon (*di, s, ss, éq, eur, ueur*) sans être bon anatomiste.

La prudence veut qu'on (*di, s, ss, sc, imu, l, ll, e*) quelquefois. — Le soleil (*di, s, ss, sc, ip, pp, e*) les nuages, les brouillards, les ténèbres. — Le sucre se (*di, s, ss, ou, t, d*) dans l'eau. — L'éléphant est de tous les animaux le plus (*di, s, ss, sc, ipli, n, nn, able*). — La nature s'endort quand le soleil (*di, s, ss, paraît*). — Le faisan le (*di, s, ss, pu, t, tt, e*) au paon pour la beauté. — Les rayons du soleil (*di, s, ss, i, p, pp, e, nt*) les nuages. — Le jeu a de grands (*a, p, ppa, s, ât, s*) pour les enfants. — La guerre a ses (*a, p, pp, as, âts*) et la paix ses douceurs. — Les services du méchant ou de l'avare sont des (*a, p, pp, a, t, s*) dangereux. — Rien ne cause plus d'(*en, em, ba, r, rr, as, ats*) que les bagages dans une marche. — Le tendre œillet est faible et (*dé, l, ll, i, ca, t*). — L'(*or, ja, gea, t*) est une boisson agréable destinée plutôt à flatter le goût qu'à être (*sa, l, ll, ut, è, ai, re*). — Les Arabes ne font qu'un (*repa, s*) par jour. — Les bêtes fauves font bien du (*dégâ, t*) dans les terres. — Les sommets des montagnes sont couverts de (*frima, s*) éternels. — Le (*cha, s, ss, ela, s*) forme un objet de commerce avantageux pour les jardiniers de Fontainebleau.

Le pauvre loge dans une mansarde et repose sur un (*graba, s, t*). — César réforma le calendrier pendant son (*ponti, f, ff, ica, t*). — Il y a des (*con, com, pa, s*) à trois et à quatre pointes. — Les troubles, les (*a, t, tt, en, an, tat, s*) naissent bientôt de l'indépendance. — Le (*li, l, ll, a, s*) fleurit un des premiers au printemps. — Il est une vie au delà du (*trépa, s*). — On ne verra donc plus que trahisons (*a, s, ss, a, s, ss, i, n, nn, a, t, s*). — Rien ne doit nous donner plus de (*mé, f, ff, ian, icn, s, c, e*) de notre jugement que les (*déba, t, s*) d'une assemblée délibérante. — On retire du palmier un sucre couleur de (*choco, l, ll, a, t*).—Si nous (*voya, jon, geon, s*), (*ména, jon, geon, s*) notre monture. — Diderot fut enfermé au (*don, jon, geon*) de Vincennes. — Nous (*ju, on, geon, s*) mal nos contemporains. — (*Inté, r, rr, e, jon, geon, s*) l'histoire, et surtout profitons-en. — Le (*cha, t*) est hypocrite. — Lorsque les grands ont beaucoup de (*pla, t, s*) d'or et d'argent, le peuple n'en a pas même de terre. — D'Alembert ne se croyait pas malheureux d'avoir fait cent (*ingra, t, s*) pour acquérir un ami.

XIIe LEÇON.

SUR LES RÈGLES N°s 23, 24, 66, 67, 88 ET 89.

(*Voir la 1re Partie.*)

EXPLICATION.

Mots commençant par *ec, ef*, n. 23 et 24.
Mots terminés par *ac* ou *aque*, n. 66.
  Id.   *acer, asser*, n. 67.
  Id.   *if, ife, iffe, iphe, yphe*, n. 88.
  Id.   *il, ile, ille*, n. 89.

 L'épine voit (*é, c, cc, lo, r, e*) et (*é, c, ec, lipsé, r*) la rose. — La foudre étincelante (*é, c, cc, la, t, tte, e*) dans les nues. — L'(*é, c, cc, ureui, l, le*) est le plus agréable des quadrupèdes. — Sur des ailes de feu l'(*é, c, cc, lair, e*) brille et serpente. — Le (*pin, son, çon*) remplit l'air de sa voix (*é, c, cc, latante*). — La colombe attendrit les (*é, c, ch, o, t, s*) des forêts. — L'(*é, c, cc, revi, s, ss, e*) ne convient pas à tous les estomacs. — Le travail (*é, c, cc, arte*) l'ennui, le vice et la misère. — La bonne (*é, c, cc, ono, m, mm, ie*) tient le milieu entre l'avarice et la (*prodigalité, é*). — On gagne toujours a (*é, c, cc, ou, t, tt, é, r*) un sage. — Celui qui ne sait ni lire ni (*é, c, cc, rir, e*) est aisément dupé par ceux qui le savent. — Les chevaux mal dressés renversent les (*é, c, cc, uyé, r, s*) brutaux ou trop confiants. — La tige des arbres se revêt d'une dure (*é, c, cc, or, se, ce*), qui met le bois tendre à l'abri des injures de l'air. — Les abréviations sont presque

aussi anciennes que l'(*é, c, cc, ritur, e*).—Les cardinaux occupent en France le premier rang (*é, c, cc, lésiasti, c, que*).
— L'(*é, c, cc, ritur, e*) est la gardienne de l'histoire. —
L'(*é, c, cc, arla, t, tt, e*) des Gobelins a joui pendant longtemps d'une grande réputation. — Les (*é, qua, ca, r, rr, i,
s, ss, eur, e, s*) sont chargés de débarrasser la voie publique des animaux morts ou abandonnés. — L'(*é, qua, ca,
rté, e*) ne fut d'abord en usage que chez les laquais. — L'(*é,
c, cc, artè, l, ll, emen, t*) était l'une des peines les plus
horribles que l'imagination la plus déréglée ait pu inventer.

On voit des (*é, qui, cchi, m, mm, ose, s*) se former autour
des piqûres de sangsues et des ouvertures de veines qu'on
pratique avec la lancette. — Salomon passe pour être l'auteur de l'(*E, c, cc, lésiaste*). — La lune (*é, cc, lipse*) le soleil. — La saine physique a (*é, c, cc, l, é, ai, ré*) les arts nécessaires. — Le soc de la charrue s'(*é, c, cc, l, é, ai, r,
cie, it*) en labourant la terre. — La nature ne s'(*é, c, cc,
arte*) jamais des lois qui lui sont prescrites. — Les générations des hommes s'(*é, c, cc, oule, nt*) comme les ondes d'un
fleuve rapide. — Les pipes d'(*é, c, cc, u, m, mm, e*) de mer
sont un objet de luxe chez les Orientaux.—Les larmes qu'on
s'(*é, f, ff, or, se, ce*) de cacher sont les plus touchantes. —
L'(*é, f, ff, a, s, ç, ure*) n'empêche pas qu'on ne lise encore
quelque chose de ce qui était écrit. — Un air (*é, f, ff, aré*)
bien souvent nous fait rire. — Toutes les passions sensibles
logent dans des corps (*é, f, ff, é, m, mm, iné, s*). — Le fer
se dissout dans l'eau-forte avec (*é, f, ff, ervé, ss, sc, an, en,
ce*). — Autrefois on pendait en (*é, ff, i, ji, gîe*). — On (*é, f,
ff, lánque*) un cheval à force de le faire travailler. — Il ne
faut pas labourer à fond, il suffit d'(*e, f, ff, leuré, r*) la terre.
— Depuis que le goût des bâtiments s'est introduit, les arts
font tous les jours des (*e, f, ff, or, e, t, s*) pour le favoriser
ou l'étendre. — On mène un coursier ombrageux à l'objet
qui l'(*e, f, ff, raie, raye*), afin qu'il n'en soit plus (*e, f, ff,
rayé*). — Les païens faisaient (*di, f, ff, ér, an, en, te, s*) (*e, f,
ff, usion, s*) dans leurs sacrifices.

Le mineur attentif suit le (*fi, l, ll, on*) errant. — L' (*i, f,
ff, e*) s'épanouit au souffle de Borée. — Le bœuf au pas (*tardi,
f, ff, e*) a la force en partage. — Le fer est de tous les métaux le plus (*uti, l, ll, e*) à l'homme. — Le taureau est un
animal (*indoci, l, ll, e*) et fier.—Le développement du corps

ne doit pas être trop (*hâti, f, ff, e*). — Le sauvage, sur un frêle (*esqui, f, fe, e*), ose braver la fureur des flots. — Les enfants jettent un regard (*furti, f, ff, e*) sur tous les objets de leur convoitise. — Un froid (*exce, s, ss, i, f, ff, e*) engourdit la main et suspend la sensation du toucher. — Le travail rend tout (*faci, l, ll, e*). — L'âge (*viri, l, ll, e*), plus mûr, inspire un air plus sage. —Le chêne est (*i, m, mm, obi, l, ll, e*) aux coups de la tempête. —La terre sableuse est (*inferti, l, ll, e*).—Le puissant foule aux pieds le faible qui menace, et rit, en l'écrasant, de sa (*débi, l, ll, e*) audace. — La paresse rend tout (*di, f, ff, i, ci, l, ll, e*). — L'hypocrite est (*ferti, l, ll, e*) en fraudes. — L'arbre à (*sui, f, ff, e*) est une espèce d'arbre de la Chine, dont le fruit a quelques-unes des qualités du (*sui, f, ff, e*) et sert à faire des (*chand, èl, elle, s*). — Un (*re, s, ss, sc, i, f, ff, e*) offre en quelques lieux un bon mouillage, un port où les vaisseaux peuvent stationner en sûreté. — Les Italiens font un grand usage du (*ré, c, s, itati, f, ff, e*) dans leurs opéras bouffes, — La mort se déclare ; on ne tente plus de remèdes contre ses funestes (*a, t, tt, a, c, que, s*). — On va à la cour avec un (*fi a, c, que*) — Tout écrivain, pour écrire nettement, doit se mettre à la (*pla, c, ss, e*) de son lecteur.

Le cœur est (*pla, ss, c, é*) un peu plus du côté gauche que du côté droit. — La renommée de beaucoup de gens s' (*é, f, ff, a, ss, c, e*) avant leur épitaphe. — Il y a peu d'écrivains qui ne voulussent (*e, f, ff, a, ss, c, é, r*) à soixante ans ce qu'ils écrivirent à trente. — Quand une maison (*mena, ss, c, e*) ruine, il faut la démolir. — La plupart des hommes entrent étourdiment dans la carrière du monde sans se (*tra, c, ss, é, r*) auparavant une ligne de conduite, et presque tous s'y égarent. — Quand on ne finit pas de désirer de l'or, on ne finit pas d'en (*a, m, mm, a, c, ss, é, r*), et l'on n'en jouit jamais. — Les citadins sont tous (*ca, c, ss, é, s*) à soixante ans. — Le changement de travaux (*de, l, ll, a, c, ss, e*). — On ne sent sa faiblesse que quand on veut (*dé, p, pp, a, c, ss, é, r*) ses forces. — L'abondance de biens ne nuit pas, mais elle (*en, em, ba, r, rr, a, c, ss, e*). — Le sage n' (*en, em, br, a, c, ss, e*) d'autre parti que celui de la raison. — La vanité (*gla, c, ss, e*) le cœur. — La gloire du monde (*pa, c, ss, e*) comme un (*é, c, cc, lair, e*). — La lune (*é, c, cc, lipse*) le soleil. —La chaleur fait (*e, c, cc, lor, e*) les vers à soie. — Saint Thomas-d'Aquin est appelé l'Ange de l' (*é, c, cc, o, l, ll, e*). —Le dérangement des humeurs trouble toute l' (*é, c, cc, ono, m, mm, i, e*) du corps humain. — La filasse est l' (*é, c, cc, or, s, c, e*) du chanvre et du lin. — On (*é, c, cc, or, c, s, e*) le bois en mai, parce que la séve qui est alors abondante, facilite la séparation de l' (*é, c, cc, or, s, c, e*),

Le monde est plein d'(*é, c, cc, ueil, s*). — Le luxe (*e, f, ff, é, m, mm, ine*) une nation. — L'eau-forte fait (*e, ff, erve, ss, sc, en, s, c, e*). — Les roses épanouies s' (*e, f, ff, euy, euill, ent*) du matin au soir.—Après la mort des rois et des grands princes, on expose leur (*e, f, ff, i, j, g, i, e*) en (*publi, c, que*). — Il faut être (*s, c, ivi, l, ll, e*) à l'égard de tout le monde. —Le tigre, le singe, le chat sont des animaux très-(*a, j, g, i, l, ll, e, s*). — Saint Paul est appelé l'apôtre des (*Genti, l, s*). — Il n'y a rien de si (*di, f, ff, i, ci, l, ll, e*) que d'élever un jeune prince pour la royauté.

XIIIᵉ LEÇON.

SUR LES RÈGLES N°s 25, 26, 68, 69, 90 ET 91.

(*Voir la 1re Partie.*)

EXPLICATION.

Mots commençant par *el*, n. 25.
     Id.   *em*, n. 26.
Mots terminés par *af, affe, aphe*, n. 68.
     Id.   *ail, eil, euil, eul*, pour le masculin,
                  et *aille, eille, euille, eule*, pour le féminin, n. 69.
     Id.   *illant, iliant, illiard*, n. 90 et 91.

Dès le matin, (*é, l, ll, evé, z*) votre cœur à Dieu. — La flamme en jets brillants s'(*é, l, ll, an, en, cc*) dans les airs. —La véritable (*é, l, ll, oqu, an, en, se, cc*) est celle du bon sens. — Le travail calme les passions, il occupe l'esprit, il (*é, l, ll, oigne*) l'ennui. — L'(*é, l, ll, ectricité*) est le soleil des pôles, — La trombe s'(*é, l, ll, ève*) majestueusement du sein des eaux. — Le latanier a une forme (*é, l, ll, 'égante*) et (*pi, t, tt, oresque*). — Les Romains (*é, l, ll, evai, ent*) beaucoup de bestiaux. — L'(*a, s, ss, c, ié, r*) est élastique. — La plupart des corps sont (*é, l, ll, ectrisable, s*). — Un corps (*é, l, ll, ectrisé*) perd toute sa vertu quand il est touché par un corps qui ne l'est pas. — Le génie de notre langue est la clarté et l'(*é, l, ll, égan, s, c, e*). — L'(*é, l, ll, o, j, g, e*) de l'agriculture est dans la récompense de nos travaux, dans la satisfaction de nos besoins. — On découvre dans l'(*é, l, ll, oignemen, t*) les points d'un édifice. — Un prince doit (*é, l, ll, oigné, r*) de soi les traîtres. — La voix de la raison est au-dessus d'une (*é, l, ll, oqu, an, en, se, ce*) étendue. — Le feu est une (*é, m, mm, ana, s, t, ion*) du soleil. — Au printemps tout renaît, tout s'anime, tout s'(*en, em, bé, l. ll, i, e, t*). — Les volcans (*en, em, brase, nt*) les montagnes. — Le loup sait se tenir prudemment (*en, em, busqué*). — Les pucerons (*en, em, prunte, nt*) la couleur de la plante sur laquelle ils se tiennent. — L'(*en, em, bonpoin, t*) arrive ordinairement vers l'âge de trente-cinq ans. — Les pays où l'on (*en, em, m, aio, aillo, t, tt, e*) les enfants sont ceux qui (*four, mi, ye, lle, nt*) de gens contrefaits de toute espèce.

L'(*é, m, mm, eri*) est d'un grand usage dans les arts mécaniques pour polir les cristaux, les métaux. — Les (*é, m, mm, ér, illon, s*) sont les plus familiers et les plus dociles des oiseaux de chasse. — L'(*é, m, mm, éti, c, que*) est le vomitif par excellence. — Les (*é, m. mm, eutes, s*) sont souvent des tentatives de sédition, de révolte et même de révolution. — L'odeur est l'impression que fait sur nous l'(*é, m, mm, i, s, ss, ion*) de corpuscules (*é, m, mm, ané, s*) de certains corps. — Beaucoup de particuliers donnent à loyer des magasins pour les objets à (*en, em, magasiné, r*); on leur paie un droit d'(*en, em, magasina, j, g, e*). — Depuis 1814, on a fait dans les (*en, em, mé, n, nn, a, j, g, emen, t, s*) des bâtiments de guerre, quelques modifications qui en rendent le séjour plus supportable. — L'oignon du narcisse végète et fleurit lorsqu'on le place au-dessus d'une (*cara. f, ff, e*) remplie d'eau. — On ajoute souvent à sa signature un (*para, f, ff. e*). — On met aux petits enfants des souliers à (*agra, f, ff, e, s*) pour leur maintenir le pied. — Bien des personnes mettent non pas des parafes mais des (*pata, r, rr, a, f, ff, e, s*) à leur signature. — On juge d'un auteur par son (*é, p, pp, igra, f, ff, ph, e*). — La dernière des vanités de l'homme, c'est l'(*é, p, pp, ita, f, ff, ph, e*).— L'adoption des nouvelles (*or, to, tho, gra, f, ff, ph, e, s*) est un à-compte donné à la future barbarie. — On construit maintenant des (*télégra, f, ff, ph, es*) atmosphériques. — Le (*trav, ail, aille*) entretient la santé. — Le (*cam, ail, aille*) est un vêtement nécessaire pour se garantir de la piqûre des (*ab, eil, eille, s*).

Le (*cerf, euil, euille*) est une plante que les bestiaux et les lapins mangent avec avidité. — Les habitants du Midi aiment l'(*ail, aille*) avec passion. —Alexandre était ami du jus de la (*tr, eil, eille*), puisqu'il noyait souvent dans le vin sa raison et son génie. — Le latanier donne, chaque mois, une (*f, euil, euille*) nouvelle. — Ce n'est jamais la croyance qui produit le meurtre, mais l'(*org, ueil, ueille*) des opinions.— Ne nuis pas à autrui ou attends-toi à la (*par, eil, eille*). — Il n'y a qu'un seul service que nous aimions à rendre aux autres sans leur demander le (*par, eil, eille*); c'est de les avertir de leurs torts et de leurs défauts. — Les jeunes villageois ont le teint (*verm, eil, eille*). — La liqueur (*verm, eil, eille*) a bien des attraits pour l'ivrogne. — Le mois d'avril est le temps des (*sem, ail, aille, s*). — Dire que les nations sont faites pour les rois, c'est dire que les vaisseaux sont faits pour le (*gouvern, ail, aille*). — Achille déplairait moins (*bou, yant, illant*) et moins prompt. — Le (*brou, yard, illard*) blanchit les monts de son voile léger. — Les discoureurs croient qu'en (*chatou, yant, illant*) l'oreille, ils satisfont l'esprit. — Un témoin (*vaci, yant, llant*) dans sa déposition doit être suspect. — Le (*corbi, yard, llard*) du pauvre n'est souvent suivi que de son chien. — Il a été exposé au Louvre un (*bi, yard, llard*) qui jouait un air quand la bille tombait dans la blouse. — Quel intérêt ne doit pas nous inspirer un auguste (*vi, el, eil, lard*) !

Il y a beaucoup d'ouvages où l'on ne trouve rien de (*sa, yant, illant*). — Il ne faut pas ajouter foi aux propos d'un homme (*malve, yant, illant*). — Tout en (*ra, yant, illant*) on peut dire des choses vraies. — Le (*défa, yant, illant*) s'expose à se faire condamner. — Les ouvrages en miniature se font en (*pointi, yant, llant*). — La vérité est pour le plus grand nombre comme un flambeau dans les (*brou, yard, illard, s*) ; il luit sans les dissiper. — La nature laisse aux (*vi, el, eil, lard, s*) un amour bien facile à satisfaire, celui du repos. — Quel charme de reconnaître, dans les ouvrages de

la nature, l'intention (*bienve, yant, illant, e*) du Créateur !
— L'archevêque de Cologne est un archevêque (*é, l, ll, ectif*). — L'(*é, l, ll, ectorat*) dans l'empire est la plus grande dignité, après celle de l'empereur et du roi des Romains. — Ovide et Properce sont les plus connus des poëtes (*é, l, ll, égia, c, que, s*). — L'(*é, l, ll, égi, e*) française est ordinairement en vers alexandrins. — Les Cartésiens n'admettent que trois (*é, l, ll, émen, ts*). — L'(*é, l, ll, é, ph, an, t*) approche de l'homme par l'intelligence, autant du moins que la matière peut approcher de l'esprit. — On met une apostrophe dans l'écriture à la place de la voyelle qu'on (*é, l, ll, ide*). — Il y a beaucoup d'appelés, mais bien peu d'(*é, l, ll, us*). — Il n'y a rien qui (*é, l, ll, oigne*) plus les cœurs, les esprits, les affections, que le mépris, les mauvais traitements. — La véritable (*é, l, ll, oqu, an, en, s, c, e*) consiste encore plus dans les choses que dans les paroles. — Il y a des gens qui sont naturellement (*é, l, ll, oq, en, an, t, s*).

XIVe LEÇON.

SUR LES RÈGLES Nᵒˢ 27, 28, 70, 71, 92 ET 93.

(*Voir la 1ʳᵉ Partie.*)

EXPLICATION

Mots commençant par *en, es,* n. 27 et 28.
Mots terminés par *aire, ère,* n. 70.
    Id.   *ale, alle,* n. 71.
    Id.   en *iller, allier, iller,* n. 92.
    Id.   en *illeux, ilieux,* n. 93.

Les péchés des grands ont deux caractères d'(*e, n, nn, ormité, c*) qui les rendent infiniment plus punissables. — Les navires américains sont d'une grandeur (*é, n, nn, orme*). —Cessez de vous (*c, n, nn, orgueillir, e*) de vos lauriers imaginaires. — Il y a trois opérations de l'entendement. la simple perception, l'(*é, n, nn, onciation*) et le raisonnement.—

Ce n'est pas tout que de bien penser, il faut savoir bien (*é, n, nn, on, cé, r*) ce que l'on pense. — La plupart des discours de tribune sont longs et (*e, n, nn, uyeu, x*). — (*E, n, nn, uyé, s*) bientôt de tout, tout nous est à charge. — Avec tous ses amusements, le monde, depuis qu'il est monde, se plaint qu'il s'(*e, n, nn, u, ie, ye*). — L'(*e, n, nn, ui*) est plus difficile à supporter que la douleur. — Les sciences, les beaux-arts (*e, n, nn, obli, s, ss, e, nt*) une langue. — Il faut chercher des tours qui (*e, n, nn, obli, s, ss, e, nt*) nos idées ; la pièce élève l'esprit et (*e, n, nn, obli, t, e*) le cœur.—L'hydrogène s'(*enfla, mme, m, e*) dans les airs. — La nature, s'(*endor, t, e*) quand le soleil disparaît. — La neige et la rosée (*engr, è, ai, sse, nt*) les campagnes. — Le requin est le plus grand (*e, n, nn, emi*) du thon. — Les Chinois s'abstiennent de mets échauffants et de liqueurs. (*e, n, nn, ivrante, s*). — Les Indiens (*entende, nt*) le bruit que fait, en marchant, une armée (*e, n, nn, emi, e*). — Le froid (*engourdi, e, t*) toutes les sensations. —L'absolution prodiguée (*enhardi, t, e*) au péché. — Une île est plus chaude que la mer qui l'(*enviro, n, nn, e*).

Le sel était connu dans l'(*enf, an, an, ce*) du monde. — La mort est préférable à l'(*e, s, sse, clava, j, g, e*). — Dieu veille sur les mondes qui peuplent l'(*e, s, sse, pa, s, c, e*). — Les (*e, s, sse, carg, ot, aut, s*) réparent leurs coquilles lorsqu'elles viennent à se briser. — L'(*e, s, ss, tur, jon, geon*) est d'un aspect effrayant. — Le caractère est une chose si belle qu'on l'(*e, s, sse, time*) jusque dans les personnes qu'on estime le moins. — La race caucasienne est le type de l'(*e, s, sse, pê, se, ce*) humaine. — Les aéronautes, pour s'assurer si le temps, si le vent sont favorables, avant d'entreprendre une ascension, lancent ce qu'ils appellent un ballon d'(*e, s, ss, ai*). — Quand l'(*e, s, ss, ou, f, ff, lemen, t*) est le résultat d'une marche ou d'une course rapide, surtout en montant, il n'offre rien d'alarmant. — Un esprit médiocre ne doit pas prendre un trop grand (*e, s, ss, or, e*).—On (*e, s, ss, aie, aye*) de secouer le joug de la foi.—L'(*e, s, ss, an, en, se, ce*) de l'homme est d'être un animal raisonnable. — La raison est (*e, s, ss, en, ciel, tiel, lc*) à l'homme. — Vous nous avez affligés, grand Dieu, (*e, s, ss, uyé, x*) enfin nos larmes.—Le vent, le soleil (*e, s, ss, ui, uy, ent*) les chemins qui ont été trempés par les pluies. — L'abricotier est (*origin, èrc, aire*) d'Arménie. — La complaisance est (*néce, s, ss, ère, aire*) dans la société. — Les cailles

s'enlèvent brusquement et dans une direction (*perpendicu,*
l, ll, ère, aire). — L'orge est pour les volailles et pour les
bestiaux un aliment (*salut, ère, aire*) et qui les engraisse
facilement. — La France a été longtemps (*tribu, t, tt, ère,*
aire) de l'industrie hollandaise.

Faut-il que sur le front d'un profane (*adult, ère, aire*), (*bri,*
l, ll, e) de la vertu le sacré caractère? — Dans les Alpes, les
ébéniers aux fleurs jaunes forment des berceaux ravissants
autour des sapins (*co, n, nn, if, ère, aire, s*). — L'art de (*ta,*
yé, illé, r) les cristaux nous vient de Bohême. — Il importe de
(*surve, yé, illé, r*) la cane lorsque l'on voit approcher le moment où elle doit commencer sa ponte. — C'est un jour perdu
qu'un jour perdu sans (*trava, yé, illé, r*) — Il ne faut pas (*révé,*
yé, illé, r) le chat qui dort. — Que de gens ne savent que
gaspi, yé, llé, r) leur bien! — Dès que les vendangeurs ont
achevé, il est permis d'aller (*gra, p, pp, iyé, illé, r*) — Bien
souvent on voit l'ardeur du soleil (*gri, yé, llé, r*) les plantes.
— On a tort de trop faire (*babi, yé, llé, r*) les enfants. — La
plante des pieds est un endroit (*chatou, yeu, illeu, x*). — Dieu
se plaît à abaisser l' (*orgue, yeu, illeu, x*). — La lune fait briller son disque radieux au travers des chênes (*sourci, yeu,*
lleu, x). — On appelle saut (*péri, yeu, lleu, x*) un certain saut
difficile et dangereux que font les danseurs de corde. — L'ouvrage le plus (*véti, yeu, lleu, x*) n'est pas toujours le mieux
payé. — Il n'y a rien de plus ennuyeux qu'un homme (*pointi,*
yeu, lleu, x). — La mortification est un (*essa, ye, i*), un apprentissage de la mort. — Les (*c, s, ss, ain, aim, s*) vont se
poser sur des branches d'arbres. — Dieu est (*e, s, ss, en, an,*
ciel, tiel, lemen, t) bon. — Les roues tournent sur leur (*e, s,*
ss, ieu). — Il est défendu d' (*éta, l, ll, é, r*) les jours de fête.

Un hydropique ne peut (*é, t, tt, an, en, ché, r*) sa soif. —
Rien n'était si formidable que de voir l'Allemagne déployer
tous ses (*é, t, tt, en, an, dar, t, d, s*) et marcher vers nos
frontières. — Jésus-Christ a été (*é, t, tt, en, an, du*) sur l'arbre de la croix pour nos péchés. — L' (*é, t, tt, en, an, du, e*)
appartient au corps et la pensée à l'esprit. — Dieu engendre
son verbe (*é, t, tt, ernc, l, ll, emen, t*). — La chicane (*é, t, tt,*
ernise) les procès. — Dieu est de toute (*é, t, tt, ernité, é*) —
Les étoiles sont (*é, t, tt, in, se, ce, lante, s*). — Il y a des (*é,*
t, tt, oi, l, ll, e, s) qui étincellent les unes plus que les autres.
— Les vrais escarboucles (*é, t, tt, inc, èle, elle, nt*) dans les

ténèbres. — Une petite (*é, t, tt, in, cèle, celle*) peut causer un grand embrasement. — Quand on bat les cailloux avec un fusil, il en sort des (*é, t, tt, in, cèle, celle, s*). — On ne peut aller contre son (*é, t, tt, oile*). — Il est (*é, t, tt, o, n, nn, ant*) combien la même vérité, montrée aux hommes, fait en eux d'impressions différentes. — La mort se déclare ; on ne tente plus rien contre sa funeste (*a, t, tt, aque*). — L'athéisme arrête l'âme dans son élan vers les cieux, et la jette dans le (*clo, ac, que*) de la matière. — Le matelot s'endort paisiblement sur son (*a, ha, m, ac, aque*). — Longtemps une immense capitale fut exposée au (*s, ac, aque*), à l'embrasement : un mot pouvait causer l'explosion de l'incendie. — Les (*advers, ère, aire, s*) de l'Eglise nient les miracles. — Les cloîtres ont une vie (*aust, ère, aire*). — Les enfants doivent à leurs parents sans ressources une pension (*a, l, ll, iment, ère, aire*). — Le soleil ne doit jamais se coucher sur notre (*col, ère, aire*). — Plus l'orgueil est excessif, plus l'humiliation est (*am, aire, ère*). — Il faut préférer le (*néce, s, ss, ère, aire*) à l'agréable.

XVe LEÇON.

SUR LES RÈGLES N°s 29, 30, 72, 73, 94 et 95.

(Voir la 1re Partie.)

EXPLICATION.

Mots commençant par *et*, n. 29.
     Id.   *four*, n. 30.
Mots terminés par *an, anc, ang, aon*, n. 72.
     Id.   *ance, anse, ence, ense*, n. 73.
     Id.   *ine, ir* et *ire*, n. 94 et 95.

L' (*E, t, tt, ernel*) a créé la lumière du jour. — L' (*é, t, tt, oile*) du matin annonce le retour du soleil. — La foudre (*é, t, tt, ince, l, ll, ante*) éclate dans les nues. — La mer ne se glace jamais dans toute son (*é, t, tt, endu, e*). — Les sommets des montagnes sont couverts de frimas (*é, t, tt, ernel, s*). — Le colibri doré (*é, t, tt, inc, èle, elle*) sur les fleurs. — Le héron vit principalement parmi les (*é, t, tt, an, g, s*) et les marais. — Le lis à nos regards (*é, t, tt, a, l, ll, e*) sa blancheur. — La rose de la Chine (*é, t, tt, o, n, nn, e*) nos jardins. — A certaines hauteurs règnent des neiges (*é, t, tt, erne, l, ll, e, s*). — Les plantes ne sont guère mieux connues que les (*é, t, tt, oi, lc, s*). — L'opération de l' (*é, t, tt, amage*) ordinaire est si facile que le premier marmiton venu pourrait l'exécuter. — Les (*é, t, tt, endard, s*) français ont été de toutes couleurs. — L' (*é, t, tt, ique, t, tt, e*) sert à maintenir l'ordre dans les palais. — La plus parfaite (*ét, tt, ude*) est celle de la nature. — La (*fourmi, e*) est laborieuse. — Les poissons des eaux douces (*fourni, s, ss, ent*) une nourriture aussi délicate qu'abondante. — Le blé (*fourni, e, t*) les moyens de satisfaire par toute la terre aux principaux besoins de la vie. — Les hommes ne sont pas faits pour être entassés en (*fourmi, l, ll, ère, ière*). — La (*fourmi, e*) monte au sommet des plus hauts cyprès pour en manger les graines. — Les fenils sont des granges destinées à recevoir les (*fou, r, rr, age, s*). — L'âme s'épure dans l'adversité, comme le métal dans la (*fourn, èse, aise*).

La bourre du cotonnier nous fournit des (*é to, f, ff, e, s*) légères. — Les chasseurs et les guerriers ont pris de tout temps des (*four, r, rr, ure, s*) de bêtes pour marques de leur valeur, autant que pour se couvrir. — Le régime le plus propre à maintenir les animaux en bonne santé et à les engraisser, résulte d'une combinaison intelligente des différentes espèces de (*fou, r, rr, age, s*). — La forme et la grandeur des (*fourn, au, eau, x*) varient suivant leur destination. — Les Indiens entendent le bruit que fait, en marchant, une armée ennemie à plusieurs lieues de (*dist, an, en, ce*). — On a vu dans le Malabar des arbres qui avaient cinquante pieds de (*circonfér, en, an, ce*). — La (*confi, an, en, ce*) est un moyen de plaire. — Lorsque les blés sont en fleur, c'est alors qu'ils sont revêtus de toute leur (*magnific, en, an, ce*). — La (*bienf, e, ai, san, sen, ce*) est un besoin de l'âme. — L' (*indulg, en, an, ce*) encourage à la (*désobéi, s, ss, an, en, ce*). — Le palmier est, par (*exce, l, ll, an, en, ce*), le végétal du soleil. — La (*recco, n, nn, ai, s, ss, an, en, ce*) est la mémoire du cœur. — L'époque de l'agriculture est celle de la (*nai, s, ss, en, an, ce*) des sociétés. — L' (*adole, c s, sc, en, an, ce*) méprise les jouets du passé. — L' (*é, ai, s, an en, ce*) étouffe l'industrie. — La (*prud, en, an, ce*) vaut mieux que la valeur. — La (*pa, tien, cien, ce*) est le courage de tous les jours. — Il faut se faire une loi de la (*biensé, an, en, ce*). — Les bonnes actions portent leur (*ré, co, n,m, pen, pan, s, c, e*). — Les talents donnent l'(*indép, en, an, d, an, en, ce*). — Le bonheur n'est pas dans l' (*o, p,pp, ul, an, en, ce*).

L' (*a, l, ll, umine*) est employée à faire toutes les poteries. — Il est encore aujourd'hui d'usage, chez plusieurs peuples sauvages, de s' (*en, an, duir, e*) le corps d'une couche de couleur. — L' (*é, p, pp, ine*) voit éclore et s'éclipser la rose. — Le blé prend (*raci, n, nn, e*) partout où il tombe. — La (*capuci, n, nn, e*) est à la fois réclamée par le potager et le parterre. — La Providence a renfermé la (*fa, r, rr, i, nn, e*) dans les épis des graminées.— La (*foui, n, nne, e*) ne se contente pas d'assouvir sa faim, elle semble tuer par instinct et sans besoin. — L' (*o, au, bépi, n, nne, e*) répand le premier parfum qui embaume les campagnes après la saison des frimas. — On doit s'abstenir de tout ce qui peut (*nuir, e*) à la santé. — Le célèbre naturaliste romain Pline admirait de son temps ces grands arbres de l'écorce desquels on pouvait (*construir, e*) des barques capables de (*contenir, e*) trente personnes.— L' (*o, au, bergi, n, nn, e*) est originaire de l'Inde et de l'Ethiopie. — Partout où l'on trouvera un cheval, un homme, une vache et une laiterie, on trouvera la (*va, cs, cc, ine*). — Les feuilles de la (*bul, s, z, amine*) des bois, froissées entre les doigts, répandent une odeur nauséabonde et passent pour vénéneuses. — L' (*argenti, n, nn, e*) croît dans les lieux humides. — On s'égare dans le (*déda, l, ll, e*) des rues de Paris. — Malheur à ceux par qui le (*scanda, l, ll, e*) arrive! — Au milieu des ruines de Palmyre, on entendait par (*interva, l, ll, e, s*) le cri de quelques (*chaca, l, ll, e, s*). — Les enfants se plaisent infiniment au jeu de (*ba, l, ll, e*).

Le monde est un (*ba, l, ll, e*) masqué. — Les grands sont comme le (*cana, l, ll, e*) de communication et le lien des peuples avec le souverain. — On transporte les noyés à la Morgue et on les étend tout nus sur la (*da, l, ll, e*). — Il faut avoir de l'esprit pour être homme de (*caba, l, ll, e*). — Un homme bien élevé ne peut entendre le langage des (*ha, l, ll, e, s*). — Le (*cérémo, nia, l, ll, e*) de Rome est fort rigoureux et fort rigoureusement observé.— Dès qu'on renvoie un domestique, il faut qu'il fasse aussitôt sa (*ma, l, ll, e*). —

La peur du (*ma, l, ll, e*) vous fait tomber dans un pire. — Ne transformez pas les églises en véritables (*sa, l, ll, e, s*) de spectacle. — La (*si, ci, ga, l, ll, e*) chante tout l'été. — Après une revue, les troupes défilent au son des (*sim, cym, ba, l, ll, e, s*) et des tambours. — Platon disait que l'homme était un (*a, n, nn, ima, l, ll, e*) à deux jambes sans plumes. — Tout le monde doit savoir (*é, crir, e*) et compter. — Il y a certaines choses qu'on ne définit pas exactement, on se contente de les (*décrir, e*). — On ne peut pas (*su, f, ff, i, re*) à tout. — Le peuple français est difficile à (*conduir, e*). — Tout le monde cherche à s' (*instruir, e*). — Le mensonge et la duplicité entrent difficilement dans un cœur à qui la vérité ne saurait (*nuir, e*). — Il ne suffit pas de (*lir, e*), il faut (*retenir, e*). — Les hommes ont enchéri de siècle en siècle sur la manière de se (*détruir, e*) réciproquement. — Il ne faut (*médir, e*) de personne.

XVIᵉ LEÇON.

SUR LES RÈGLES Nᵒˢ 31, 32, 74, 75, 96 ET 97.

(*Voir la 1ʳᵉ Partie*).

EXPLICATION :

Mots commençant par *hip* ou *hyp*, n. 31.
      Id.   *il*, n. 32.
Mots terminés par *ane, anne*, n. 74.
      Id.   *ate, atte*, n. 75.
      Id.   *ir, irc*, n. 96.
      Id.   *iscer, icer, isser*, n. 97.

Les hommes qui composent la race (*hip, hyp, erbo, r, rr, een, nn, e*) sont remarquables par l'exiguïté de leur taille. — L'imagination se nourrit d' (*h, ip, yp, erbo, l, ll, e, s*). — L' (*h, ip, yp. popotame*) est le patriarche des fleuves. — L' (*h ip, yp, erbole*) est comme le télescope et le microscope, à égale distance de la vérité. — L'abbé Mongault était (*h, yp, ip, ocondrc*). — La vie des courtisans est une (*h, ip, yp, ocrisie*) continuelle. — Les livres toujours composés sont encore plus (*h, ip, yp, ocri, t, tt, e, s*) que les hommes. — L'espérance vit d' (*h, ip, yp, o, th, t, èse, s*). — Notre bonheur est en (*h, ip, yp, o, th, t, èse, s*) et notre malheur en réalité. — La théorie de la médecine est physiquement positive et moralement (*h, ip, yp, o, té, thé, tique*). — L' (*h, ip, yp, pocentaure*) est un animal fabuleux qu'on suppose être moitié homme et moitié cheval. — L' (*h, yp, ip, ocras*) est une espèce de liqueur faite avec du vin, du sucre et de la cannelle. — Il suffisait d'avoir bu de l'eau de l'(*h, ip, yp, ocrène*) pour faire d'excellents vers. — L'(*h, ip, yp, podrome*) était un lieu destiné, chez les Grecs, aux courses de chevaux. — L'(*h, ip, hy, pogri, f, ff, e*) est un animal fabuleux qu'on suppose être un cheval ailé. — L'(*h, ip, yp, ocri, t, tt, e*) joue la dévotion afin de cacher ses vices. — L'(*I, l, ll, iade*) offre ce que l'imagination peut concevoir de plus grand : le concours des hommes et des dieux. — L'atmosphère, en réfléchissant les rayons du soleil, (*i, l, ll, umine*) tout le globe.

La foi est un don et une (*i, l, ll, umina, t, s, c, ion*) de l'Esprit saint. — La lune est (*i, l, ll, uminé, é*) par le soleil. — Les verres de l'optique nous font (*i, l, ll, usion*) de cent manières différentes, en altérant la grandeur, la forme, la couleur et la distance. — Chacun a ses (*i, l, ll, usion, s*). — On peut naître d'une maison (*i, l, ll, ustre*) et n'être qu'un homme ordinaire. — Nous étions des (*i, l, ll, ote, s*) avant d'être des citoyens. — Une noblesse qui a du mérite et des vertus (*i, l, ll, ustre*) une nation. — Les rois sont les (*i, l, ll, ustre, s*) esclaves de leurs peuples. — Le mot de patrie est à peu près (*i, l, ll, usoir, e*) dans un pays comme l'Europe, où il est égal au bonheur d'appartenir à un maître ou à un autre. — Nos sages aïeux ont brûlé religieusement des gens dont le crime était d'avoir eu des (*i, l, ll, usion, s*) et de le dire. — De brillantes (*i, l, ll, umina, t, s, c, ion, s*) ont souvent éclairé les malheurs et l'abaissement d'un peuple. — La liberté (*i, l, ll, imité, c*) n'est plus que licence. — Une action défendue par la loi civile peut être juste lorsqu'elle est conforme à la loi naturelle, mais elle est (*i, l, ll, i, si, ci, te*). — On trouve des idées libérales chez les écrivains les plus (*i, l, ll, ibér, als, aux*), lorsque leur intérêt ne les aveugle pas ou ne les éclaire pas. — Le pouvoir (*i, l, ll, égitime*) est nécessairement despotique. — Il y aura toujours une grande inégalité entre un homme lettré et un homme *li, l, ll, e, t, tt, ré*). — Il ne faut (*maudir, e*) personne. — La glace ose (*saisir, e*) le vin du sacrifice.

Le charbon sec s'emploie pour (*a, s, ss, ainir, e*) les appartements humides. — Sur les rives du Gange on voit (*fleurir, e*) l'ébène. — La vieillesse est un mal dont on ne peut (*guérir, e*). — Le sauvage ne songe pas à se (*vêtir, e*), à moins que la rigueur du climat ne l'y contraigne. — Après avoir cueilli les nèfles, on les laisse (*mûrir, e*) sur la paille jusqu'à ce qu'elles deviennent molles. — Les abeilles vont (*recueillir, e*) avec soin le suc des fleurs odoriférantes pour en composer leur miel. — La culture a pour effet général d'(*adoucir, e*) les climats extrêmes. — Le bananier seul donne à l'homme de quoi le (*nou, r, rr, ir, e*), le loger, le meubler, l'habiller et l'(*ensevelir, e*). — L'épine et le buis ne sauraient (*parvenir, e*) à une hauteur considérable. — Parmi les cocotiers, il s'en trouve dont les feuilles peuvent (*couvrir, e*) vingt personnes. — Une loi d'Athènes voulait que lorsque la ville était (*a, s, ss, iégé, e*), on fît mourir tous les gens inutiles. — Plus on s'éloigne, plus on voit les objets s'(*a, p, pp, etissé, r*). — Au milieu de la foule, nous ne sentons pas la main du voleur se (*glissé, r*) dans notre poche pour nous dérober notre mouchoir ou notre bourse. — Au printemps on voit la terre se (*tapi, ss, cé, r*) de fleurs. — La cuisine italienne est très-(*épi, ss, c, ce*). — Tout privilége, dans un Etat (*poli, ss, c, é*), est un coup porté aux lois générales. — Un prêtre ne doit jamais s'(*i, m, mm, iss, isc, é, r*) dans les affaires publiques. — La révolution a blanchi beaucoup de tête sans les (*mûrir, e*).

C'est l'ingratitude la plus noire que de (*ternir, e*) la réputation d'une femme qui a osé l'exposer pour notre bonheur. — C'est un enfer que de vivre avec des femmes désespérées de (*vieillir, e*) et d'(*enlaidir, e*). — C'est principalement faute de s'(*éclair, s, c, ir, e*) qu'il y a tant de querelles. — L'histoire n'a encore été (*esqui, ss, c, é, e*) qu'à grands traits. — Dans tous les temps, chez tous les peuples, le plus grand crime fut de (*trahir, e*) sa patrie, même en prétendant la (*servir, e*). — La rose n'a d'épines que pour celui qui veut la (*cueillir, e*). — Le plus dangereux de nos ennemis est celui qui feint de nous (*servir, e*). — L'habitude d'(*obtenir, e*) tout ce que l'on demande fait désirer l'impossible : un enfant veut la lune, un conquérant la terre. — Les hommes se ruinent les uns et les autres par la (*chica, n, nn, e*). — Les naturalistes ont découvert que la (*ma, n, nn, e*) est un suc qui sort de certains arbres. — Le chancelier est l'(*orga, n, nn, e*) du prince. — Les marchands mettent des (*ba, n, nn, e, s*) devant leurs boutiques pour abriter du soleil les objets en étalage. — Les chevaliers ne peuvent parvenir aux commanderies qu'ils n'aient fait leurs (*carava, n, nn, e, s*). — La (*ca, n, nn, e*) sert d'appui dans les promenades. — Dans les affaires pressantes, les particuliers et les républiques vouaient à Vénus des (*courtisa, n, nn, e, s*). — Les circonstances du temps assurent la (*da, t, tt, e*) d'Eusèbe. — La Grèce fournit beaucoup de (*da, t, tt, e, s*). — Les femmes se coiffent avec des (*na, t, tt, e, s*). — Le vin s'empile sur des (*la, t, tt, e, s*). — La (*cha, t, tt, e*) fait plusieurs petits.

XVIIe LEÇON.

SUR LES RÈGLES №⁰ˢ 33, 34, 76, 77, 98 ET 100.

(*Voir la 1ʳᵉ Partie.*)

EXPLICATION.

Mots commençant par *im* et *in*, n. 33 et 34.
Mots terminés par *ation, assion*, n. 76.
   Id.   *tier, scier, ciable, tiable*, n. 77.
   Id.   *ite, itte, iter, itter*, n. 98.
   Id.   *oin, ouin*, n. 100.

L'(*i, m, mm, unité, e*) est la dispense d'une charge onéreuse. — L'âme de l'homme est (*i, m, mm, ortel, le*). — Les belles actions sont (*i, m, mm, ortalisé, es*). — Le pourceau est pour les Juifs un animal (*i, m, mm, onde*). — Jésus-Christ est l'hostie qui a été (*i, m, mm, olé, e*) pour le salut des hommes. — Dans les premiers temps du Christianisme on

baptisait par (*i, m, mm, er, s, t, ion*). — Les perroquets
(*i, m, mm, ite, nt*) de préférence la voix des enfants.—Tête
belle n'est souvent qu'une belle (*i, m, mm, age*). — L'(*i, m. mm, agina, t, s, ion*) d'autrui nous trompe aussi souvent que
la nôtre. — De temps (*i, m, mm, mémorial*), on gravait, on
moulait, on sculptait le bois et la pierre. — L'aigle (*i, n, m. périeu, x*) plane au haut du ciel. — L'amarante est le symbole de l'(*i, m, mm, ortalité, e*). — Une grange est un bâti-
ment nécessaire dans tous les pays où l'on ne bat pas le blé
(*i, m, mm, édiatemen, t*) après la moisson.—L'(*i, n, nn, ac. s, t, ion*), la contrainte où l'on retient les membres d'un
enfant, ne peuvent que gêner la circulation du sang. — L'(*i, n, nn, advert, en, an, se, ce*) est un des défauts de l'enfance.
— Il n'y a rien dans la nature qui soit (*i, n, nn, altérable*).
— L'(*i, n, nn, aptitude*) exclut tout talent. — Tout ce qui est
nouveau et (*i, n, nn, a, t, tt, an, en, du*) saisit toujours. —
L'univers décèle une (*intellig, en, an, se, ce*) pleine de sagesse. — A celui qui te donne sur-le-champ une goutte d'eau,
tu lui donneras une fontaine (*intari, ss, s, able*). — L'(*i, n, nn, onda, s, t, ion*) est nuisible aux champs.

Le buffle est (*indo, m, n, ptable*). — La scolopendre est,
après le scorpion, l'(*in, s, ss, ecte*) le plus formidable en apparence. — De la grenade l'(*a, n, nn, émone*) (*i, m, mm, ite*)
l'(*incarna, t*). — L'(*institutri, sse, cc*) doit se considérer
comme la mère des enfants. — La prière de l'(*i, n, nn, o, ss, c, an, en, se ce*) est agréable à Dieu. — L'(*inst, in, inct*)
est une de nos facultés les plus admirables. — La perte du
temps est la chose la plus (*insu, p, pp, ortable*) pour celui
qui aime à employer son temps. — Les sauvages (*indi, j, g, ène, s*) de Formose prennent le gibier vivant à la course. —
La force matérielle est rarement compagne d'une haute ca-
pacité (*intellectuel, le*). — Les hommes (*investi, s*) de la
puissance en abusent toujours. — L'(*in, ss, s, ecte*) dépose
un ver rongeur dans le sein de la fleur. — Toute la nature
montre l'art (*in, f, ff, ini, e*) de son auteur. — C'est du sein
(*i, n, nn, épuisabl*) de la terre que sort tout ce qu'il y a de
précieux. — Il n'y a presque point de terre entièrement (*ingrat, c*). — La parole est l'(*interprè, t, tt, e*) de l'âme. — La
(*fabrica, c, s, t, ion*) de la tôle est aujourd'hui en grande
activité. — Les plantes, les arbres, la (*végéta, s, t, c, ion*)
purifient l'atmosphère. — Le lait d'ânesse n'est en (*réputa. s, t, c. ion*) en France que depuis François Ier. — Malgré

leur parfaite (*de, s, ss, icca, s, t, c, ion*), la lumière colore les fleurs de (*camomi, l, ll, e*) et l'(*u, hu, midité, e*) les moisit. — L'(*éduca, s, t, c, ion*) est la culture de l'âme. —Quelque génie qu'on ait, on ne peut sans (*a, p, pp, lica, s, t, c, ion*) exceller en quoi que ce soit.

La farine de l'escourgeon est plus propre que celle de l'orge à la (*panifica, s, t, c, ion*). — Le droit de (*gra, ss, c, ié, r*) un coupable n'appartient qu'au roi.— On doit chercher ses intérêts sans (*préjudi, ss, c, ié, r*) à ceux des autres. — Il faut (*a, p, pp, récié, r*) les choses à leur juste valeur. — Un (*o, f, ff, i, s, c, ié, r*) ignorant n'a pas grande valeur par ses épaulettes. — Quand il n'y a plus d'apparence de guerre, il faut (*li, ss, c, en, s, c, ié, r*) les troupes. — L'homme (*inso, ss, c, iable*) ne mérite pas de vivre en société. — La terre renferme des richesses (*i, n, nn, a, p, pp, ré, ss, c, iable, s*). — Dans les temps de révolution il est difficile de (*négo, ss, c, ié, r*) les meilleures lettres de change. —Les herbes poussent plus (*vi, t, tt, e*) que les arbres. — Le blé est (*cosmopoli, t, tt, e*) comme l'homme. — Les hirondelles voyagent plutôt pour chercher leur nourriture que pour (*évi, t, tt, é, r*) le froid. — Le crocodile avale, dit-on, des pierres pour (*facili, t, tt, é, r*) sa digestion. —Le vrai (*méri, t, tt, e*) est modeste. — On peut utilement employer le navet dans une partie de jachères sans (*a, f, ff, ri, t, tt, é, r*) les terrains. — Les eaux vont se (*précipi, t, tt, é, r*) dans la mer pour en faire le centre du commerce de toutes les nations. — La lune semble partager avec le soleil le(*s, ouin, oin*) de nous éclairer. — Les (*Béd, oin, ouin, s*) aiment la vie errante. — La peur ou le (*bes, oin, ouin*) font tous les mouvements de la souris. — Le (*f, ouin, oin*) est la nourriture du cheval. — La vie est un (*tint, ouin, oin*) continuel. — On ne fait jamais le mal sans (*tém, ouin, oin*).

On fait des confitures de (*c, oin, oing*). — Une fois qu'on est lancé dans la voie du crime, on ne va jamais (*l, oin, ouin*). — Ayez (*s, oin, ouin*) de votre santé. — On a vu des bouchers assommer un bœuf d'un coup de (*p, oin, ouin, g*). — Ce globe immense n'est qu'un (*poin, t, g*) perdu au milieu des soleils. — L'acier coupe le bois que déchirait le (*c, oin, g*). — Nos sens sont (*l, oin, ouin*) d'être parfaits. — L'absence est l'(*i, m, mm, age*) de la mort. — La peinture exagérée des malheurs (*i, m, mm, agin, ai, è, re, s*) de romans, rend insensible aux maux réels. — Quand on (*i*, *m*, *mm*, *ite*), il est rare de ne pas tomber dans l'exagération. — L'un des effets (*i*, *n*, *m*, *manquable*, *s*) des révolutions est d'amener un plus grand despotisme. — Dans une Constitution, tout pouvoir qui n'est pas nécessaire finit (*i*, *n*, *m*, *manquablemen*, *t*) par être dangereux. — Le moment du plus grand péril est celui qui précède (*i*, *m*, *mm*, *édiatement*) la victoire. — Une révolution est un (*i*, *m*, *mm*, *en*, *an*, *se*, *ce*) volcan qui doit éclairer ceux qu'il ne renverse ou ne consume pas. — Le parti le plus adroit est celui des (*i*, *n*, *nn*, *amovibles*). — La passion d'accumuler prouve l'(*i*, *n*, *nn*, *anité*, *e*) de son objet. — Les rois ne reçoivent de la nature aucun talent particulier; mais ils ont l'avantage (*i*, *n*, *nn*, *a*, *p*, *pp*, *ré*, *s*, *c*, *iable*) de pouvoir employer ceux d'autrui. — L'(*i*, *m*, *mm*, *agina*, *s*, *t*, *c*, *ion*) s'égare, le cœur se serre et soupire dans les lieux jadis populeux et maintenant (*i*, *na*, *nha*, *bité*, *s*). — Si les apparences peuvent servir de preuves, c'est lorsqu'il s'agit de (*dé*, *f*, *ff*, *an*, *en*, *dre*) un (*i*, *n*, *nn*, *ocen*, *t*).

XVIIIᵉ LEÇON.

SUR LES RÈGLES Nᵒˢ 35, 36, 78, 79, 101 ET 102.

(Voir la 1ʳᵉ Partie.)

EXPLICATION.

Mots commençant par *ir*, n. 35.
     Id.   *oc*, n. 36.
Mots terminés par *eau*, *au*, n. 78.
     Id.   *eindre*, *indre*, *aindre*, n. 79.
     Id.   *oir* et *oire*, n. 101 et 102.

Les obstacles (*i*, *r*, *rr*, *ite*, *nt*) le courage. — La perte du temps est (*i*, *r*, *rr*, *éparable*). — Notre langue est très-(*i*, *r*, *rr*, *égulière*). — La danse est pour la plupart des nègres une passion (*i*, *r*, *rr*, *ésistible*). — L'(*i*, *r*, *rr*, *is*) est le cercle coloré qui entoure la prunelle de l'œil. — Les (*I, r, rr, oquois*) ne sont déjà plus étrangers à toute civilisation. — Le commerce des gens (*i, r, rr, ésolu, s*) est ennuyeux. — Les anciens, les Spartiates surtout, punissaient sévèrement l'(*i, r, rr, ésolu, s, t, c, ion*). — Un système d'(*i, r, rr, iga, s, t, c, ion*) bien entendu est un témoignage de l'intelligence des habitants d'un pays et du zèle qu'ils apportent à la culture des terres. — Ceux qui assimilent l'(*i, r, rr, ita, s, t, c, ion*) à l'excitation considèrent les (*i, r, rr, itan, t, s*) comme des excitants. — L'homme n'est pas un animal (*i, r, rr, é, ai, so, n, nn, able*), mais il y a bien des hommes qui sont (*dér, é, ai, so, n, nn, able, s*). — L'envie est plus (*i, r, rr, écon, s, c, iliable*) que la haine. — Dans l'(*O, ss, c, éani, e*), le riz remplace le blé. — Dans l'(*o, ss, c, éan*) des airs, l'affreux orage gronde. — Les déserts peuvent être regardés comme des (*a, ss, c, éan, s*) de sable. — Les cardinaux (*o, c, cc, upe, nt*) en France le premier rang ecclésiastique. — Les choses abandonnées sont au premier (*o, c, cc, upan, t*). — Les (*o, c, cc, upa, s, t, c, ion, s*) champêtres tiennent lieu d'amusement. — En général, les montagnes (*o, c, cc, upe, nt*) le milieu des continents. — S'il est prudent, il n'est pas toujours honnête de changer de conduite suivant les (*o, c, cc, ur, an, en, s, c, e, s*).

Il faut se gouverner selon les cas (*o, c, cc, ur, an, en, t, s*). — Il faut saisir l'(*o, c, cc, asion*) aux cheveux. — Un épervier voit d'en haut, et de vingt fois plus loin, une alouette sur une motte de terre, qu'un homme ou un chien ne peuvent l'(*a, p, pp, ercevoir*). — Chacun a sa manière de (*voir, e*). — C'est Dieu qui nous donne le (*vouloir, e*) et le faire. — Il ne faut (*recevoir, e*) que de ceux qu'on estime. — Une fois que le premier œuf a été déposé dans un (*pondoir, e*) quelconque, la cane ne manque pas d'y venir pondre les autres. — Il n'y a point de (*terroir, e*) si ingrat qui n'ait quelque propriété. — Les eaux tombent des hautes montagnes où leur (*réservoir, e*) est placé. — Ce n'est point dans l'(*abreuvoir, e*) ni dans le vivier qu'on doit rouir le chanvre. — Un (*a, r, rr, osoir, e*) en fer-blanc se corrode par la rouille. — L'(*échenilloir, e*) sert aussi à couper les petites branches qui sont à une certaine hauteur. — Le (*rati, s, ss, oir, e*) sert à couper et à détruire les mauvaises herbes dans les allées. — Il y a de l'(*e, au*) dans la poitrine. — Il est inconcevable que les rois n'aient pas satisfait des millions d'hommes qui ne leur

demandaient que du pain et de l'(e, au), un toit et des vêtements. — L'amour est un désir ; on ne peut le satisfaire sans
l'(ét, ain, in, ein, dre). — Les dandys promènent leur oisiveté dans des (land, e, au, s, x).— Les contes de La Fontaine
sont des (fabli, e, au, x). — On ne rougit pas d'avoir pour
auteur de sa race un fameux (flé, e, au) de l'humanité. — On
prend des (ois, e, au, x) avec des (glu, e, au, x). — Les petits pains de (gru, e, au) sont légers. — Les femmes aban-
donnèrent, pour avoir des armes et des munitions, non-seu-
lement leurs (joy, e, au, x), mais encore le soin de leur vie.

Le kirsch se fait avec des (noy, e, au, x) de cerise. — Le
gaz passe à travers de longs (tuy, e, au, x). — La langue
n'est qu'un instrument ; elle ne doit pas plus maîtriser l'é-
crivain que le (cis, e, au), le burin ou le (pin, s, c, e, au) ne
maîtrisent l'artiste. — Les (plat, e, au, x) les plus élevés du
continent furent le (ber, s, c e, au) de l'humanité.— L'Angleterre fut le (ber, s, e, e, au) de la monarchie constitution-
nelle. — Les Indes furent le (ber, s, e, e, au) du théisme.—
Le Nord fut le (ber, s, c, e, au) de la féodalité. — La Grèce
fut le (ber, s, c, e, au) des arts et des sciences. — C'est le
propre de la vraie piété, non de (contr, in, ain, ein, dre),
mais de persuader. — Il faut mépriser la médisance, et (cr,
in, ain, ein, dre) de la mériter. — Le droit de se (pl, in, ain,
ein, dre) rend au peuple tous ses droits. — L'homme et son
imagination ne peuvent (a, t, tt, in, ain, ein, dre) le bonheur que dans les cieux. — La misère du peuple ne saurait
se (dép, in, ain, ein, dre). — Violer les lois, c'est compromettre sa propre sûreté, en donnant l'exemple de les (enfr,
in, ain, ein, dre).— Le Christ est descendu sur la terre pour
y (ét, in, ain, ein, dre) dans son sang toutes les iniquités.
— On a vu des gens (f, in, ain, cin, dre) une longue maladie pour se rendre intéressants. — Voulez-vous représenter
la beauté des anges, il faut les (p, in, ain, ein, dre) à la res-
semblance des femmes.

C'est un déplorable aveuglement que celui des hommes
qui substituent l'(i, r, rr, a, ss, sc, ibilité, e) de l'amour-propre au culte de la patrie. — Les (i, r, rr, is) sont des plantes
vivaces et herbacées. — L'(i, r, rr, oni, e) froide est la plus
amère. — Le cœur de l'homme a souvent des désirs (i, r, rr,
éfléchi, s) contraires à ses propres intérêts. — De longues
calamités publiques corrompent un peuple (i, r, rr, éligieu,

x). — L'impatience aggrave un mal (*i, r, rr, émédiable*). — En politique surtout, il n'y a point de péchés (*i, r, rr, émissible, s*) si ce n'est la trahison. — La perte du temps est (*i, r, rr, éparable*). — Un roi constitutionnel doit être (*i, r, rr, esponsable*). — On ne citerait pas un grand homme (*i, r, rr, épréhensible*) dans sa conduite ou dans ses jugements. — L'homme instruit (*i, r, rr, éprochable*), devrait être admis dans toutes les réunions, ne fût-ce que comme modèle. — Quand on a soif, il faut (*boir, e*). — Il est aussi facile de se tromper soi-même sans s'en (*a, p, pp, ercevoir*), qu'il est difficile de tromper les autres sans qu'ils s'en aperçoivent. — Le linge se met dans les (*armoir, e, s*). — Toutes les rues de Paris ont maintenant un (*tro, t, tt, oir, e*). — L'argent est un ressort qui fait (*mouvoir, e*) bien des machines. — Le (*c, on, omp, toir, e*) est mieux tenu par une femme que par un homme. — On nettoie les allées avec un (*rati, s, ss, oir, e*). —Celui qui abuse du (*pouvoir, e*) perd bientôt tout (*pouvoir, e*). — Il faut se (*pourvoir, e*) longtemps d'avance contre la vieillesse et la mort. — Chaque peuple doit défendre son (*te, r, rr, itoir, e*). — Le visage est le (*miroir, e*) de l'âme.

XIXe LEÇON.

SUR LES RÈGLES N°s 37, 38, 83, 84, 103 ET 104.

(Voir la 1re partie.)

EXPLICATION

Mots commençant par *op* et *of*, n. 37 et 38.
Mots terminés par *eu, eue, eux*, n. 83.
  Id.   *eur, eure, eurre*, n. 84.
  Id.   *oire*, n. 103.
  Id.   *oupe, ouper, ouppe, oupper*,
       n. 104.

Naturellement un peu froide, la (*poir, e*) se digère mieux lorsqu'on boit, en la mangeant, un verre de vin. — L'(*i, hi, stoir, e*) célèbre les grands hommes de guerre. — Rome, encore pauvre, ne respirait que la gloire (*gloir, e*). — Les Romains sacrifiaient à la (*victoir, e*).—C'est un acte très-(*méritoir, e*), aux Indes, de prier Dieu dans l'eau courante.— L'(*o, f, ff, ice*) d'un médecin s'étend également à purifier l'âme et le corps.— Les licteurs étaient des (*o, f, ff, icier, s*) publics qui marchaient devant les premiers magistrats. —Que peut-on attendre d'un homme qu'on (*o, f, ff, an, en, se, ce*) en l'obligeant? — La nature (*o, f, ff, re*) un spectacle toujours nouveau. — Les oies jettent de grands cris lorsqu'on leur présente de la nourriture; au lieu qu'on rend le chien muet en lui (*o, f, ff, rant*) cet appât.— Les (*o, f, ff, rande, s*) des fruits de la terre sont celles que nous trouvons le plus anciennement établies chez tous les peuples. —Qu'on nous pardonne nos (*o, f, ff, an, en, s, c, e, s*) comme nous pardonnons à ceux qui nous ont (*o, f, ff, an, en, s, c, é, s*). — Autrefois, l'(*o, f, ff, ertoir, e*) consistait en un psaume avec son antienne. — Les Chartreux disaient l'(*o, f, ff, ice*) des morts tous les jours, hors les fêtes. — Dans les églises cathédrales, il y a des jours solennels et marqués auxquels l'évêque lui-même doit (*o, f, ff, icié, r*) à l'autel et au chœur. — Un chef de bureau qui craint la destitution d'un employé à qui il s'intéresse, le fait prévenir (*o, f, ff, i, ss, c, ieusement*), et non (*o, ff, i, ss, c, iellement*), qu'il ait à se mieux conduire.

Les (*o, f, ff, i, ss, c, ié, r, s*) supérieurs commandent tout ou partie d'un corps de troupes. — La préparation, la conservation et la mixtion des substances (*o, f, ff, icina, l, ll, e, s*) constituent tout l'art du pharmacien. — Les commis-voyageurs de commerce vous obsèdent de leurs (*o, f, ff, res*) de services. —L'abus des boissons alcooliques s'(*o, p, pp, ose*) au développement de la taille. —Trop souvent on croit voir l'(*o, p, pp, inion*) publique dans la sienne. — L'(*o, p, pp, a, l, ll, e*) noble, pour son état chatoyant, est aussi estimée que l'(*o, p, pp, a, l, ll, e*) de feu pour ses couleurs; on en fait des bagues et des boucles d'oreilles. — L'eau la plus limpide devient (*o, p, pp, aque*) lorsque son volume est à une très-grande profondeur. — Les (*o, p, pp, éra, s, t, c, ion, s*) de médecine sont excessivement difficiles et compliquées. —On finit par s'accoutumer à l'action de l'(*o, p, pp, ium*). — L'(*o, p, pp, ul, an, en, ce*) est la réunion des jouissances que la richesse peut procurer. —Les despotes sont les (*o, p, pp, resseur, s*) des peuples. — Les puissants (*o, p, pp, rime, nt*) souvent les faibles. — Pleurer avec ce qu'on aime est la ressource des (*o, p, pp, rimé, s*). — Ceux qui sont échappés du naufrage disent un éternel (*a, d, dd, ieu*) à la mer et aux vaisseaux. — Les voitures roulent sur leur (*e, s, ss, ieu*). — Les (*jeu, x*) de prince coûtent très-cher à l'espèce humaine. — Les mariages faits sans l'(*aveu, x*) des parents sont rarement (*heureu, x*). — Ne faites rien dont le (*désaveu, x*) de votre cœur puisse faire naître un remords. — Les (*boiteu, x*) empêchent les autres d'avancer.

Turenne convenait lui-même qu'il n'était jamais allé au (*feu, x*) sans émotion. — Le sublime du nouvelliste est le raisonnement (*creu, x*) sur la politique. — Le gouvernement ne réunit la majorité des (*v, eu, œu, x*) qu'en favorisant la majorité des intérêts. — Tout devient (*a, f, ff, reu, x*) dans la pauvreté. — Si (*Dieu, x*) n'existait pas, il faudrait l'inventer. — (*Dieu, x*) est aussi nécessaire aux hommes que la liberté. — Le nom de (*Dieu, x*) est écrit sur toutes les pages du livre de la nature. — Jupiter était père des hommes et des (*dieu, x*). — Dans l'ordre social, un don (*miraculeu, x*) rendait son possesseur très-(*malheureu, x*). — Dans l'(*é, hé, breu, x*), les points mis sur les mots en changent entièrement le sens. — Les (*Hébreu, x*) passèrent la mer à pied sec. — Un prince (*belliqueu, x*) ne commande qu'à des peuples ruinés. — Le (*vaniteu, x*) tire vanité de tout, même de ses ridicules ; on le méprise, il s'admire. — Dès qu'on se met en tête d'avoir (*peur, e*), une bagatelle imprime de la (*frayeur, e*). — Là où il y a de gras pâturages, il y a d'excellent (*beu, r, rr, e*). — Les lois qui n'ont pour base que la (*terreur, e*) sont fragiles. — Qu'il dut être gêné, comprimé, (*malheureu, x*) dans son étroite (*demeur, e*), celui qui se trouvait trop grand pour le monde entier ! — L'affranchissement des impôts est un (*leu, r, rr, e*). — Tout ce qui n'est qu'(*c, r, rr, cur, e*) doit se pardonner. — Les fainéants savent toujours l'(*heu, r, rr, e*) qu'il est. — Dans le temple de la (*Faveur, e*) les portes sont si basses qu'on ne peut y entrer qu'en rampant.

L'(*is, his, toir, e*) des (*malheur, e, s*) des peuples n'est autre que celle des sottises ou des crimes de leurs chefs. — L'(*humeur, e*) et la (*peur, e*) font tout voir en (*noir, e*). — La pureté de l'âme et de la conduite est la première (*gloir, e*) des femmes. — Napoléon conduisit ses soldats de (*victoir, e*) en (*victoir, e*). — Les poissons ont des (*na, joi, geoi, re, s*). — La chapelle consacrée à Louis XVI est un monument (*expiatoir, e*). — Plaise à Dieu que les mots (*liberté, e*), (*égalité, e*), (*fraternité, e*), ne soient pas des mots (*i, l, ll, usoir, e, s*) ! — Les peuples doivent se défier des princes qui sont d'un incapacité (*notoir, e*). — Une constitution conditionnelle ne serait qu'un règlement (*provisoir, e*). — Il y a si peu de fraternité parmi les hommes que tous les défauts d'autrui s'observent avec une (*lou, p, pp, e*). — Les Anglais ne mangent pas de (*sou, p, pp, e*). — Les harengs vont par (*trou, p, pp, e, s*). — Il y a dans les ports de mer de jolies (*chalou, p, pp, e, s*). — La vrai philosophie n'est point la mère des doctrines empoisonnées que (*rép, en, an, de, nt*) les faux sages. — La vanité qui nous (*dé, f, ff, an, en, d*) de rien admirer nous prive de beaucoup de jouissances. — Les grandes comme les petites âmes ne peuvent jamais s'(*ent, an, en, dre*). — Il faut toujours (*t, an, en, dre*) à la perfection.

XXᵉ LEÇON.

sur les règles Nᵒˢ 39, 40, 84, 85, 105 et 106.

(*Voir la 1ʳᵉ Partie.*)

EXPLICATION

Mots commençant par *or*, n. 39.
    Id.   *rap* et *rep*, n. 40.
Mots terminés par *cur, eure, eurre*, n. 84.
    Id.   *ge, je*, n. 85.
    Id.   *se, ze*, n. 105.
    Id.   *son, zon*, n. 106.

Dans l'océan des airs l'affreux (*ora, j, g, e*) gronde. — Le papillon est plus beau et mieux (*organi, z, s, é*) que la rose. — L'azurou est (*origin, é, ai, re*) du Canada. — L'arbre est, de nos jardins, le plus bel (*ornemen, t*). — C'est par l'(*orga, n, nn, e*) de l'odorat que les animaux distinguent l'aliment qui leur est propre. — L'(*orti, e*) plaît beaucoup aux poules d'Inde. — Le derrière de la tête est couvert de cheveux qui l'(*orne, nt*) et le fortifient. — Les (*o, r, rr, eille, s*) sont aux deux côtés pour entendre à droite et à gauche. — Les palmiers sont (*o, r, rr, igin, è, ai, re, s*) des pays chauds. —L'hospitalité est en honneur chez tous les peuples de l'(*O, r, rr, ient*). — L'(*or, j, g, e*) croît jusqu'au sein de la zone glaciale. — Au tonnerre en éclats les deux pôles (*ré, p, pp, ondent*). — La musaraigne a une odeur forte qui (*ré, p, pp, ugne*) aux chats. —Les hérons se nourrissent de (*repli, l, ll, e, s*). — Le froid extrême (*ra, p, pp, eti, s, ss, e*) toutes les productions (*organique, s*). — Nos jours s'écoulent (*ra, p, pp, idement*). — La (*ra, p, pp, idité, e*) des modes vieillit tout d'une année à l'autre. — On ne (*ra, p, pp, ren, d*) guère à être honnnête homme. — L'intérêt, le besoin et le plaisir (*ra, p, pp, roche, nt*) les hommes. — Les armes des Egyptiens étaient de (*bron, s, x, e*). — La (*ro, x, s, e*) est la reine des fleurs. — Les rivières serpentent dans les vastes campagnes pour les mieux (*a, r, rr, oser*). — Le nègre trouve ce qu'il lui faut dans sa petite (*ca, x, s, e*), qu'une journée de travail suffit pour construire.

Dans la Norvége, on mange le poisson sec en (*gui, s, x, e*) de pain. — Dans l'Amérique méridionale, le manioc et le maïs sont la (*ba, s, x, e*) de la nourriture. —Le lait caillé est le mets commun des Tartares, ainsi que des habitants du (*Cauca, x, s, e*) qui y trempent leur viande.—On retire de la (*meri, s, x, e*) une eau-de-vie que les Allemands ont nommée kirschwaser, c'est-à-dire eau de (*ceri, s, x, e*). — La pêche est un (*poi, s, x, on*) mortel dans la Perse. — La marmotte reste toute une (*sai, s, x, on*) sans prendre d'aliments. — Les nuées volent d'un bout de l'(*hori, s, x, on*) à l'autre sur les ailes des vents. — En Suisse, le (*pay, x, s, an*) construit sa maison en planches de sapin.—Les statues que l'on dresse aux vivants sont de (*nei, j, g, e*) et fondent aux rayons de la vérité. — Il y a des rencontres dans la vie où la vérité et la simplicité sont le meilleur (*mané, j, g, e*) du monde. — Le vernis tient plus longtemps que le (*cira, j, g, e*).—Le (*visa, j, g, e*) est le miroir de l'âme. — Un peuple (*vola, j, g, e*), malin et frondeur n'est jamais content de ses chefs, fussent-ils des anges. — Il n'y a ni situation ni (*â, j, g, e*) qui ne laissent quelques moyens et la liberté de pratiquer quelques vertus. — C'est un (*sacrilé, j, g, e*), non un sacrifice, que d'immoler un homme.— Le Créateur laisse aux (*sauva, j, g, e, s,*) la liberté naturelle, en compensation des bienfaits de la civilisation. — Les (*presti, j, g, e, s*) détruits par l'opinion ne peuvent reparaître.

La révolution fut le combat des génies du bien et du mal : l'un étonna l'univers par des (*prodi, j, g, e, s*) de folie, de méchanceté ; l'autre par des (*prodi, j, g, e, s*) de vertus, de raison et de grandeur. — Vivent les (*collé, j, g, e, s*) d'où l'on sort si habile homme ! — La lecture fait trouver le bonheur sur son (*sié, j, g, e*). — Le (*sié, j, g, e*) de Troie, qui coûta dix ans au (*coura, j, g, e*), ne coûta qu'un jour à la perfidie. — On voit encore, sur les bords du Rhin les (*vesti, j, g, e, s*) des guerres que l'Allemagne y a soutenues. — Un (*ju, j, g, e*) inique est plus qu'un bourreau. — Jamais on ne détruira la guerre ; mais la civilisation parfaite chassera de son (*corté, j, g, e*) le pillage, l'incendie, le viol et le massacre. — Chez les peuples orientaux, il y a de brillants (*a, t, tt, ela, j, g, e, s*). — Les (*corda, j, g, e, s*) d'un navire sont infinis. — L'Eternel répand à son gré l'esprit de (*verti, j, g, e*) dans les assemblées des nations et sur les conseils des rois. — Nous ne sommes presque en tout que les (*sin, j, g, e, s*) et les perroquets des anciens. — Faut-il écrire (*on, s, z, e*), (*dou, s, z, e*), (*trei, s, z, e*), (*quator, s, z, e*), (*quin, s, z, e*), (*sei, s, z, e*) avec un z ? — La (*topa, s, z, e*) est une pierre très-belle et très-fine. — Il n'y eut aucun asile consacré à la virginité en Asie ; les Chinois et les Japonais seuls ont quelques (*bon, s, z, esse, s*). — L'(égoïste a un cœur de (*bron, s, z, e*). — L'affabilité grimacière n'est qu'une (*ga, s, z, e*) sur un cœur faux. — La (*ro, s, z, e*) naît au milieu des épines. — La (*franchi, s, z, e*) sert mieux que la (*ru, s, z, e*).

La morale est impuissante si elle n'ajoute à ses remèdes une forte (*do, s, z, e*) de religion. — C'est par l'(*anal, i, y, s, z, e*) que les chimistes arrivent à la connaissance des corps. — C'est avec des noyaux de (*ceri, s, z, e*) qu'on fait du kirsch. — La (*marqui, s, z, e*) de Pompadour était la maîtresse de Louis XV. — Quand on voyage à pied, il faut prendre une petite (*vali, s, z, e*). — Dans les villages de l'Auvergne, on danse au son de la (*cornemu, s, z, e*). — Charles IX tira sur les protestants, d'une des fenêtres du Louvre, avec une (*arquebu, s, z, e*). — Le malheur est une (*mu, s, z, e*).

— Dans la peinture, on emploie du blanc de (*céru, s, z, e*).
— Sans avoir (*u, z, s, é*) de rien, on est (*désabu, z, s, é*) de tout. — Sous un dais de feuillage et sur un trône de (*ga, s, z, on*), comme sous les lambris dorés de son palais et sur son lit de justice, saint Louis rendait ses jugements. — On entend le soir les oiseaux qui (*ga, s, z, ouille, nt*). — Il est rare qu'un malade de corps (*refu, s, z, e*) la (*guéri, s, z, on*); les malades d'esprit sont volontairement incurables. — La (*trahi, s, z, on*) est la ressource de l'esclave — Le mérite des hommes a sa (*sai, z, s, on*) aussi bien que les fruits. — Les (*salai, z, s, on, s*) sont malsaines parce qu'elles échauffent. — Tous les publicistes sont d'accord sur la fragilité des lois qui n'ont de base que la (*terreur, e*). — On ne peut faire d'omelette sans (*beu, r, rr, e*). — La (*frayeur, e*) venue à certains points produit les mêmes effets que la témérité. — S'il n'y a pas péril en la (*demeur, e*), laissez à la vanité bien conseillée le temps de capituler avec l'intérêt. — La (*pudeur, e*) fut toujours la première des grâces.

XXIe LEÇON.

SUR LES RÈGLES N°s 41, 42, 86, 87, 107 ET 108.

(Voir la 1re Partie.)

EXPLICATION.

Mots commençant par *ref*, n. 41.
   Id.   *suf* et *sup*, n. 42.
Mots terminés par *jon, geon, jonc, geons*, n. 86.
   Id.   *ic, ique, ict*, n. 87.
   Id.   *xion, cion, sion, tion*, n. 107.
   Id.   *tiel, ciel, cieux*, n. 108.

Les (*re, ff, let, s*) de la terre augmentent la chaleur du soleil. — On met les chevaux au vert pour les (*re, f, ff, air, e*). — Combien d'hommes passent leur vie à faire, (*dé, f, ff, air, e*) et (*re, f, ff, air, e*). — On doit toujours s'en (*ré, f, ff, éré*, *r*) à l'avis d'un homme sage. — Les miroirs (*ré*, *f*, *ff*, *léchisse*, *nt*) la lumière. — Les orangers, après avoir porté des fleurs au printemps, (*re*, *f*, *ff*, *leurisse*, *nt*) ordinairement en automne. — Quand la mer monte, elle fait (*re*, *f*, *ff*, *lue*, *r*) les rivières. — Le mouvement du flux et du (*re*, *f*, *ff*, *lux*) est un balancement égal des eaux. — On ne (*ré*, *f*, *ff*, *orme*) point son caractère. — On doit adoucir un (*re*, *f*, *ff*, *us*) par des manières honnêtes. — L'univers est présidé par l'E-tre (*su*, *p*, *pp*, *rême*). — La force décidait jadis de la (*su*, *p*, *pp*, *ériorité*, *e*) parmi les hommes. — Les nègres (*su*, *p*, *pp*, *orte*, *nt*) des fatigues auxquelles succomberaient les Européens. — L'ignorance est un état d'enfance perpétuelle ; elle (*su*, *p*, *pp*, *ose*) l'oisiveté qui engendre tous les vices. — En Arabie et en Perse, les habitants n'ont souvent l'usage d'autre boisson que de l'eau ; un peu de riz ou de dattes (*su*, *f*, *ff*, *it*), au besoin, pour les nourrir. — La (*su*, *f*, *ff*, *isance*) est (*insu*, *p*, *pp*, *ortable*) dans la société dont elle blesse les égards par son ton décidé. — Les altérations de la nature ne sont que (*su*, *p*, *pp*, *erficiel*, *le*, *s*). — L'homme trouve son (*su*, *p*, *pp*, *lice*) dans ses espérances. — (*Su*, *p*, *pp*, *orton*, *s*) mutuellement nos défauts. — L'air sert à la (*respira*, *s*, *t*, *c*, *ion*).

L'(*i*, *n*, *nn*, *onda*, *s*, *t*, *c*, *ion*) est nuisible aux champs. — Le feu est une (*é*, *mana*, *s*, *t*, *c*, *ion*) du soleil. — L'(*exploita*, *t*, *s*, *c*, *ion*) des mines était autrefois abandonnée aux esclaves et aux condamnés. — A l'(*a*, *p*, *pp*, *ari*, *s*, *t*, *c*, *ion*) de la cardamine des prés, les saumons remontent les rivières. — Une (*a*, *f*, *ff*, *li*, *ct*, *x*, *ion*) arrive rarement seule. — La (*modéra*, *s*, *t*, *c*, *ion*) des désirs enrichit. — La (*distra*, *ct*, *x*, *ion*) est nuisible à l'étude. — A l'(*ambi*, *s*, *t*, *c*, *ion*) tout semble être possible. — On sale les choux pour en faciliter la (*fermenta*, *s*, *t*, *c*, *ion*). — Le régime est d'une grande importance pour la (*conserva*, *s*, *t*, *c*, *ion*) de la santé. — On place le canard loin des rivières et des étangs où l'on élève du poisson : sans cette (*précau*, *s*, *t*, *c*, *ion*) il les dévasterait en peu de temps. — La belle architecture fut d'abord employée à la (*constru*, *ct*, *x*, *ion*) des temples. — L'(*instru*, *ct*, *x*, *ion*) est l'ornement du riche et la richesse du pauvre. — Le travail élève et fortifie l'âme, l'esprit s'accroît par la (*médita*, *s*, *t*, *c*, *ion*) et par la pensée. — La caméline réussit dans les terres légères, mais elle produit davantage sur un sol (*substan*, *c*, *t*, *iel*). — Une jeunesse (*licen*, *t*, *c*, *ieuse*) ne transmet à la vieillesse qu'un corps usé. — Il n'est pas rare de trouver des méchants (*senten, t, c, ieu, x*) ; ils ont la morale dans la tête et le vice dans le cœur. — L'avarice est (*silen, t, c, ieuse*) autant que l'amour est bavard. — La puissance de l'Angleterre est (*arti, f, ff, i, t, c, iel, le*) ; ses causes sont le patriotisme exclusif et l'industrie.

Les lumières (*su, p, pp, erfi, t, c, ciel, le, s*) valent beaucoup mieux que l'ignorance. — Les mensonges (*o, f, ff, i, t, c, ieu, x*) ne sont que des capitulations de conscience. — La molle indulgence des parents prépare mille peines aux enfants (*capri, t, c, ieu, x*). — Les grands malheurs ont cela d'avantageux qu'ils font paraître la mort (*déli, t, c, ieuse*). — Diderot fut enfermé dans le (*don, j, ge, on*) de Vincennes. — Une couple de (*pi, j, ge, on, s*) n'est pas suffisante pour le dîner de six personnes. — Le (*gou, j, ge, on*) est un petit poisson délicat. — On fait des nattes de (*j, ge, on, c*). — Nous (*a, l, ll, é, j, ge, on, s*) notre douleur en (*soula, j, ge, an, t*) celle d'autrui. — Le gibier en général a un goût de (*sauva, j, ge, on*). — Si nous (*voya, j, ge, on, s*), (*ména, j, ge, on, s*) notre monture. — Ne (*man, j, ge, on, s*) pas notre bien en herbe. — L'(*estur, j, ge, on*) est un poisson recherché. — Nous (*ju, j, ge, on, s*) mal nos contemporains. — Lorsque le poisson aperçoit un pêcheur, il fait un (*plon, j, ge, on*) et il disparaît. — Ne nous (*enga, j, ge, on, s*) qu'à coup sûr. — Paris était partagé en (*distri, c, ct, s*). — Soyez (*stri, c, ct, s*) dans vos engagements. — Les droits des nations doivent être passés par l'(*alambi, c, que*). — L'(*uni, c, que*) remède à presque tous les maux est la patience. — La guerre civile sous Louis XI fut appelée la guerre du bien (*publi, c, que*). — Toutes les révoltes sont ordinairement prétextées du bien (*publi, c, que*). — Tous les efforts des gouvernants doivent conspirer à la félicité (*publi, c, que*). — Cléopâtre mourut de la piqûre d'un (*aspi, c, que*).

Il faut changer la (*tacti, c, que*) de la guerre tous les dix ans, si l'on veut conserver quelque supériorité. — Il y a des montagnes taillées à (*pi, c, que*). — Les aigles romaines n'étaient point des aigles peintes sur des drapeaux, c'étaient des aigles d'argent ou d'or au haut d'une (*pi, c, que*). — Les astrologues ont fait de grands (*pronosti, c, que, s*). — Les (*canti, c, que, s*) de David sont des hymnes religieuses et les chansons de Béranger sont des hymnes nationaux. — Les armées ne (*su, f, ff, ise, nt*) pas pour sauver une nation ; tandis qu'une nation défendue par le peuple est invincible. — Tout homme est (*su, f, ff, isamment*) noble, qui est vertueux et utile. — La vraie richesse consiste à avoir sa (*su, f, ff, isance*).— Le (*su, f, ff, isant*) est d'ordinaire (*insu, f, ff, isant*) en tout). — Le despotisme est (*su, f, ff, o, c, qu, ant*); on ne respire que sous la liberté. — Lorsque les (*su, f, ff, rage, s*) des peuples font les lois, chacun croit s'obéir. — On ne peut ambitionner les éloges que de ceux dont le (*su, f, ff, rage*) est éclairé. — A quelque rang que vous soyez, tâchez de n'être point une (*su, p, pp, erféta, s, t, c, ion*) sociale.— Celui qui cherche la récompense de la vertu hors d'elle-même, n'en a qu'une idée bien (*su, p, pp, erfi, ciel, le*). — Pour l'ordinaire, un fat (*su, p, pp, lante*) un honnête homme. —Tout ce qui n'est pas nécessaire est (*su, p, pp, erflu*). — Un juge intègre, impassible ne trouve pas toujours de (*su, p, pp, léant*). — Le génie (*su, p, pp, lée*) l'expérience. —L'universalité des connaissances est nécessaire pour être (*su, p, pp, érieur, e*) dans une partie quelconque.

XXIIe LEÇON.

SUR LES RÈGLES N°s 43, 44, 88, 89, 109 ET 110.

(Voir la 1re Partie.)

EXPLICATION

Mots commençant par *ter* et *tor*, n. 43.
C au milieu des mots, n. 44.
Mots terminés par *if, ife, iffe, iphe, yphe,* n. 88.
     Id.   *il, ile, ille,* n. 89.
     Id.   *é* et *ée,* n. 109.
     Id.   *ul, ule, ulle,* n. 110.

Le globe (*te, r, rr, estre*) a trois mille lieues de diamètre. — Le soleil est un million de fois plus gros que la (*te, r, rr, e*). — La lionne devient (*te, r, rr, ible*) dès qu'elle a des petits. — Il n'y a point de (*te, r, rr, oir, e*) si ingrat qu'il n'ait quelque propriété. — En échange des marchandises qu'on portait à la Perse, elle donnait les productions de son (*te, r, rr, itoir, e*) ou le fruit de son industrie. — Les jugements de Dieu sont (*te, r, rr, ible, s*). — L'unique objet des tragiques anciens était de produire la (*te, r, rr, eur, e*) et la pitié. — La glace d'un miroir devient (*ter, ne*) sous l'action de l'haleine, de la poussière. — La plus belle (*te, r, rr, a, ss, c, e*) des environs de Paris est celle de Saint-Germain-en-Laye. — Les travaux de (*te, r, rr, a, ss, c, e, ment*) occupent une infinité d'ouvriers. — Des fanatiques superstitieux prétendent que (*va, cs, cc, ine, r*) c'est tenter Dieu : ces bons chrétiens se jettent aveuglément dans le fatalisme, en rejetant une providence (*conservatri, ss, c, e*). — Souvent la bonté du cœur fait (*suc, cc, o, n, m, ber*) la prudence des plus sages. — Dans les guerres civiles, le souverain doit toujours tenir les voies ouvertes à un (*ra, c, cc, o, m, mm, odement*) solide et de bonne foi. — Ceux qui croient que la grâce (*ra, c, cc, o, m, mm, ode*) tout aisément ne se gênent jamais sur rien. — Les hommes se (*su, c, cc, èdent*) par les générations, mais ne se ressemblent pas. — Tous les heureux (*su, c, cc, ès*), en tout genre, sont fondés sur des choses faites ou dites à propos.

L'ordre de (*su, c, cc, ession*) est une loterie où il y a dix billets noirs pour un blanc. — Le sort donne (*su, c, cc, essivement*) aux peuples des chefs dont le parfait contraste cause une partie de leurs infortunes. — Lorsque l'(*a, c, cc, ès*) d'une passion folle est passé, l'on s'étonne d'en avoir été tourmenté. — Beaucoup de personnes n'ont de caractère que par (*s, c, cc, ade, s*). — La guerre ne produit que le ravage des champs et le (*sa, c, cc, agement*) des villes. — Il y a des évangiles (*a, p, pp, ocr, i, y, f, ph, e, s*). — La puissance des (*cal, i, y, f, ph, e, s*) a été extrêmement grande. — Les individus mous comme des (*chi, f, ff, e, s*) sont ceux qui n'ont ni courage ni énergie. — Méfiez-vous des (*escogri, f, ph, e, s*). — On ne devine pas aisément les (*logogri, f, ph, e, s*). — L'obélisque est couvert d'(*hiérogl, i, y, f, ph, e, s*). — L'univers est comme le temple, l'homme en est le (*ponti, f, ff, e*). — Les temps les plus heureux sont les plus (*fugiti, f, ff, e, s*). — La corruption, la flatterie, la bassesse, la perfidie ont un (*tarif, e*) bien connu des despotes. — Si l'on ne remédie au mal dès sa naissance, les remèdes (*tardif, e, s*) ne servent à rien. — Les vaisseaux vont quelquefois se briser sur des (*récif e, s*). — Amyot, Montaigne et Marot ne supposaient probablement pas que la postérité les appellerait (*naïf, e, s*). — Il y a des naturels (*rétif, e, s*) que la vérité fait calmer. — Il faut être (*civil, e*) à l'égard de tout le monde. — Peut-il y avoir d'autres guerres que les guerres (*civil, e, s*), puisque tous les hommes sont frères.

Une superstition (*puéril, e*) est indigne d'un roi. — J.-J. Rousseau prenait un vif intérêt aux amusements (*puéril, e, s*) de l'enfance. — L'esprit devient (*subtil, e*) quand l'âme est petite. — La plus (*subtil, e*) de toutes les finesses, est de bien savoir feindre de tomber dans les piéges que l'on nous tend. — Dans une (*vi, l, ll, e*) libre, la langue et la pensée doivent être libres. — Grand dans la liberté, l'homme est (*vil, e*) dans les fers. — L'hypocrisie est de toutes les dispositions du cœur la plus (*vi, l, ll, e*) et même la plus impie. — On traverse l'enfance, la jeunesse, l'âge (*viril, e*) et la vieillesse pour redevenir enfant. — Jeanne d'Arc avait une âme (*viril, e*). — L'éther est un esprit (*volatil, e*). — La mort du sage est un sommeil (*tranqui, l, ll, e*). — Il est peu de jouissances (*tranqui, l, ll, e, s*) qui ne finissent par le dégoût. — Rien souvent de plus (*facil, e*) que ce qui vous paraît le plus (*di, f, ff, icil, e*). — C'est être médiocrement (*habil, e*) que de faire des dupes. — Préférez l'(*util, e*) à l'agréable. — Tout ce qui est (*débil, e*) tend au despotisme. — L'esprit humain en ruses est (*fertil, e*). — Malheur aux peuples qui ont affaire à des rois (*i, n, m, béci, l, ll, e, s*). — Tout ce qui est (*servil, e*) est méprisable et odieux. — Les animaux sont bien moins (*indocil, e, s*) que l'homme aux leçons de l'expérience. — Il n'y a souvent rien de plus (*stéril, e*) que l'amour de la réputation. — Lorsqu'un souverain ambitieux a franchi les bornes de l'équité, il n'a plus que des principes (*versatil, e, s*) au gré de ses passions. — La (*bonté, e*) du cœur est la plus précieuse des (*qualité, e, s*).

Les paysans mangent de grandes (*assi, été, etté, e, s*) de soupe et ne s'en portent que mieux. — La véritable (*charité, e*) est sans ostentation. — Un prince (*athé, e*) pourrait être le fléau du genre humain. — La bonne foi est le lien et l'âme de la (*société, e*). — Le véritable (*proté, e*), c'est l'homme : nul être n'est plus différent de lui-même, selon les temps et les lieux. — La (*fierté, e*) dans les manières est le vice des sots. — C'est par des (*dicté, e, s*) continuelles qu'on parvient à bien écrire l'orthographe. — Les philosophistes, en voulant analyser la (*société, e*) ont imité les enfants qui démontent une (*pendu, l, ll, e*) pour en avoir le grand ressort. — Les fusils à (*capsu, l, ll, e*) ont remplacé les fusils à silex. — La société est une (*bascu, l, ll, e*) qui ne peut élever les uns sans rabaisser les autres.—La faculté de créer rend l'homme (*ému, l, ll, e*) des dieux. — On doit peser avec (*scrupu, l, ll, e*) les paroles qu'on dit aux malheureux. — L'intérêt donne une haute importance à tout; il a fait tuer des hommes pour placer une (*virgu, l, ll, e*), — Tout dans la vie est sujet au (*calcu, l, ll, e*). — Les langues sont le (*véhicu, l, ll, e*) des sciences. — Les auteurs de livres (*nu, l, ll, e, s*) sont responsables envers Dieu du temps qu'ils font perdre aux lecteurs. — La justice est comme cette (*bu, l, ll, e*) d'air qui doit rester au milieu du niveau d'eau. — Il y a toujours quelque (*ridicu, l, ll, e*) à parler de soi.

XXIIIe LEÇON.

SUR LES RÈGLES N°s 1, 2, 107, 112 ET 113.

(*Voir la 1re Partie.*)

EXPLICATION

Mots commençant par *ab* et *ac*, n. 1 et 2.
Mots terminés par *ul, ule, ulle*, n. 107.
      Id.   *ur, ure*, n. 112.
Homonymes, n. 113.

Le vieux With ne cessait d'encourager son fils à l'(*a, b, bb, aissement*) de la maison d'Orange. — Ceux mêmes qui ne nous font pas une guerre ouverte désirent notre (*a, b, bb, aissement*). — Après l'(*a, b, bb, aissement*) des Carthaginois, Rome n'eut presque plus que de petites guerres et de grandes victoires. — Christine (*a, b, bb, ando, n, nn, a*) le trône pour les beaux-arts.—Régulus persuada au sénat d'(*a, b, bb, ando, n, nn, er*) les prisonniers Carthaginois.. — Les jeunes gens s'(*a, b, bb, âtardi, s, ss, ent*) dans l'oisiveté, dans les délices. — L'inquiétude, la crainte, l'(*a, b, bb, a, t, tt, ement*) n'éloignent pas de la mort. — Nul ne peut (*aba, t, tt, re*) ce que Dieu élève : nul ne peut élever ce que Dieu (*a, b, bb, a, t*). — Les ruches des (*a, b, bb, eille, s*) étaient aussi bien mesurées il y a mille ans qu'aujourd'hui. —Peut-on trop (*ab, o, ho, r, rr, er*) et mépriser des hommes qui oublient l'humanité ? — La charité (*ab, o, ho, r, rr, e*) la barbarie. — Les anges rebelles ont été précipités dans l'(*a, b, bb, îme*).—Par ses (*a, b, bb, oiement, s*) réitérés, le chien donne l'alarme. — Une défaite entière mettrait la France aux (*a, b, bb, oi, s*). — Les Athéniens (*a, b, bb, olir, ent*) la royauté. — Il n'appartient qu'à ceux qui font les lois de les (*a, b, bb, olir, e*). — L'(*a, b, bb, oli, s, t, c, ion*) des duels est un des plus grands services rendus à la civilisation. — Ceux qui poussent les citoyens à la guerre civile sont des gens (*a, b, bb, ominable, s*).

Quand les (*a, b, bb, omina, t, s, ion, s*) de Sodome furent montées à leur comble, le feu vengeur la détruisit. —Dieu a ses serviteurs choisis, à qui il communique plus (*a, b, bb, onda, m, mm, ent*) sa sagesse et sa puissance. — L'(*a, b, bb, ond, e, a, n, ce*) est dans les villes et dans les campagnes. — David régna d'(*abor, d*) sur Judas, ensuite il fut reconnu par tout Israël.—La nouvelle construction des vaisseaux a rendu l'(*a, b, bb, orda, j, g, e*) presque impossible. — L'Etat doit être un tout régulier dont chaque ligne (*a, b, bb, outi, c, ss, e*) au centre. — Le renard glapit, (*aboi, e*) et pousse un son triste. — L'(*a, b, bb, régé, e*) de la loi, c'est la charité. — Les plaisirs (*a, b, bb, rège, nt*) les jours. — Chez les Romains tout père de famille qui avait eu dix enfants était à l'(*abri, t*) de toute imposition. — Le vin pris avec excès (*abruti, t*) l'esprit.—Les exemples n'autorisent pas des (*a, b, bb, us*) que la loi condamne. — La corruption des hommes (*a, b, bb, use*) de tout. — Les (*a, c, cc, adémi, cien, s*) et les péripatéticiens étaient opposés en certaines choses. — Richelieu fut le fondateur de l'(*A, c, cc, adémi, e*) française. — Colbert forma une (*a, c, cc, adémi, e*) d'architecture.— L'(*A, c, cc, adémi, e*) des belles-lettres, formée d'(*abor, d*) de quelques membre de l'(*A, c, cc, adémi, e*) française pour transmettre à la postérité par des médailles les actions de Louis XIV, devint utile au public, dès qu'elle ne fut plus uniquement occupée de ce monarque, et qu'elle s'appliqua aux recherches de l'antiquité et à une critique judicieuse des opinions et des faits.

La femme de Socrate était très-(*a, c, cc, ariâtre*). — Darius croyait (*a, c, cc, ablé, r*) les Grecs par le nombre de ses soldats. — L'air de cour est contagieux, il se prend à Versailles, comme l'(*a, c, cc, ent*) normand à Rouen ou à Falaise. — Le caractère le plus essentiel de la loi de J.-C. est de (*réunir, e*) sous les mêmes règles les Juifs et les Gentils, le Grec et le Barbare, les grands et le peuple, le prince et les sujets. — Il est rare que la vérité ait (*a, c, cc, ès*) auprès du trône. — Le principe doit aller avant l'(*a, c, cc, essoir, e*). — La vie humaine est sujette à toutes sortes d'(*a, c, cc, ident, s*). — La blancheur, la rondeur ne sont qu'(*a, c, cc, idente, l, ll, ement*) dans tous les sujets où elles se trouvent. — Le sénat faisait des (*a, c, cc, lama, t, s, c, ion, s*) aux nouveaux empereurs. — Les habitants de l'Europe s'(*a, c, cc, limate, nt*) difficilement dans les Antilles. — La France n'ayant plus l'Angleterre pour ennemie, forcerait bientôt les autres puissances à s'(*a, c, cc, o, m, mm, odé, r*). — La coutume de voir les rois (*a, c, cc, ompagné, s*) de gardes et d'officiers, fait que leur visage, quand il est seul et sans (*a, c, cc, on, m, pa, gnement*), imprime dans leurs sujets le respect et la terreur. — Tant de prédictions si visiblement (*a, c, cc. om, on, pli, e, s*) nous font voir qu'il n'y aura rien qui ne s'(*a, c, cc, om, on, pli, ss, c, e*). — Le (*crépuscul, e*) éteint et confond les couleurs. — Accoutumez l'homme à raisonner juste en tout : le vice comme le crime est un faux (*calcul, e*). — Les gens de bien sont trop (*crédul, e, s*).

Le malheureux est (*crédul, e*). — Napoléon fut nommé premier (*consul, e*). — Il y a beaucoup de maisons sujettes à (*récul, e*). — Les enfants à l'aide d'un chalumeau, tirent du savon des (*bu, l, ll, e, s*) qu'ils chassent en l'air. — La (*lectur, e*) est pour l'homme un ami sage et sûr. — Le goût des lettres naît de leur (*cultur, e*). — L'origine de l'(*agricultur, e*) se perd dans les siècles les plus reculés. — La bonté de Dieu s'étend sur toute la (*natur, e*). — Les rivières se jettent dans la (*mer, e*). — La (*mèr, e*) est le premier instituteur de ses enfants. — Le vent fracasse un (*ch, è, ê, n, nn, e*) ou caresse une fleur. — Une puce peut traîner une (*ch, é, aî, ne*) une fois plus lourde qu'elle. — Les (*cha, mp, nt, s*) de l'air s'épurent par l'orage. — Les oiseaux célèbrent par leurs (*cha, mp, nt, s*) le lever et le coucher du soleil. — L'arc-en-ciel est un (*s, c, igne*) de la clémence de Dieu. — Le (*s, c, i, y, gne*) a le plumage blanc et le cou fort long. — Le requin est le plus grand ennemi du (*t, th, on*). — Le bon (*t, th, on*) s'acquiert par la fréquentation des personnes bien élevées. — Après la révolution de Février, les Tuileries ont été converties en (*hos, aus, pice, s*) civils. — La France est sous les (*hos, aus, pice, s*) de sainte Geneviève. — Le grand monde est un (*ba, l, ll, e*) masqué. — Nous sommes entre les mains de Dieu comme des (*ba, l, ll, e, s*) entre celles des joueurs de paume. — S'il est permis d'adorer quelqu'un après Dieu, ce sont les (*h, au, au, teur, s*) de nos jours. — Dieu humilie les (*h, au, au, teur, s*) de l'esprit.

XXIVᵉ LEÇON.

SUR LES HOMONYMES EN GÉNÉRAL, nᵒ 153.

(*Voir la* 1ʳᵉ *Partie.*)

L'onde se change en (*v, i, ain*) dans la grappe parfumée. — C'est bien souvent en (*v, i, ain*) qu'on s'efforce de réussir. — Des sources d'eau bouillante jaillissent du (*s, ein, ain*) de la terre. — Il ne faut pas contrefaire le (*sein, g*) de personne. — L'univers est présidé par l'(*hê, ê, tre*) suprême. — Le (*hê, ê, tre*), par la beauté de son port et par son utilité, rivalise avec le chêne. — Le (*s, c, erf*) craint beaucoup moins l'homme que les chiens. — Les (*s, c, erf, s*) du domaine du roi furent affranchis par un édit de Louis XVI. — La taupe ne se trouve (*guè, r, rr, e*) que dans les pays cultivés. — Nos passions nous font la (*guè, r, rr, e*).

Un pauvre demandait l'aumône à un homme riche, et pour l'attendrir il se plaignait de mourir de (*f, in, aim*). — Que ces gens-là, dit le richard, sont heureux d'avoir (*f, in, aim !*) — On présenta à M. de Voltaire une comédie, sur laquelle on le pria de donner son avis. Chaque acte était terminé par cette formule : (*f, in, aim*) du premier acte, (*f, in, aim*) du second acte. Voltaire ne fit qu'effacer l'*n* du mot *fin*. — C'était un esprit (*f, in, aim*), rusé, piquant et qui s'entendait à merveille à afficher des sentiments (*f, in, eint, s*).

La fable dit qu'Io fut métamorphosée en vache, afin de la soustraire à la jalousie de Junon ; mais que celle-ci, toujours plus irritée contre sa rivale, créa le (*t, th, on, aon*), qui la suivait et la piquait sans cesse. — Le jésuite Castel eut l'idée de construire un clavecin oculaire qui pût présenter aux yeux différents (*t, th, on, aon, s*) de couleurs, afin que le clavecin musical offre à l'oreille les divers (*t, th, on, aon, s*) de musique. — Sur les côtes de la Provence on prend un poisson appelé (*th, t, on*) ; sa chair ressemble à celle du veau : il pèse quelquefois jusqu'à cent vingt livres.

La (*poi, x, s*) est tirée des arbres, et les (*poi, s, x*) croissent en terre. — La fameuse statue équestre de Philippe IV à Madrid représente le roi à cheval au moment où son cheval se cabre, de sorte que les deux pieds de derrière de l'animal soutiennent le (*poi, s, ds*) énorme de dix-huit mille livres.

L'histoire des Hébreux rapporte qu'Esaü fit la (*c, s, ession*) de son droit d'aînesse à son frère Jacob pour un plat de lentilles. — Ce fut à la quinzième (*c, s, ession*) du concile tenu à Constance en mil quatre cent quatorze, que le malheureux Jean Huss et ses sectateurs furent brûlés.

Louis XIV demandait à Langéli, ce fou que Boileau a pris la peine d'immortaliser, pourquoi on ne le voyait jamais au sermon. — C'est que, répondit-il, je n'aime ni entendre (*r, ai, é, sonné, r*) ni brailler. — Le cyclope, sur sa montagne remplie d'échos, faisait (*r, é, ai, sonné, r*) les forêts du nom de Galathée.

Racine, (*a, en, nobli*) par la charge de trésorier de France, avait (*a, en, nobli*) sa langue par la richesse et la beauté de sa diction.

On cite parmi les phénomènes de l'histoire naturelle l'(*é,*

cho, cot) célèbre qui est en Ecosse, et qui répète jusqu'à
sept fois une phrase musicale. — Dans un de ces repas à
chacun son (é, cho, cot) se trouvait le président de Rose,
homme connu par son avarice. Celui qui était chargé de recueillir les contingents n'avait pas vu Rose payer le sien. Il
le lui demanda. — J'ai payé, dit monsieur Rose. — Je le crois,
reprit le collecteur, mais je ne l'ai pas vu. — Et moi, dit
monsieur de Fontenelle, je l'ai vu, mais je ne le crois pas.

Les moindres (dess, in, ein, s) de Raphaël valent mieux
que les tableaux de beaucoup d'autres peintres. — Ce qui
est un (dess, in, ein), dit l'abbé d'Olivet, n'est pas quelque
chose de commencé ; ce n'est plus un (dess, in, ein), c'est
une entreprise.

Ulysse creva l'œil de Polyphème avec un (pieu, x) dont
le feu avait durci la pointe. — Antonin fut surnommé le
(pieu, x), à cause des marques d'attachement et de recon-
naissance données à l'empereur Adrien, qui l'avait associé
à l'empire.

En tout il faut prendre la balle au (bon, d). — C'est n'ê-
tre (bon, d) à rien, de n'être (bon, d) qu'à soi. — Dans le
chemin de la fortune on éprouve bien des (ca, cha, os, hots)
— La lumière et les ténèbres sont mêlées dans le (ca, cha, os)
de l'homme. — Un (can, amp) est comme un vêtement : il
ne doit être ni trop large ni trop étroit. — (Quan, d, t) vous
tueriez en duel cent médisants ou calomniateurs, que prou-
veriez-vous autre chose, sinon que vous êtes le plus heureux
et le plus adroit ? — Les fous font des révolutions ; (quan,
d, t) aux sages, ils en profitent.

XXVᵉ LEÇON.

SUR LES HOMONYMES EN GÉNÉRAL, Nᵒ 113.

(Voir la 1ʳᵉ Partie.)

Louis XV détestait cette anglomanie qui fit tant de progrès sur la fin de son règne. M. L. arrive de Londres, et se présente à Versailles avec l'assurance d'un homme qui croit avoir beaucoup acquis chez l'étranger. — Qu'avez-vous appris en Angleterre? lui dit le roi. A (*p, en, an, ser*), répondit le voyageur. — Les chevaux? répliqua le monarque, en jouant sur le mot (*p, en, an, ser*), et il lui tourna le dos.

Dans les siècles de chevalerie, le (*hér, raut, os*) ouvrait la barrière aux combattants, annonçait le commencement et la fin du tournoi, et publiait à son de trompe le nom du (*hér, aut, os*) qui avait remporté la victoire.

L'état de (*gué, r, rr, e*) paraît être malheureusement l'état de nature. — Dans les bois, les loups font la (*gué, r, rr, e*) aux animaux paisibles, et les hommes, (*guè, r, rr, e*) moins féroces que les loups, s'abreuvent du sang de leurs semblables.

Que (*f, ai, er, e*) aujourd'hui sans le plus commun des métaux? Nous devons au (*fer, e*) le soc de Triptolème, ainsi que le sabre de Bellone.

Le maréchal de Saxe voulut qu'après sa mort on mît son corps dans la (*chau, x, d*) vive, afin qu'il ne restât rien de lui sur la terre. — Anciennement on admettait les accusés à établir leur innocence par l'épreuve du fer (*chau, d, x*); épreuve qui consistait à marcher pieds nus sur un fer brûlant, ou à le tenir quelques instants dans la main sans en éprouver les atteintes.

Les (c, on, om, te, s) moraux de Marmontel sont aussi estimables par leur but moral, qu'intéressants par les agréments de la diction.

Les poëtes ont supposé, quoique à tort, au (s, c, i, y, gne) une voix harmonieuse. C'est pour cela que les beaux e prits ont appelé Virgile le (s, c, i, y, gne) de Mantoue, et Racine le (s, c, i, y, gne) du théâtre, dont ils veulent que Corneille soit l'aigle. — Le plus bel usage qu'on ait jamais fait des (s, c, i, gne, s) est celui auquel les employa l'abbé de l'Epée en faveur des sourds-muets.

La mauvaise éducation que reçoivent beaucoup de femmes, les accoutume à être (f, o, au, sse, s); c'est pour cela que bien des hommes qui, en se mariant, songent à devenir heureux, vont creuser leur (f, au, o, sse).

Voltaire, aimant à se persuader que sa tragédie de *Sémiramis*, dont il était engoué, avait été bien reçue du public, disait à Piron, qui lui en avait prédit la chute : Eh bien ! elle n'a donc pas été sifflée. — Ah ! que vous me la (ba, â, i, llcz) belle, répondit celui-ci; on ne peut pas siffler, quand on (bâ, a, i, lle).

M. Nicole, qui avait eu six ans la fièvre (c, qu, arte), disait à une femme qui avait souvent les (c, qu, arte, s) à la main : C'est tout au moins un temps perdu, dont le ciel vous demandera compte. — Ah ! oui, mon père, reprit-elle avec un soupir, on perd beaucoup à mêler les (qu, c, arte, s).

Les trois (cent, s) Spartiates, qui périrent en combattant pour leur patrie au passage des Thermopyles, se sont acquis une gloire immortelle. — On demandait au duc d'Orléans la grâce du comte de Horn, condamné à la mort; et, pour le déterminer, on lui disait que le comte était du même (san, s, g), que lui, qu'en un mot, c'était son (san, g). Eh bien ! reprit le régent, (s, an, en, s) s'émouvoir, quand j'ai de mauvais (san, g), je me le fais tirer. — Les passions sont capables de mettre tout (s, an en, s) dessus dessous ; dès qu'elles ont le dessus chez un homme, (s, c', en) est fait de la raison. Heureux celui qui ne (s, c', en) laisse pas gouverner.

L'abbé Pélegrin passait dans les rues couvert d'un manteau troué. Un élégant, dont la voiture était retenue par divers embarras, trouva plaisant d'envoyer son laquais demander à l'abbé quelle était la bataille où ce manteau avait été si maltraité. A la bataille de (*Ca, n, nn, e, s*), répondit l'abbé, en frappant de sa (*ca, n, nn, e*) le laquais trop obéissant.

La Chine est remplie de (*can, aux, ots*) navigables. — On y va dans des (*can, aux, ots*) d'écorce assez mal cousue — Des foules d'oiseaux aquatiques, surtout des (*ca, n, nn, es*) privées et sauvages, les fréquentent. — Le brillant tourbillon de la (*cour, e*) empêche de rien voir au delà. — Quand on parle en public, il est honteux de rester (*cour, t*). — Les Français étaient tellement accoutumés à la monarchie, que dans le (*cour, s*) de la Révolution il y eut presque toujours un homme qui primait comme monarque. — Une portion de la société peut-elle laisser l'autre mourir de (*faim, in*)? — Le juge en ses (*dess, in, ein, s*) se sert des fous pour aller à ses (*fin, s*). — C'est à Paris qu'on voit des (*dess, in, ein, s*) forts spirituels. — Le cœur s'attendrit plus volontiers à des (*m, ot, au, s, x*) (*f, in, eint, s*) qu'à des (*m, e, aux*) véritables. — Le peuple prend les (*m, ot, au, s, x*) pour les choses. — Il y a des (*s, c, i, y, gne, s*) noirs et des (*s, c, i, y, gne, s*) blancs. — Les menaces sont le (*s, c, i, y, gne*) de la faiblesse. — La Vierge Marie est (*pl, ei, ai, ne*) de grâce. — Si nous voyageons, les belles et fertiles (*pl, ei, ai, ne s*) nous ennuient.

XXVIᵉ LEÇON.

SUR LES HOMONYMES EN GÉNÉRAL, N° 113.

(*Voir la 1ʳᵉ Partie.*)

Le pays de (*Vau, d*) est une des parties les plus fertiles de la Suisse. De beaux pâturages en couvrent les monts et les (*v, eau, au, x*) ; de nombreux troupeaux de bétail y trouvent leur nourriture ; les bœufs et les (*v, eau, au, x*) sont ce qui (*vau, t*) le mieux.

La plus forte (*voi, e, x*) qu'on eut jamais connue, fut celle de Stentor, qui appelait au conseil d'Agamemnon les rois et les capitaines qui devaient y assister. — On appelle (*voi, e, x*) lactée cette traînée blanchâtre et lumineuse qu'on aperçoit dans le ciel et qui n'est autre chose qu'un prodigieux amas d'étoiles peu distinctes à l'œil. Selon la fable, ce sont les traces du lait que laissa tomber la chèvre Amalthée, nourrice de Jupiter, lorsqu'elle fut transportée dans les cieux.

(*Pa, n, on*), suivant la mythologie, est le dieu des bergers. Il poursuivit la nymphe Syrinx, qui, pour se dérober à ses empressements, invoqua Jupiter, et fut changée en une touffe de roseaux. (*Pa, on, n*) coupa ces roseaux, en approcha sept de grandeur inégale et forma ainsi le chalumeau champêtre. — Le (*pa, n, on*) est encore un oiseau connu par l'éclat de son plumage.

Nous entreprîmes, dit quelque voyageur moderne et sentimental, le voyage d'Italie sous les plus beaux (*hos, aus, pice, s*) ; mais à peine arrivés au sommet de Saint-Bernard, un violent ouragan, suivi de grêle et de pluie, nous surprit, et nous fûmes obligés de demander l'hospitalité aux moines de l'(*aus, hos, pice*).

Cicéron fut (*aprè, t, s*) Démosthène le plus grand orateur de l'antiquité. Parmi les modernes, les pères Bourdaloue et Massillon, et puis Bossuet, occupent les premiers rangs. Ce dernier surtout se distingue par sa manière tout à la fois simple et sublime, profonde et naturelle. Il parlait sans art, sans affectation, sans (*a, p, pp, rê, t*).

Parmi la multitude de leurs divinités, les Romains comptaient le dieu (*Term, e*). Il veillait aux limites des héritages. Une tuile, une pierre informe, un tronc d'arbre, un pieu même le représentait. Ces figures servaient de bornes ou de (*term, e, s*) ; on les couvrait de fleurs, on leur offrait des fruits et des agneaux. — Les anciens faisaient un grand usage des bains chauds. Ils construisaient dans toutes leurs villes des (*t, th, erme, s*) ou édifices propres à prendre ces sortes de bains. Rome était remplie de (*t, th, erme, s*). La rue de la Harpe, à Paris, offre encore quelques restes des (*t, th, erme, s*) de l'empereur Julien.

Un grenadier du roi de Prusse portait, à défaut de montre, une assez grosse (*ba, l, ll, e*) attachée à un cordon. Frédéric en fut averti. A la parade, il demanda à voir la montre du soldat, qui se défendit d'abord et finit par obéir. Eh bien ! lui dit le roi, quelle heure peut marquer cette (*ba, l, ll, e*?) Elle m'avertit, reprit le soldat, qu'à toute heure je dois être prêt à mourir pour toi. Frédéric, charmé de la réponse, tire sa montre et la lui donne.

Nos plus utiles découvertes sont souvent dues au hasard. Un berger, si l'on en croit Pline, sent les clous de sa chaussure et le fer de son bâton arrêté par une roche. Voilà l'homme averti que l'(*é, ai, mant*) attire le fer. De qui a-t-il appris, dans la suite la propriété qu'a l'(*é, ai, mant*) de se tourner vers le pôle ? On l'ignore, c'est pourtant à cette découverte-là que l'on doit la connaissance du Nouveau-Monde. — Un cœur tendre et (*é, ai, mant*) ne saurait lire sans frémir les horreurs que commirent les Espagnols, ni le récit de celles dont se souillèrent les fauteurs des dragonnades françaises.

Le (*f, é, aî, te*) de la grandeur en est aussi le terme. — La tête d'un sot tourne au (*f, é, aî, te*) des grandeurs. — On a vu des personnes pieuses et pures se faire une (*f, é, aî, te*) de la mort. — Vendre son (*fond, s*) c'est acheter d'ordinaire le regret et l'ennui. — L'or (*fon, d*) dans la main du prodigue. — Il est essentiel de se faire un (*fond, s*) d'idées saines qui règlent la conduite et les jugements. — La (*voi, e, x*) du peuple est la (*voi, e, x*) de Dieu. — Les vieillards qui luttent contre le torrent de l'opinion d'un siècle nouveau, ressemblent à ce sot qui voulait boucher une (*voi, e, x*) d'eau avec sa perruque. — L'intérêt nous met sous les yeux des (*ve, r, rr, e, s*) de couleurs différentes. — Le premier pas (*ver, s*) la jouissance est la patience. — La prudence unie au (*ver, t*) bourgeon de la jeunesse est comme le lierre autour de l'arbrisseau : il en arrête le développement. — Il y a encore des (*tribu, s*) sauvages. — L'Egypte paie (*tribu, t*) à la Turquie.

XXVIIe LEÇON.

SUR LES HOMONYMES EN GÉNÉRAL, N° 113.

(Voir la 1re Partie.)

Dans un des (*coin, s*) solitaires de l'Amérique méridionale vivait un (*sain, t*), dont la réputation était si grande, que de (*cen, t*) (*lieu, e, s*) à la ronde l'on venait le consulter et lui demander le secours de ses prières. — Son genre de vie était le plus austère : il vivait des glands du (*ch, ê, aî, ne*) et des fruits que la campagne porte d'elle-même. — Il ne mangeait ni (*ch, ai, èr, e*) ni poisson, et jamais homme n'avait moins connu que lui la bonne (*ch, èr, air, e*). — (*Dè, s*) son (*jeu, ne*) âge les (*jeû, ne, s*) les plus réguliers avaient marqué sa vie et des privations de tous genres l'avaient endurci. — La tête et le (*s, ain, ein*) découverts, il ne portait d'autre vêtement qu'une (*hai, è, re*) de (*pê, é, cheur*) et ses côtés n'étaient (*ceint, s*) que d'une corde de laine grossière. — Le (*sain, t*) homme avait (*prè, pré, t, s*) de (*quatre-vingt, s*)-(*cinq, an, s*) et les arbres qui entouraient sa cabane avaient presque tous été plantés par lui. — Il n'avait pour compagnie qu'un gros chien, qu'il tenait attaché à une (*ch, ê, aî, ne*), près des grands (*ch, ê, aî, nes*) qui entouraient sa demeure. — Non loin de ce lieu sauvage coulait un fleuve aussi large que la (*S, ai, ei, ne*) : il y baptisait les (*nouveau, x,-né, s*), administrait la sainte (*s, c, ène*), prêchait à ses paroissiens, chantait en (*ch, c, œur*) avec eux, et produisait, en élevant leurs (*ch, c, œur, s*) au ciel, souvent les (*s, sc, ène, s*) les plus touchantes. C'est ainsi que le bon ermite passait sa vie à faire du bien à ses semblables et à sacrifier son propre repos au salut des autres.

Trois (*foi, s*) trois lustres s'étaient passés ainsi, lorsqu'enfin une maladie mortelle vint mettre un terme à son heu-

reuse carrière. — Il n'avait pas mangé depuis deux jours.
Le troisième, ayant pris quelque nourriture pour apaiser la
(*f, in, aim*) qui le dévorait, il sentit approcher sa (*f, in,
aim*) et parla ainsi aux assistants : « Je meurs content, sans
remords, comme sans trouble ; aucun reproche ne me suivra
dans le tombeau. Un souvenir bienfaisant des bonnes œuvres que j'ai faites me fait chérir le moment du trépas ; et
pour que votre dernière heure soit aussi tranquille que la
mienne, voici ce que je vous invite à graver dans vos âmes :
Apprenez à connaître le monde dans sa vraie valeur ; ne
soyez point éblouis du faux éclat de ses biens et ne vous
laissez pas séduire par les tentations du vice ; résistez à
l'(*app, ât, as*) du plaisir et ne rendez hommage qu'aux (*app,
ât, as*) de la vertu. — Ne parlez mal des autres qu'autant
qu'il convient pour démasquer le fourbe et prévenir contre
le méchant ; mais faites valoir l'homme de mérite ; ajoutez
à son influence, en augmentant sa réputation et son crédit.
N'enviez point la prospérité du méchant, donnez à chacun ce
qui lui est (*dû, du*) ; soyez en tout de bonne (*foi, s*) et ne
vous rebutez pas de tenter deux (*foi, s*) ce qui n'avait point
réussi (*d, ès*) la première. — Gardez-vous d'être trop
attachés aux choses de ce monde, ne soyez avares que des
biens qu'on ne peut ni donner ni ravir ; vivez pour votre
prochain (*plu, plus, tôt*) que pour vous-mêmes ; en un mot
faites aux autres ce que vous voudriez qu'on vous fît.

C'est ainsi que parla le bon vieillard avant d'expirer.
L'(*air, e*) était calme et (*ser, ein, in*) : les (*ser, in, ein, s*) et
les canaris chantaient des (*air, e, s*) mélodieux : des (*pré, s*)
émaillés de fleurs, des (*cha, nt, mp, s*) couverts de grains et
de (*poi, s*) et des arbres gémissant sous le (*poi, ds*) de leurs
fruits embellissaient la campagne. Cette nature riante sem-
blait être en contraste avec le deuil des hommes qui l'ani-
maient. Ils allaient consacrer le reste de cette journée à
prier sur le cercueil du défunt et à témoigner à la (*fa, ss,
c, e*) des cieux la douleur qu'ils avaient de le perdre. — Mais
bientôt d'épais nuages obscurcirent les derniers rayons du
soleil ; les lugubres roulements du tonnerre, interrompus
par de fréquents éclairs, se firent entendre ; les grands (*p, in,
ain, s*), les bananiers, les palmiers et les arbres à (*p, in, ain*)
agitaient leurs cimes majestueuses ; les animaux erraient
inquiets et les hommes cherchaient un abri ; enfin, un fu-
rieux ouragan provint de la lutte des vents, des tourbillons

d'eau et de poussière entraînèrent tout dans les (*air, e, s*), et toute la contrée fut enveloppée dans une profonde nuit.

Formez de (*v, ain, in, s*) projets dans votre (*v, in, ain*) et vous n'y mettrez pas de larmes. — (*Vin, gt*) années de vie sont toujours une sévère leçon. — Nous employons la plus grande partie du (*t, ems, emps*) à passer le (*t, ems, emps*). — Les meilleures constitutions ne sont rien (*tan, t*) qu'elles ne sont qu'écrites. — La charité est le premier et le plus important (*statu, e, t*) du christianisme.

Le public, toujours égaré dans son enthousiasme, vous dresse des (*statu, t, e, s*) et les brise pour vous en casser la tête. — On croit, quand on est (*s, ous, oûl*), être au-dessus d'un roi et l'on est au-dessous de la brute. — Songez qu'avec (*v, in, ingt*) jours ravis à vos caprices vous ferez grand plaisir à (*vin, gt*) infortunés. — L'art cache l'étude (*sou, s*) l'apparence du naturel. — Le monde convertit les temples de l'Eternel en (*sa, l, ll, e, s*) de théâtre, où le luxe, les passions, jouent leur rôle. — Eponges (*sa, l, ll, e, s*) et altérées, les sots, les méchants, les fourbes, les ignorants, s'imbibent de tout ce qu'il y a de plus mauvais. — Les hommes ne sont que ce qu'il plaît (*au, x*) femmes. — (*Au, x*) travers des périls un grand cœur se fait jour. — Les (*au, lx*) son principalement cultivés dans les pays (*méridion, au, eaux*). — En 1538, il s'éleva, près de Pouzzole, une montagne de près de trois milles de circuit et deux mille quatre cents pieds de (*hau, t*). — Les (*o, s*) de mort se réduisent en poussière.

XXVIIIe LEÇON.

SUR LES RÈGLES, N°s 2, 3, 4 ET 5.

(Voir la 1re Partie.)

EXPLICATION.

Mots commençant par *ac, ad, af, ag*, n. 2, 3, 4 et 5.

Les rois de Perse marchaient (*a, c, cc, ompagné, s*) de leurs femmes, de leurs eunuques et de tout ce qui servait à leurs plaisirs. — Il y a peu d'hommes dont l'esprit soit (*a, c, cc, ompagné*) d'un goût sûr et d'une critique judicieuse. — Télémaque était (*a, c, cc, ompagné*) par Minerve. — Dieu qui s'est montré si fidèle en (*a, c, cc, ompli, s, ss, ant*) ce qui regarde le siècle présent, ne le sera pas moins à (*a, c, cc, omplir, e*) ce qui regarde le siècle futur. — Je ne vois que la religion chrétienne où je trouve des prophéties (*a, c, cc, ompli, e, s*). — Les prophéties du peuple de Dieu ont eu un (*a, c, cc, ompli, s, ss, ement*) manifeste. — Tout (*a, c, cc, or, d*) entre le mensonge et la vérité se fait toujours aux dépens de la vérité même. — La forme du corps et le tempérament sont d'(*a, c, cc, or, d*) avec le naturel du chat. — De tous nos défauts, celui dont nous demeurons le plus aisément d'(*a, c, cc, or, d*) c'est la paresse. — Louis XIV pouvait (*a, c, cc, ordé, r*) ce qui paraissait de la bienséance et de la politique, en ne se hâtant pas de reconnaître le prince de Galles pour roi d'Angleterre. — Deux scélérats ne s'(*a, c, cc, orde, nt*) que pour faire le mal. — L'(*a, c, cc, ortise*) italienne calma la vivacité française. — Le bras du Seigneur n'est pas (*a, c, cc, our, s, c, i*). — Il faut (*a, c, cc, outumé, r*) les enfants au travail, à la fatigue. — (*A, c, cc, outumé, z*)-vous à n'attendre des plus grands hommes que ce que l'humanité est capable de faire. — Le duc de Rohan était le chef le plus (*a, c, cc, rédité*) des huguenots.

Combien on fait (*a, c, cc, roir, e*) de choses au peuple ! — L'homme du meilleur esprit est inégal, il souffre des (*a, c, cc, roissement, s*) et des diminutions. — L'habitude de vivre ne fera qu'en (*a, c, cc, c, roître*) le désir. — La puissance des rois d'Assyrie s'(*a, c, cc, rut*) sous Asaraddon. — Socrate fut (*a, c, cc, usé*) de nier les dieux que le public adorait. — Les courtisans de Darius (*a, c, cc, use, nt*) Daniel d'avoir violé les lois des Perses. — L'extrême esprit est (*a, c, cc, usé*) de folie. — Aristote fut (*a, c, cc, usé*) par Eurimédon d'avoir mal parlé des dieux. — On voit encore, dans les soldats polonais, le caractère des anciens Sarmates, leurs ancêtres; la même fureur à attaquer, le même (*acharnemen, t*) dans le carnage, quand ils sont vainqueurs. — Quiconque aime l'unité, doit avoir une (*a, dé, dhé, ren, s, c, e*) immuable à tout l'ordre épiscopal. — N'(*a, dé, dhé, ré, z*) pas aux erreurs du siècle. — L'archevêque de Cambrai avait pour lui les jésuites et le duc de Beauvilliers; M. de Meaux avait son grand nom et l'(*a, dé, dhé, sion*) des principaux prélats de France. — (*A, d, dd, ieu*), cher antre, (*a, d, dd, ieu*), nymphe de ces bois humides, je n'entendrai plus le bruit sourd des vagues de cette mer; (*a, d, dd, ieu*), rivage où tant de fois j'ai souffert les injures de l'air; (*a, d, dd, ieu*), promontoire où l'écho répéta tant de fois mes gémissements; (*a, d, dd, ieu*), douces fontaines qui me fûtes amères; (*a, d, dd, ieu*), ô terre de Lemnos, laisse-moi partir heureusement, puisque je vais où m'appellent la volonté des dieux et mes amis.

L'essai et l'apprentissage d'un jeune (*a, d, dd, ole, ss, sc, ent*) qui passe de la férule à la pourpre, et dont la consignation a fait un juge, est de décider souverainement de la fortune des hommes. — O filles de Sidon, vous pleurez (*A, d, dd, onis*). — L'homme (*a, d, dd, o, n, nn, é*) au vice est malheureux. — Il y a une trop grande abondance d'hommes (*a, d, dd, o, n, nn, é, s*) à la guerre. — Auguste (*a, d, dd, opta*) Tibère. — Claude (*a, d, dd, opta*) Néron, fils d'Agrippine. — Adrien sembla réparer ses fautes en (*a, d, dd, optant*) Marc-Aurèle, le sage et le philosophe. — Jésus-Christ nous a faits enfants (*a, d, dd, optifs, s*) de son père. — Tibère n'était fils d'Auguste que par (*a, d, dd, op, tion*). — La providence de Dieu est (*a, d, dd, orable*) en toutes choses. — L'(*a, d, dd, oration*) n'est due qu'à Dieu seul. — Les païens (*a, d, dd, orai, ent*) de faux dieux. — Les Israélites (*a, d, dd, orèr, ent*) le veau d'or. — Vénus était particulièrement (*a, d, dd, oré, e*) à Cythère, à Idalie, à Paphos. — Avec les animaux, l'homme sut encore (*a, d, dd, ou, s, c, ir, e*) les fruits et les plantes. — La manière de se coiffer (*a, d, dd, ou, s, c, i, t*) l'air du visage ou le rend plus rude. — L'espérance est le seul (*a, d, dd, ouci, s, ss, ement*) de nos peines. — C'est par force et par (*a, d, dr, re, s, ss, e*) que nous avons obligé les Indiens à recevoir nos établissements. — Quoique Jésus-Christ soit envoyé pour tout le monde, il ne s'(*a, d, dr, re, s, ss, e*) d'abord qu'aux brebis perdues de la maison d'Israël.

Les hommes ne sont (*a, d, dd, roit, s*) que pour fuir devant le vainqueur. — Ce sont les mauvais rois qui forment et multiplient les (*a, d, dd, ulateur, s*). — C'est l'orgueil des rois tout seul qui autorise et enhardit les (*a, d, ud, ulation, s*). — L'Eglise voit avec un regret extrême que ce qu'elle a procuré pour le salut de ses enfants devienne l'occasion de la perte des (*a, d, dd, ulte, s*). — L'(*a, f, ff, abilité, e*) prend sa source dans l'humanité. — Soyez tendre, humain, (*a, f, ff, able*). — L'éloquence, toujours flatteuse dans la monarchie, s'est (*a, f, ff, adi, e*) par des (*a, d, dd, ulation, s*) dangereuses aux meilleurs princes. — Les grandes (*a, f, ff, ai, é, r, e, s*) agitent les hommes ambitieux. — Les terres rapportées sont sujettes à s'(*af, ff, es, ais, ser*). — Sylla était un monstre (*a, f, ff, amé*) de sang. — Sois savant sans orgueil, poli sans (*a, f, ff, ectation*). — Plus on est grand, plus on ignore l'art et l'(*a, f, ff, ectation*) de le paraître. — Ceux que l'on condamne au supplice (*a, f, ff, ecte, nt*) quelquefois la constance et le mépris de la mort. — Le plus grand fléau qui puisse (*a, f, ff, ligé, r*) un peuple, c'est d'avoir de mauvaises lois, de mauvais principes, une mauvaise constitution. — L'esclavage (*a, f, ff, ine*) les langues et stimule l'allégorie. — Le peuple (*a, f, ff, amé*) ne sait pas craindre. — Les lois inutiles (*a,), ff, é, ai, bli, s, ss, ent*) les lois nécessaires. — L'éducation publique préserve la jeunesse du poison de l'(*a, d, dd, ulation*), dont l'enivre l'éducation domestique. — Le plus (*a, d, dd, roit*) l'emporte toujours sur le plus fort. — Les hommes s'(*a, d, dd, ouci, s, ss, ent*) en se réunissant. — On (*a, d, dd, or, e*) les princes, mais il est rare qu'on les aime. — La vertu est (*a, d, dd, orable*) même dans nos ennemis.

XXIXe LEÇON.

SUR LES RÈGLES N°s 6, 7, 8 ET 9.

(Voir la 1re Partie.)

EXPLICATION

Mots commençant par *al, am, an, ap,* n. 6, 7, 8 et 9.

Chaque instant nous donne de nouvelles (*a, l, ll, arme, s*).
— Les (*a, l, ll, iment, s*) qui flattent le goût et qui font manger au delà du besoin, empoisonnent au lieu de nourrir. — Une louve (*a, l, ll, aita*) Rémus et Romulus. — L'ancienne mythologie est le plus souvent une (*a, l, ll, égori, e*). — Les prophètes parlent quelquefois (*a, l, ll, égoriquement*). — Il faut (*a, l, ll, é, r*) à la guerre quand la république l'ordonne. — Nous courons (*a, p, pp, rès*) un bonheur que nous ne saurions trouver. — Tibère fut empereur (*a. p, pp, rès*) Auguste. — Il y a des hommes qui ont l'esprit (*à, p, pp, re*) et austère. — Il faut que les peuples vivent entre eux dans une étroite (*a, l, ll, ian, ce*). — C'est l'intérêt de leurs états qui (*a, l, ll, it, ie*) les princes. — La religion ne saurait s'(*a, l, ll, ié, ier*) avec une vie dissolue. — Les Barbares ont (*a, n, nn, éanti*) l'empire romain. — Il n'y a point de fortune si élevée qu'un revers ne puisse (*a, n, nn, éantir, e*). — L'(*a, n, nn, éanti, s, ss, ement*) de toutes les créatures dépend de Dieu. — L'homme est le plus noble de tous les (*a, n, nn, im, eau, au, x*). — La fable dit que Prométhée (*a, n, nn, ima*) la statue d'argile qu'il venait de former. — Les méchants persécutent les bons en suivant l'aveuglement de la passion qui les (*a, n, nn, ime*). — Les (*a, n, nn, a, l, ll, es*) descendent dans un plus grand détail que l'histoire. — La loi fut donnée à Moïse la même (*a, n, nn, é, e*) que le peuple hébreu sortit de l'Egypte. — Les prophéties ont (*a, n, nn, oncé*) la venue du Messie.

Coriolan ne put être (*a, p, pp, é, ai, sé*) que par sa mère. — Germanicus, neveu de Tibère, (*a, p, pp, é, ai, sa*) les armées rebelles. — Quelquefois c'est par paresse qu'on s'(*a, p, pp, é, ai, se*) et qu'on ne se venge point. — Les infirmités sont l'(*a, p, pp, anage*) de la nature humaine. — On est mort avant qu'on ait (*a, p, pp, erçu*) qu'on devait mourir. — Sous un très-grand roi, ceux qui tiennent les premières places n'ont que des devoirs faciles ; l'activité et le génie du prince leur (*a, p, pp, lani, s, ss, ent*) les chemins. — La solide grandeur est destituée de tout (*a, p, pp, areil, le*). — Il ne faut pas s'arrêter à l'(*a, p, pp, ar, en, an, ce*). — Saint-Pierre et saint Paul sont (*a, p, pp, e, l, ll, és*) les princes des apôtres. — La Perse s'(*a, a, p, pp, erçu, t*) bientôt qu'elle avait rendu les Lacédémoniens trop puissants. — La justice gémit sous un (*ama, s*) de liens et de formalités. — Nous (*a, m, mm, a, s, ss, on, s*) autour de nous tout ce qu'il y a de plus rare. — C'est la religion qui fait les grandes (*â, a, mes*). — Ce sont les jeunes gens, les femmes, qui (*a, m, mm, enèr, ent*) les modes des habits. — La politesse du langage nous (*a, m, mm, ena*) celle des mœurs. — Plus l'orgueil est excessif, plus l'(*hu, u, milia, t, s, c, ion*) est (*amer, e*). Il est bien (*amer, e*) à un père de voir ses enfants ne pas répondre à ses soins. — Le maréchal de Villeroi fut condamné à Versailles, par les courtisans, avec toute la rigueur et l'(*a, m, mm, ertume*) qu'inspiraient sa faveur et son caractère. — Il ne faut pas aimer ses (*ami, s*) pour les éprouver, mais les éprouver pour les aimer.

L'(*a, m, mm, our, e*) naît brusquement, l'(*a, m, mm, itié, e*) se forme peu à peu. — Madame de Maintenon avait beaucoup d'(*a, m, mm, tié, e*) pour Racine ; mais cette (*a, m, mm, itié, e*) ne fut pas assez courageuse pour le protéger contre un léger ressentiment du roi. — La retraite fortifie la vertu, la vie dissipée l'(*a, m, mm, o, l, ll, it, ic*). — Le temps (*a, m, mm, ort, it, ie*) les afflictions et les querelles. — Narcisse devint follement (*amoureu, x*) de sa propre beauté. — La danse est un des grands (*a, m, mm, usement, s*) de la jeunesse. — Les chimères (*a, m, mm, use, nt*) les loisirs d'un esprit oiseux. — Quand des hommes éclairés disputent longtemps, il y grande (*a, p, pp, ar, an, en, se, ce*) que la question n'est pas claire. — Il y a des médailles qui représentent l'(*a, p, pp, o, té, thé, ose*) d'Auguste. — Il n'y a presque plus de réconciliations qui ne soient feintes et simulées : on ôte l'(*a, p, pp, areil, le*) du dehors, mais la plaie demeure au dedans. — Il n'y a nuls vices extérieurs et nuls défauts de corps, qui ne soient (*a, p, pp, erçu, s*) par des enfants. — La chasse du renard demande moins d'(*a, p, pp, areil, le*) que celle du loup. — Les difficultés qui accompagnent la vertu s'(*a, p, pp, lani, s, ss, ent*) comme d'elles-mêmes. — Aux patriciens (*a, p, pp, artenai, ent*) les emplois, les commandements, les dignités. — Saint-Justin fut l'(*a, p, pp, ologist, e*) de la religion chrétienne. — Le jeu a de grands (*a, p, pp, as, ats*) pour les jeunes gens.

L'(*a, p, pp, ologue*) est une des inventions qui font le plus d'honneur à l'esprit humain. — Il faut prendre garde d'(*a, p, pp, auvrir, e*) la langue à force de la vouloir parler. — Les langues vivantes s'enrichissent et s'(*a, p, pp, auvri, s, ss, ent*) selon la différence des temps et des esprits. — Le plus grand crime qu'un chrétien puisse commettre, c'est d'(*a, p, pp, ostasié, r*). — Il y a des endroits où il faut (*a, p, pp, e, l, ll, er*) Paris Paris, et d'autres où il faut l'appeler capitale du royaume. — Saint Paul fut (*a, p, pp, e, l, ll, é*) à l'(*a, p, pp, ostolat*) par une voix miraculeuse. — Dieu a (*a, p, pp, esanti*) sa main sur son peuple. — L'ambition est un (*a, pp, étit, t*) désordonné des charges et des grandeurs. — Quand un homme est dans la faveur, toute la cour lui (*a, p, pp, laud, it, ie*). — Le président du sénat portait un collier d'or d'où pendait une figure sans yeux qu'on appelait la vérité, qu'il (*a, p, pp, liquait*) au parti qui devait gagner sa cause. — J'estime peu quiconque est (*â, p, pp, re*) au gain), — Le trône est (*a, p, pp, uyé*) sur la clémence et la justice. — Les meilleures traductions ne sont que des (*a, pp, roxima, s, t, c, ion, s*). — Il faut (*a, p, pp, ropri, é, r*) les lois aux mœurs, aux opinions, aux climats. — Une connaissance plus (*a, p, pp, rofondi, e*) de l'homme et de la nature détruira beaucoup d'erreurs. — En s'(*a, p, pp, rochan, t*) des plus grands hommes, on s'étonne de les trouver si petits. — La critique trouve toujours des (*a, p, pp, robateur, s*). — Les hommes d'un vrai mérite savent s'(*a, p, pp, récié, r*). — Les lois doivent être (*a, p, pp, liqué, es*), non interprétées. — Celui qui met toute son (*a, p, pp, lica, s, t, c, ion*) à s'amuser toujours s'expose à s'ennuyer longtemps. — En France, rien de ce qui n'est pas (*a, p, pp, laudi*) ne réussit.

XXXᵉ LEÇON.

SUR LES RÈGLES Nᵒˢ 10 ET 11.

(Voir la 1ʳᵉ Partie.)

EXPLICATION

Mots commençant par *ar*, *as*, n. 10 et 11.

Le pape Grégoire XVI a déclaré que les (*a, s, ss, a, s, ss, in, s*) sont indignes de jouir de l'asile de l'Église, et qu'on les en doit (*a, r, rr, aché, r*). — Rome ne fut détruite que par le mélange des formes royales, démocratiques et (*a, r, rr, istocratique, s*). — Celui qui sut tirer du premier chaos l'harmonie et l'ordre de l'univers, saura bien tirer du trouble même et de la confusion où sont la plupart des peuples et des États de l'Europe, l'(*a, rr, angement, t*) qui doit y rétablir l'ordre et la tranquillité. — Le marquis de Feuquières fut l'(*a, r, rr, istarque*) et quelquefois le zoïle des généraux. — Il (*a, r, rr, ive*) toujours, et nécessairement, qu'une secte persécutée devient faction. — Ferdinand II fut près de changer l'(*a, r, rr, istocra, tie, cie*) allemande en une monarchie absolue. — Qu'ont gagné les philosophes avec leurs discours pompeux, avec leurs raisonnements si artificieusement (*a, r, rr, angé, s*)? — Il faut se défier quelquefois des (*a, r, rr, êt, s*) des critiques. — On s'effraie à la vue d'un confesseur, comme s'il ne venait que pour prononcer des (*a, r, rr, êts*) de mort. — Les temples sont des (*a, s, z, ile, s*) qu'on dirait n'être faits que pour les malheureux. — Il (*a, r, rr, ive*) à tout le monde de faillir. — A quelques-uns l'(*a, r, rr, ogance*) tient lieu de grandeur. — Les rivières (*a, r, rr, ose, nt*) la surface de la terre. — Dans les temps de sécheresse, les jardiniers vont toujours l'(*a, r, rr, osoir, e*) en main. — Dans

les guerres offensives, l'(*a*, *s*, *ss*, *aillant*) qui a l'avantage
ne doit jamais accorder de temps à l'ennemi.

Il faut que l'abstinence serve d'(*a*, *s*, *ss*, *ai*, *é*, *so*, *n*, *nn*,
ement) à la volupté. — Un père (*a*, *s*, *ss*, *ai*, *é*, *so*, *n*, *nn*, *c*)
les réprimandes qu'il fait à ses enfants de tout ce qui peut
les rendre plus supportables. — Le Vieux de la Montagne
était un formidable tyran qui se disait et qui était l'(*a*, *s*, *ss*,
a, *s*, *ss*, *inateur*) de tous les princes de la terre. — Les (*a*,
, *ss*, *a*, *s*, *ss*, *inat*, *s*) furent souvent de bonnes fortunes
pour le machiavélisme. — Ne m'(*a*, *s*, *ss*, *a*, *s*, *ss*, *iné*, *z*)
pas de vos cruels adieux. — L'homme célèbre qui n'a rien
fait pour l'humanité, ne laisse de lui que le vain (*a*, *s*, *ss*,
em, *en*, *blage*) des lettres de son nom. — Philippe fut (*a*, *s*,
ss, *a*, *s*, *ss*, *iné*) par Pausanias. — Henri IV fut (*a*, *s*, *ss*, *a*,
s, *ss*, *iné*) par Ravaillac. — Un bateau se fait de l'(*a*, *s*, *ss*,
em, *en*, *blage*) de plusieurs pièces de bois. — Qu'est-ce
qu'une armée ? c'est un (*a*, *s*, *ss*, *em*, *en*, *blage*) confus de
libertins qu'il faut réduire à l'obéissance ; de lâches qu'il
faut mener au combat ; de téméraires qu'il faut retenir ;
d'impatients qu'il faut accoutumer à la constance. — Cons-
tantin (*a*, *s*, *ss*, *em*, *en*, *bla*) à Nicée, en Bithynie, le premier
concile général. — Sans l'amour de la patrie, les salles
d'(*a*, *s*, *ss*, *en*, *em*, *blé*, *e*, *s*) législatives sont des arènes où
les passions effrénées combattent à outrance. — Les cha-
grins montent sur le trône et vont s'(*a*, *s*, *ss*, *coir*, *oir*) à
côté du souverain. — Lorsque les rois ont éloigné l'opinion
publique de leurs trônes, elle s'est (*a*, *s*, *ss*, *ise*) sur leurs
cercueils.

Les prières adressées à un être supérieur, par tous les
peuples, sont un (*a*, *s*, *ss*, *entiment*) universel à l'idée de
Dieu. — Il n'y a d'incontestable que ce qui est sanctionné par l'(*a*, *s*, *ss*, *entiment*) universel. — Jésus-Christ
est monté au ciel où il est (*a*, *s*, *ss*, *i*, *s*) à la droite de Dieu,
son père. — Les dominateurs se firent tyrans pour n'être
pas (*a*, *s*, *ss*, *ervi*, *s*) ; juges, pour n'être point jugés ;
bourreaux, de peur d'être victimes. — La liberté de
la presse est sans cesse réclamée par les opprimés ; son
(*a*, *s*, *ss*, *ervi*, *s*, *ss*, *ement*) par les oppresseurs. — Souvent on fait trop, craignant de ne pas faire (*a*, *s*, *ss*, *ez*). —
La danse peut se compter parmi les arts, parce qu'elle est
(*a*, *s*, *ss*, *ervi*, *e*) à des règles. — Combien de personnes fré-

quentent (*a, s, ss, idûment*) la maison du Seigneur et ne sont pas dignes d'y entrer ! — Qui est plus esclave qu'un courtisan (*a, s, ss, idu*), si ce n'est un courtisan plus (*a, s, ss, idu*) ? — Les troupes (*a, s, ss, iégeante, s*) deviennent (*a, s, ss, iégée, s*). — Une escadre française bloqua le port de Barcelonne, et le maréchal de Berwick l'(*a, s, ss, ié, gea*) par terre. — Dunkerque fut (*a, s, ss, iégé, e*) par terre et par mer. — Le roi (*a, s, ss, iégea*) Dôle en personne. — Les Turcs, après avoir bloqué Candie pendant huit années, l'(*a, s, ss, iégèr, ent*) régulièrement avec toutes les forces de leur empire. — Jérusalem fut (*a, s, ss, iégé, e*) par les Romains. — Le maréchal de Turenne n'avait eu longtemps que des (*a, s, ss, iette, s*) de fer en campagne.

On ne peut pas toujours (*a, s, ss, igné, r*) le véritable cours des événements. — La justice doit une (*a, ss, ist, en an, ce*) particulière aux faibles, aux orphelins, aux épouses délaissées et aux étrangers. — Les papes n'(*a, s, ss, istèr, ent*) que par leurs légats aux premiers conciles généraux. — Dioclétien (*a, s, ss, ocia, t*) Maximilien à l'empire. — Marc-Aurèle (*a, s, ss, ocia, t*) son frère à l'empire. — Artaxerce fut (*a, s, ss, ocié*) au royaume par son père. — Les grands parleurs (*a, s, ss, o, m, mm, ent*) tout le monde. — L'(*A, s, ss, omp, t, s, c, ion*) se célèbre le 15 août. — C'est une étrange (*a, s, ss, ortimen, t*) qu'une fille de quinze ans avec un vieillard de quatre-vingts. — Pour faire un bon ménage, il faut bien (*a, s, ss, ortir, e*) les personnes. — Les vapeurs qui montent à la tête (*a, s, ss, oupi, s, ss, ent*). — Les peuples qui, tant de milliers d'années, avaient oublié leur Créateur, se réveillent d'un si long (*a, s, ss, oupi, s, ss, ement*). — Le bruit du canon (*a, s, ss, ourd, it, ie*). — Tous les raffinements dont nous nous servons pour couvrir nos tables, suffisent à peine à nous déguiser les cadavres qu'il nous faut manger pour nous (*a, s, ss, ouvir, e*). — Les ouvrages des athées sont (*a, r, rr, ide, s*) et secs ; ils étonnent quelquefois ; jamais ils ne touchent.

L'(*a, r, rr, istocra, cie, tie*) des grandes propriétés n'était bonne que dans le système féodal. — Les noms des (*a, r, rr, omate, s*) n'ont de pluriel dans aucune langue. — La cour rend des (*a, r, rr, êt, s*) et non pas des services. — Les bienfaits sont des (*a, r, rrh, e, s*) pour le ciel. — L'intérêt ou la malignité suggère presque toutes les (*a, r, rr, ière, s-pensé, e, s*. — Nous devons être heureux de tous les maux qui ne nous (*a, r, rr, ive, ivent*) pas. — L'(*a, r, rr, ogan, se, ce*) est le déguisement de la bassesse.

XXXIe LEÇON.

SUR LES RÈGLES N°s 44, 45, 46, 48, 49 et 50.

(*Voir la 1re Partie.*)

EXPLICATION

C et *f* au milieu des mots, n. 44 et 45.
Emploi du *g* et du *j*, n. 46.
N au milieu des mots. n. 48.
Emploi de l'*r* médial, n. 49.
  Id.   de *sc*, n. 50.

L'(*insu, c, cc, ès*) est un crime aux yeux du vulgaire. — L'(*insu, c, cc, ès*) est plus souvent causé par l'imprudence, l'impéritie ou l'imprévoyance que par l'infortune. — Le jour (*su, c, cc, ède*) à la nuit. — Les saisons se (*su, c, cc, ède, nt*) les unes aux autres. — Les bons et les mauvais (*su, c, cc, ès*) semblent s'être partagé la durée des siècles. — Les évêques sont les (*su, c, cc, e, s, ss, eur, s*) des apôtres. — Les enfants des hommes illustres sont d'ordinaire les (*su, c, cc, e, s, ss, eur, s*) du rang et des honneurs de leur père, et ne le sont pas de leur gloire et de leurs vertus. — Une haute naissance est une (*su, c, cc, e, s, ss, ion*) d'honneur et de mérite; mais elle manque et s'éteint en nous dès que nous héritons du nom sans hériter des vertus qui l'ont rendu illustre. — Nos années se poussent (*su, c, cc, e, s, ss, ivement*) comme des flots. — Soyez (*su, c, cc, in, inct, s*) dans vos narrations. — La santé déjà ruinée par l'intempérance (*su, c, cc, on, om, be*) par la multiplicité des remèdes. — Dans les guerres civiles, le souverain doit toujours tenir les voies ouvertes à un (*ra, c, cc, o, m, mm, odement*) solide et de bonne foi. — Autrefois les rois avaient auprès d'eux des (*bou, f, ff, on, s*). — On est étonné de voir naître et éclore le bon sens de la (*bou, f, ff, o, n, nn, eri, e*). — L'éducation doit s'(*e, f, ff, orcé, r*) d'empêcher que l'(*a, f, ff, ection*) naturelle à l'homme pour son semblable, ne soit (*étou, f, ff, é, e*) par son égoisme. — Le vent qui (*sou, f, ff, le*) vers le soir est souvent doux et agréable.

Le Seigneur a (*sou, f, ff, lé*) sur l'amas des richesses de ces princes ambitieux, et l'a dissipé comme la poussière. — La foi véritable ne se lasse pas de (*sou, f, ff, rir, e*). — Si les (*Ja, c, cc, obin, s*) sont ceux qui veulent des ruines, des spoliations, des supplices, il y en a dans tous les partis. — Le sang innocent demande (*ven, jan, gean, ce*). — Espérer, c'est (*jouir, e*). — Du (*chan, j, g, ement*) de l'humeur se forme bien souvent celui des opinions. — Un buisson (*tou, f, ff, u*) ombrage mieux le berger que le dais brillant ne couvre un roi. — Nous aimons toujours ceux qui nous (*admire, nt*) et nous n'aimons pas toujours ceux que nous (*admiron, s*). — L'(*a, r, rr, an, j, g, ement*) des paroles contribue à la clarté, à la beauté du discours. — La hauteur n'a (*jamai, s*) les grâces et la (*ma, j, g, esté, e*) de la vrai grandeur. — Louis XI envoya des ambassadeurs jusqu'au fond de la Calabre, pour (*obli, j, g, er*) François de Sales à venir faire un miracle en sa faveur. — La monarchie pure fut reçue dans l'enfance de la société ; les nations devenues (*ma, j, g, eure, s*) croient avoir moins besoin de tutelle. — Vous devez prendre garde à (*jamai, s*) laisser le vin devenir trop (*co, m, mm, un*) dans votre royaume. — On ne souhaite (*jamai, s*) (*ard, am, emm, ent*) ce qu'on ne souhaite que par raison.—Tout homme doit se conduire (*prudam, emm, ent*). — Un zèle trop ardent pour la liberté n'en arrête que trop (*fréqu, am, emm, ent*) les progrès.

La louange est une flatterie délicate qui satisfait (*di, f, ff, ér, am, emm, ent*) celui qui la donne et celui qui la reçoit. — La solitude tente (*puiss, am, emm, ent*) la charité. — La (*reno, m, mm, é, e*) est fille de la fortune, elle n'a pas moins de caprices qu'elle. — La vie est une (*épigra, m, mm, e*) dont la mort est la pointe, — Je défie de trouver un moyen plus honorable d'aller à la fortune que les (*om, hom, mage, s*) de l'estime. — La paresse et l'oisiveté sont les seuls (*dédo, m, mm, agement, s*) de la servitude. — Les victoires d'un maître ne (*dédo, m, mm, age, nt*) pas le peuple de sa tyrannie. — Un parti qui ne peut se soutenir que par les (*ba, y, ïo, n, ette, s*) étrangères est déjà vaincu. — Mille (*co, n, nn, ai, s, ss, an, ce, s*) ne valent pas un ami. — En fait de religion il faut distinguer la tolérance d'avec la (*co, n, nn, iv, an, en, ce*). — L'avare est l'(*e; n, nn, emi*) secret et déclaré de tous. — L'(*o, ho, n, nn, êteté, e*) des manières sans l'(*o, ho, n, nn, êteté*) des mœurs n'est qu'une (*o, ho, n. nn, ête*) hypocrisie. — Marchons sous la (*ba, n, nn, ière*) à laquelle se rallient tous les cœurs (*o, ho, n, nn, êtes*) et sensibles. — Il est rare de voir la raison et la vertu sous la (*ba, n, nn, ière*) des partis. — On (*an, enn, obli, e, t*) sa destinée en l'attribuant à la volonté des dieux. — On ne peut bien juger celui qu'on ne connaît pas (*perso, n, nn, el, elle, ment*). — L'(*ho, m. mm, e*) (*perso, n, nn, el, le*) finit par n'intéresser (*perso, n; nn, e*).

Les politiques et les guerriers ne sont que les (*mario, n, nn, ète, ette, s*) de la Providence. — Ne prodiguez ni les éloges ni les statues à un (*si, ci, toyen*) qui n'a pas fini sa carrière. — Aucune langue n'a d'expressions assez abstraites, assez délicatement voilées pour (*inte, r, rr, ogé, r*) la pudeur sans la flétrir. — Pendant des siècles, la France fut à la merci d'une suite non (*inte, r, rr, on, om, pu, e*) d'hommes qui lui firent endurer tous les maux. — L'(*inte, r, rr, up, t, s, c, ion*) est impolie et fatigue l'attention. — L'expérience donne la vraie (*s, sc, ience*). — L'(*ob, s, sc, énité, e*) des pensées est pire que l'(*ob, s, sc, énité, e*) des paroles. — Jamais le (*de, s, sc, endant*) d'un héros ne sera un homme ordinaire pour ses concitoyens. — Il reste à faire une comédie du (*su, ss, sc, eptible*). — L'extrême (*su, ss, sc, eptibilité, e*) indique sa faiblesse. — La vanité est le (*s, sc, eau*) de la médiocrité. — Le sourire du méchant couvre aux yeux de l'homme bon, tout ce que son cœur renferme de (*s, sc, é...ratesse*). — Les (*jeune, s, j, g, ens*) se précipitent en foule sur la scène du monde ; mais s'ils ont des talents ou des vertus, ils disparaissent dans les coulisses ou tombent bientôt dans le trou du souffleur. — Le (*pla, j, g, ia, t*) prend le nom de (*rémini, ss, sc, ence*). — L'homme qui ne s'attache pas dès sa (*jeun, es, sc*) à de bons principes, est toute sa vie fatigué par les (*os, osc, i, l, ll, a, s, t, c, ion, s*) de son esprit. — Tôt ou tard les modérés l'emportent dans les (*o. ss,*) *sc, i, l, ll, ation, s*) politiques.—Seconder (*s, sc, iam, iemm, ent*) un méchant, c'est être pire que lui. — La vraie (*s, sc, ien, ce*) et la véritable étude digne de l'homme, est celle de lui-même. — L'abus du langage (*s ; sc, ientifi, c, que*) change en une (*s, sc, ien, ce*) de mots ce qui devrait être une (*s, sc, ien, ce*) de faits.

XXXIIe LEÇON.

SUR LES RÈGLES Nᵒˢ 13, 14, 15, 16, 17 ET 18.

(*Voir la 1re Partie*).

EXPLICATION.

Mots commençant par *bab, bac, bad, baf, bag,* n. 13.
     Id.   *bail, bal,* n. 14.
     Id.   *ban, bar, bas, bat,* n. 15.
     Id.   *bour,* n. 16.
     Id.   *com* et *con,* n. 17 et 18.

La tour de (*Babel, le*) n'était qu'un temple et la confusion des langues, celle des cultes, du feu, de l'air et de l'eau. — A quarante ans, un homme sensé ne doit plus (*badi, n, nn, er, é*) avec la vie. — Les (*baga, j, g, e, s*) sont embarrassants quand on voyage. — On rirait souvent de l'homme le plus actif, si l'on savait pour quelles (*bagate, l, ll, e, s*) il s'agite. — La vanité est souvent (*ba, f, ff, oué, e*). — Il n'est pas bienséant de (*ba, â, i, î, llé, er*) en société. — Il y a à Paris de grands (*ba, â, i, î, lleur, s*) de fonds. — Il y a une certaine (*ba, l, ll, ance*) entre les biens et les maux. — Il n'y a rien de pis que de (*ba, ll, ancé, r*) sans cesse : l'homme de sens prend sa résolution et s'y tient. — L'opinion est le (*ba, l, ll, ancié, r*) d'un gouvernement libre, et doit régler son mouvement. — La (*ba, l, ll, ançoire*) amuse souvent les grands et les petits enfants. — Toutes les rues de Paris sont (*ba, l, ll, ayé, es*) dès huit heures du matin. — Il est permis de (*ba, l, ll, o, t, tt, er*) un intrigant solliciteur, — Il est rare de voir la raison et la vertu sous la (*ba, n, nn, ière*) des partis. — (*Ba, n, nn, issé, z*) les médisants : présents, ils vous amusent ; absents, ils s'amuseront de vous. — Il serait aussi avantageux pour les peuples d'être gouvernés par un (*ba, r, omètre*) que par des souverains absolus. — Sous Napoléon, la noblesse n'était point une vieillerie féodale ; d'un caporal il faisait un (*ba, r, rr, on*). — La fermeté unie à la douceur est une (*ba, r, rr, e*) de fer entourée de velours.

Voulez-vous avoir une sage horreur des procès, fréquentez le (*ba, r, rr, au, eau*). — Les plus fortes (*ba, r, rr, ière, s*) que le Ciel ait pu placer entre l'homme et le crime sont la conscience et la religion. — 1588, 1830 et 1848 ont eu leurs journées de (*ba, r, rr, icade, s*). — La plupart des religions n'eurent souvent d'autre (*ba, s, z, e*) qu'une fausse idée de Dieu. — La morale a le devoir pour (*ba, s, z, e*) et non l'intérêt. — Aucune institution humaine ne peut subsister si elle n'est (*ba, s, z, ée*) sur un sentiment, une vertu. — Une science doit être (*ba, s, z, ée*) sur l'expérience ; un jugement sur la vérité. — L'avarice est la première preuve de la (*ba, s, ss, esse*) de l'âme. — De toutes les (*ba, s, ss, esse, s*), la plus honteuse, c'est l'adulation. — Le grand (*ba, s, ss, in*) des Tuileries est octogone. — On se sert d'une (*ba, s, ss, inoir, e*) pour (*ba, s, ss, iné, r*) le lit d'un malade. — Le choix du champ de (*ba, t, tt, aille*) aide à la victoire. — Le courage dispute la (*ba, t, tt, aille*). — La (*bà, a, tardise*) fait dégénérer la noblesse ; rien ne se conserve dans la corruption. — Celui qui a la manie de (*bâ, a, tir, e*) n'a plus besoin d'autre ennemi pour sa ruine. — Le (*bâ, a, ton*) fera peut-être un esclave supportable ; il ne fera jamais un héros. — Il n'y a pas d'honneur à se (*ba, t, tt, re*) en duel. — Lorsque la civilisation atteindra sa perfection évangélique, il n'y aura plus de (*bou, r, rr, au, eau, x*).

Des coupables, (*bou, r, rr, elé, s*) de remords, ont imaginé l'athéisme. — Les enfants portent des (*bou, r, rr, elet, s*) quand ils commencent à marcher. — Il est fâcheux pour la vertu que l'homme de bien soit souvent (*bou, r, rr, u*). — Ce n'est pas sur le théâtre que sont les meilleurs (*co, m, mm, édien, s*). — La (*co, m, mm, édie*) peut corriger les ridicules : elle ne peut que corrompre les mœurs. — Le rire sur les mots est plus facile et moins gai que le rire sur les choses ; celui-ci constitue le vrai (*co, m, mm, ique*). — Les suffrages de (*co, m, mm, ande*) n'expriment que le vœu des intrigants et non celui du peuple. — Un grand homme (*co, m, mm, ande*) l'admiration même à ses ennemis. — (*Co, m, mm, e*) que tout aille, peu importe au prétendu sage, pourvu qu'il reste en repos dans son cabinet. — La (*co, m, mm, émoration*) des morts est de toutes les religions, parce qu'elle est dans la nature. — Une révolution est une maladie sociale, naturelle ou factice, (*co, m, mm, ençant*) par le délire et finissant par l'atonie. — Dieu est le (*co, m, mm, encement*) et la fin de toutes choses. — La première provision d'un auteur qui (*co, m, mm, ence*) d'écrire, c'est le bon goût. — Les attributs de Dieu ne sont pas (*co, m, mm, ensurable, s*) aux facultés de l'homme. — Avant de se plaindre de son sort, il faut voir (*co, m, mm, ent*) on a mérité qu'il ne soit pas plus rigoureux. — Les meilleurs traités de morale ne sont que des (*co, m, mm, entaire, s*) de l'Evangile.

La loi précise ne peut se (*co, m, mm, enter*). — Le (*co, m, mm, erce*) en grand développe l'esprit ; le (*co, m, mm, erce*) en détail le rétrécit. — La police doit être une mère et non une (*co, m, mm, ère*). — La vanité fait (*co, m, mm, ètre, ettre*) autant de crimes que la méchanceté. — Une des choses qui portent le plus d'atteinte à la liberté du citoyen, dans une monarchie, est de le faire juger non par ses juges naturels, mais par une (*co, m, mm, i, s, ss, ion*)). — Du nécessaire on passe au (*co, m, mm, ode*), et du (*co, m, mm, ode*) au superflu. — La liberté est de droit (*co, m, mm, un*). — L'homme oisif vit sur le (*co, m, mm, un*). — L'intérêt de la (*co, m, mm, unauté, e*) est la suprême loi de tous. — L'homme) fier est (*co, m, mm, e*) un cheval qui porte la tête fort haute et qui, (*co, m, mm, unément*), a les reins faibles. — Chaque perte nouvelle rétablit d'intimes (*co, m, mm, unication, s*) entre nous et les tombes des nôtres. — C'est moins l'amour de la renommée que le besoin de (*co, m, mm, uniquer*) ses opinions, et le désir de les faire triompher, qui multiple les livres à l'infini. — L'universalité des (*co, n, nn, ai, s, ss, ance, s*) est nécessaire pour être supérieur dans une partie quelconque. — Mille (*co, n, nn, ai, s, ss, ancé, s*) ne valent pas un ami. — Le brave ne se (*co, n, nn, aît*) qu'à la guerre, le sage que dans la colère, l'ami que dans le besoin. — Du Guesclin, grand (*co, n, nn, étable*) de France, ne savait ni lire ni écrire. — En fait de religion, il faut distinguer la tolérance d'avec la (*co, n, nn, ivence*). — Les amants peuvent s'aimer avant de se (*co, n, nn, aître*) ; les époux doivent se (*co, n, nn, aître*) avant de s'aimer.

XXXIIIe LEÇON.

SUR LA RÈGLE N° 109.

(*Voir la* 1re *Partie.*)

EXPLICATION

Mots terminés par *é* ou *ée*, n. 109.

Les (*a, té, thé, es*) veulent un Dieu pour les autres ; les nobles, des lois. — On fait un crime à de grands écrivains d'avoir mis la (*vérité, e*) à la (*porté, e*) de tout le monde. — La constitution a fondu le (*clergé, e*) dans le corps social. — La (*clé, e*) des coffres-forts et des cœurs, c'est la même.— Nos (*année, es*), nos dettes, nos ennemis, seront toujours en plus grand nombre que nous ne croyons. — La réputation est une (*fumé, e*). — Les (*iné, e, s*) gouvernent le monde.— La (*for, s, c, e*) est doublée par l'(*activité, e*). — Le meilleur livre est celui qui renferme le plus de (*vérité, e, s*). — Il y a devant chaque port de mer une (*jeté, e*). —Les septembriseurs conduisirent, par (*cha, r, rr, e, té, e, s*), les suspects à la mort. — La philosophie a éteint les (*auto-da-fé, e, s*). — Est-ce un péché de sourire en voyant l'ambition désappointée, la (*vanité, e*) ridiculisée, l'orgueil humilié, la (*méchanceté, e*) punie? — Comme les sciences, tous les arts ont leurs (*di, f, ff, iculté, e, s*). — Il est toujours facile de combattre une (*di, f, ff, ormité, e*) commençante. — Le travail entretient la (*santé, e*) — Le (*blé, d*) offre des asiles assurés au lièvre pour y faire son gîte. — La (*bonté, e*) de Dieu s'(*éten, d*) sur toute la nature.— Le véritable (*Proté, e*), c'est l'homme; nul être n'est plus différent de lui-même selon les temps et les lieux. — L'innocence est la compagne de la (*beauté, e*). — Le travail seul conduit à la (*félicité, e*). — L'(*hospitalité, e*) est en honneur chez tous les peuples de l'Orient.

Celui qui se sert de l'(*épé, e*) périra par l'(*épé, e*). — La (*pensé, e*) est la première (*faculté, e*) de l'homme, et l'art d'exprimer la pensée le premier des arts. — L'(*oisiveté, e*) est la mère de tous les (*vi, ss, c, es*). — Bonne (*reno, m, mm, é, e*) vaut mieux que ceinture (*doré, e*). — Les lois sont comme des toiles d'(*a, r, rr, aigné, e*); les petits insectes s'y prennent, les gros passent à travers. — Le (*mal, e*) est toujours à côté du bien, et le bien à côté du (*mal, e*). — On rencontre sa (*destiné, e*) par le chemin qu'on prend pour l'éviter. — L'(*a, f, ff, abilité, e*) est l'ornement de la grandeur. — L'économie est fille de l'ordre et de l'(*a, s, ss, iduité, e*). — La véritable (*charité, e*) est sans ostentation.— L'(*adversité, e*) est l'épreuve de la vertu. — La Russie est encore une (*contré, e*) barbare. — Il y a dans la (*destiné, e*) de presque tous les hommes un but moral et religieux vers lequel ils marchent à leur insu. — Lorsqu'un souverain ambitieux a franchi les bornes de l'(*équité, e*), il n'a plus que des principes versatiles au (*gré, e*) de ses passions! —Les (*armé, e, s*) sont la force des nations. — Les grands et les riches vivent avec plus de (*di, f, ff, iculté, e*) que les pauvres. — La mesure du bonheur ou du malheur de l'homme, c'est l'(*idé, e*) qu'il en a. — La première des (*qualité, e, s*) sociales est la bienveillance. — Il n'y a pas de (*société, e*) partout où la (*volonté, e*) d'un seul fait loi. — La femme est un (*Proté, e*).

Il est naturel de penser que le contentement de soi-même et le bonheur soient les suites de la vraie (*piété, e*). — Les esprits médiocres condamnent ce qui passe leur (*porté, e*). — La (*postérité, e*) nous traitera comme nous aurons traité nos aïeux,—L'(*a, té, thé, e*) le plus endurci est idolâtre de lui-même. — La (*vanité, e*) va jusqu'à dire des bêtises pour se faire remarquer. — L'amour de la patrie conduit à la (*bonté, e*) des mœurs. — La (*giroflé, e*) est une fleur printanière. — Tous les jours marquants de la révolution et de ses suites furent des (*journé, e, s*) de dupes. — La (*fierté, e*) de l'âme fait les vrais républicains. — Paris possède de riches (*musé, e, s*).—Tous les devoirs de l'homme social envers ses concitoyens sont fondés sur le fait et le principe de l'(*égalité, e*). — Beaucoup de personnes sont la (*risé, e*) du public et croient en être l'admiration. — Souvent, à mesure que la (*vivacité, e*) de l'esprit augmente, le jugement diminue. — Un bon livre est la (*panacé, e*) universelle. — Dans le temps de (*calamité, e, s*) publiques, la (*surdité, e*) devient un bienfait du ciel. — Nul n'est à l'abri de l'orage dans la (*traversé, e*) de la vie. — L'(*oisiveté, e*) est la mère de tous les vices. — Celui qui porte les (*livré, e, s*) d'un parti ne peut être libre. — Toute (*propriété, e*) civile est le résultat d'une convention sociale qui la soumet à la (*volonté, e*) publique. — Un homme ne peut être la (*propriété, e*) d'un autre homme.

Si l'ambitieux pouvait connaître le terme de sa carrière, il s'arrêterait dès l'(*entré, e*). — On s'autorise de petites économies pour s'abandonner à de grandes (*prodigalité, e, s*). — La voûte des cieux est pour le coupable comme celle du festin de Damoclès d'où pendait une (*épé, e*) sur sa tête. — La (*propreté, e*) sur soi est comme une seconde pudeur. — Celui qui n'aime pas à pleurer de (*g, ué, ai, té, e*) de cœur ne se soucie pas de tragédies. — Prenez soin des sous et les (*guiné, e, s*) prendront soin d'elles-mêmes. — Le travail manuel a pour cortége l'appétit, la (*santé, e*), le calme et le sommeil. — La véritable et seule richesse des peuples est la (*sobriété, e*), comme le luxe est la (*pauvreté, e*) des grands. — Les (*p, i, y, gmé, e, s*) attaquant Hercule sont le véritable emblème des (*a, té, thé, e, s*). — Le fleuve du temps engloutit une foule de (*reno, m, mm, é, e, s*). — Les lois les plus conformes à l'(*équité, e*) sont les meilleures. — Nul (*procédé, e*) chimique ne peut donner à l'art la (*faculté, e*) de guérir la douleur. — L'esprit humain conçoit bien plus de (*degré, e, s*) de perfection entre Dieu et l'homme, qu'entre l'homme et l'insecte. — Il est rare qu'une grande (*a, s, ss, emblé, e*) raisonne ; tout y est l'effet du choc des plus violentes passions.

XXXIVᵉ LEÇON.

SUR LES RÈGLES Nᵒˢ 63, 64, 65, 66, 67 ET 68.

(*Voir la 1ʳᵉ Partie.*)

EXPLICATION.

Mots terminés par *a*, *as*, *at*, n. 63, 64 et 65.
    Id.   *ac* ou *aque*, *acer* ou *asser*, n. 66 et 67.
    Id.   *af*, *affe*, *aphe*, n. 68.

Bossuet et Voltaire ont écrit l'histoire comme on fait un (*opéra*, *s*, *t*); tout y est ordonné pour un point de vue. — La justice gémit sous un (*ama*, *s*, *t*) de luxe et de formalités. — Les bêtes font bien du (*dégâ*, *s*, *t*) dans les terres. — Le (*cochléaria*, *s*, *t*) est bon pour les dents. — Il est une vie au delà du (*trépa*, *s*, *t*). — Le (*clima*, *s*, *t*) influe sur la disposition habituelle du corps, et, par conséquent, sur le caractère. — Du haut de la butte Montmartre, Paris offre un magnifique (*panorama*, *s*, *t*). — Il n'y a rien de si pestilentiel pour le jugement que le (*fatra*, *s*, *t*) des connaissances pédantesques. — Les troubles, les (*a*, *t*, *tt*, *enta*, *s*, *t*) naissent bientôt de l'indépendance. — Le (*choléra*, *s*, *t*) a fait invasion en France en 1832. — Une grande fortune, un grand pouvoir sont de grands (*emba*, *r*, *rr*, *a*, *s*, *t*). — La gloire est l'(*a*, *p*, *pp*, *â*, *a*, *s*, *t*) de la sottise, et la noblesse en est le masque. — La guerre a ses (*a*, *p*, *pp*, *a*, *s*, *t*) et la paix ses douceurs. — Il y a de l'abus à multiplier les (*alinéa*, *s*, *t*). — L'abbé Cahusac mettait le Cantique des Cantiques au rang des meilleurs (*opéra*, *s*, *t*) de l'antiquité. — Un (*magistra*, *s*, *t*) doit être incorruptible. — (*Aga*, *c*, *ss*, *er*) est un jeu de la coquetterie dont la vertu fait souvent les frais. — On n'(*ama*, *ss*, *c*, *e*) la richesse qu'avec peine ; on la possède avec ingratitude et on ne la quitte qu'à regret. — Les femmes peuvent se (*la*, *ss*, *c*, *er*) elles-mêmes.

Il ne faut se (*la, ss, c, er*) que quand les hommes se (*la, ss, c, eront*) de mal faire. — L'homme (*pla, ss, c, e*) toujours son bonheur dans ce qu'il ne peut atteindre. — Les corbeaux (*croa, ss, c, ent*) et les grenouilles (*cou, c, ss, ent*). — Les larmes peuvent (*effa, ss, c, er*) le crime, jamais la honte. — La lecture (*déla, c, ss, e*). — Les lignes d'un livre sont plus ou moins (*espa, ss, c, ées*). — Les hommes (*enta, ss, c, és*) se corrompent. — Le philosophisme enfle l'esprit, fausse le jugement et (*gla, ss, c, e*) le cœur. — On vante les temps (*pa, ss, c, és*) parce que l'imagination se nourrit de regrets comme d'espérances. — Avec de l'argent, on peut acheter la (*grima, ss, c, e*) de l'affection. — Les gens de province viennent se (*décra, ss, c, er*) à Paris. — Celui qui fait tort à quelqu'un est (*mena, ss, c, é*) par plusieurs. — Le sage n'(*embra, ss, c, e*) d'autre parti que celui de la raison. — On (*effa, ss, c, e*) souvent ce qui est (*tra, ss, c, é*) dans l'esprit, jamais ce qui est gravé dans le cœur. — Les bagages sont (*emba, r, rr, a, ss, ç, ants*) dans une marche. — Le grand nombre de voitures (*emba, r, rr, a, ss, c, ent*) les rues. — Chaque instant nous dérobe une portion de notre vie et nous (*avan, ss, c, e*) vers le tombeau. — Il ne faut pas (*outrepa, ss, c, er*) ses devoirs. — Il n'y a plus de (*gira, f, ff, e*) au Jardin des Plantes. — Les nouvelles se communiquent rapidement à l'aide du (*télégra, f, phe*). — Les robes de femme sont fermées avec des (*agra, f, ph, es*).

Un (*cénota, f, ph, e*) est un tombeau dressé à la mémoire d'un mort. — Il y a de belles (*cara, f, ff, es*) en cristal. — C'est folie ou présomption pour un auteur de négliger l'élégance (*typogra, f. ph, ique*). — Napoléon a prédit que la France serait républicaine ou (*cosa, c, que*). — A Saint-Ouen, il y avait un (*ha, c, que*). — La (*ca, c, que*) sent toujours le hareng. — Nos troupes connaissent le (*bivoua, c, que*). — Il y a dans chaque théâtre un chef de (*cla, c, que*). — (*Cogna, c, que*) est renommé pour ses eaux-de-vie. — L'entrée de Paris, en différents endroits, ne présente que des (*bara, c, que, s*). — L'Allemagne est le pays où l'on fume le plus de (*taba, c*). — La (*thé, ria, c, que*) est un bon cordial. — L'Église doit être dans l'(*Éta, t*), et non l'(*Éta, t*) dans l'Église. — Un seul faux (*pa, s*) détruit entièrement la réputation d'une femme. — L'(*orgea, t*) rafraîchit. — Celui qui fait peu de (*ca, s*) de sa vie est maître de celle des autres. — Dans un jour de (*comba, t*), ceux qui craignent le moins les hommes sont ceux qui crai-

gnent le plus les dieux. — Le (*taba, c*) est une plante originaire de l'Amérique. — Les (*solda, t, s*) construisent des
(*bara, c, que, s*) pour se mettre à couvert. — La terre est
(*opa, c, que*). — Le (*suma, c, que*) sert, chez les Japonais,
à vernir les ustensiles de bois. — L'éléphant n'obéit qu'à
son (*corna, c, que*). — Un (*la, c, que*) est une grande étendue d'eau environnée par les terres.

Les feuilles de la bétoine peuvent remplacer le (*taba, c*).
— Tout le monde déteste un (*ingra, t*). — Le tendre œillet
est faible et (*délica, t*). — Le (*grena, t*) exposé à la flamme
du chalumeau se fond très-facilement en un émail noirâtre.
L'(*orgea, t*) est une boisson agréable destinée plutôt à flatter
le goût qu'à être salutaire. — On retire du (*palmié, r*) sagou
un sucre couleur de (*chocola, t*). — Le mercure est dans un
(*éta, t*) de liquidité continuelle. — De la grenade l'anémone
imite l'(*incarna, t*). — L'(*odora, t*) des corbeaux est extraordi-
nairement fin. — Le (*cha, t*) est un domestique infidèle. —
Le charançon dévore un vaste (*ama, s*) de graines. — L'(*ana,
na, s*) est une plante originaire des Indes et dont le fruit est
très-estimé pour sa saveur. — Le jeu a de grands (*appa, s*)
pour les enfants. — Le (*chouca, s*) est une espèce de petite
corneille ou de corbeau. — Rien ne cause plus d'(*emba, r,
rr, a, s*) que les bagages dans une marche. — Le (*frima, s*)
s'attache aux cheveux, aux crins des chevaux. — Le (*lila, s*)
fleurit un des premiers au printemps. — Il y a des (*compa, s*)
a trois et à quatre pointes. — Le (*ca, n, nn, elas*) est bon
après le (*repa, s*). — Le (*chassela, s*) forme un objet de commerce fort avantageux.

La bibliothèque royale est riche d'(*autogra, f, ph, es*). —
A l'anniversaire de la révolution de février, on éleva dans l'é-
glise de la Madeleine un grand (*cénota, f, ph, e*) à la mémoire des combattants. — On juge d'un auteur par son (*épigra, f, ph, e*). — Les faiseurs de dictionnaires sont des
(*lexicogra, f, ph, es*). — La seule (*épita, f, ph, e*) indestruc-
tible est un bon livre. — L'attention donnée à l'(*or, t, to, th,
ogra, f, ph, e*) est perdue pour la pensée. — L'(*or, t, to, th,
ogra, f, ph, e*) étymologique est la véritable raison des mots.
— Les (*typogra, f, ph, e, s*), les (*géogra, f, ph, e, s*) et les
(*cosmogra, f, ph, e, s*) ne manquent pas.

XXXVᵉ LEÇON.

SUR LES RÈGLES Nᵒˢ 19, 20, 21, 22, 23 ET 24.

(Voir la 1ʳᵉ Partie.)

EXPLICATION.

Mots commençant par *cor*, n. 19.
    Id.   *def, dif*, n. 20.
    Id.   *des, dis*, n. 21 et 22.
    Id.   *ec, ef*, n. 23 et 24.

Quand on parle en public, il faut que le langage soit (*co, r, rr, ect*). — La grammaire est l'art d'écrire et de parler (*co, r, rr, ectement*). — Le sucre est le (*co, r, rr, ectif*) du citron. — Il y a des choses qui demandent (*co, r, rr, ection*). — L'éclat de la beauté est relevé par une bouche de (*co, r, rr, ail*). — La sécheresse rend tout (*co, r, rr, iace*), — L'ordre (*co, r, rr, inthien*) est le plus riche des ordres d'architecture. — Il faut que les enfants (*co, r, rr, esponde, nt*) aux bonnes intentions de leurs parents. — La Russie, la Prusse et l'Autriche entretiennent une (*co, r, rr, espondance*) hostile à la liberté des peuples. — Les révolutions détruisent toutes les (*co, r, rr, espondance, s*) commerciales. — Il faut instruire et (*co, r, rr, iger*) les hommes. — Les modernes ont (*co, r, rr, igé*) les anciens en plusieurs choses. — L'acide du citron se (*co, r, rr, ige*) par le sucre. — La grande chaleur (*co, r, rr, ompt*) la viande. — La fièvre (*co, r, rr, ompt*) la masse du sang. — La douceur de vaincre et de dominer (*co, r, rr, ompi, t*) bientôt dans les Romains ce que l'équité naturelle leur avait donné de droiture. — Nulle hérésie ne (*co, r, rr, ompt*) le christianisme. — La lecture des mauvais auteurs (*co, r, rr, ompt*) le style. — La crainte (*co, r, rr, ompt*) le plaisir. — Les mœurs se (*co, r, rr, ompe, nt*) aisément par la fréquentation des mauvaises compagnies. — L'italien, l'espagnol et le français sont du latin (*co, r, rr, ompu*).

La (*co, r, rr, csion*) de l'estomac est un indice de poison. — L'arsenic est (*co, r, rr, osif*). — Les (*co, r, rr, upteur, s*) des témoins sont encore plus coupables que les faux témoins mêmes. — Les brigues et la (*co, r, rr, uption*) pouvaient tout dans Rome. — Plus on est né avec de grandes qualités, plus la (*co, r, rr, uption*) est profonde et désespérée. — Nous ne sentons plus rien que notre (*dé, f, ff, aillance*) et notre extinction prochaine. — Alexandre ne pouvant (*dé, f, ff, aire*) le nœud gordien, le coupa. — Les marchands cherchent à se (*dé, f, ff, aire*) de leurs marchandises. — Les hommes n'avouent d'eux-mêmes que de petits (*dé, f, ff, auts*). — Le (*dé, f, ff, aut*) d'expérience est inséparable de notre entrée dans le monde. — Au (*dé, f, ff, aut*) de la fortune, les qualités de l'esprit pourront vous distinguer du reste des hommes. — Chaque peuple fut jaloux d'avoir ses dieux ; au (*dé, f, ff, aut*) de l'homme, il offrit de l'encens à la bête. — Les fautes des sots sont quelquefois si (*di, f, ff, icile, s*) à prévenir qu'elles mettent les sages en (*dé, f, ff, aut*). — On doit être (*e, f, ff, rayé*) de la (*dé, f, ff, ection*) presque générale de ses sujets. — Les méchants se tiennent, se (*dé, f, ff, ende, nt*) : les bons s'isolent, s'abandonnent. — Les éléphants atteignent aisément l'homme le plus léger à la course ; ils le percent de leurs (*dé, f, ff, ense, s*). — Presque toujours c'est la vanité qui donne des (*dé, f, ff, enseur, s*) à la vérité.

Ayez une (*dé, f, ff, érence*) respectueuse pour les vieillards, les femmes vertueuses, les hommes qui ont du mérite ou de la puissance. — Le peuple romain (*dé, f, ff, éra, t*) le consulat à Scipion, et l'honneur du triomphe à Pompée, avant l'âge. — Qui promet trop inspire la (*dé, f, ff, iance*). — (*Dé, f, ff, iant, s*) et timides, la plupart des princes sont ravis de faire périr les hommes éminents en naissance, en mérite, en vertus. — Le (*dé, f, ff, icit, e*) est le prologue des révolutions. — Le silence est le plus sûr pour celui qui se (*dé, f, ff, ie*) de soi-même. — Autrefois, un prince qui déclarait la guerre à un autre prince l'envoyait (*dé, f, ff, ier*) par un (*hér, os, aut*). — L'esprit fécond en déguisements s'étudie à (*dé, f, ff, igurer*), selon ses besoins ou ses intérêts, tantôt les vices, tantôt les vertus. — L'esprit d'un auteur consiste à bien (*dé, f, ff, inir, e*) et à bien peindre. — Dieu est au-dessus de toutes les (*dé, f, ff, inition, s*). — Une lieue carrée (*dé, f, ff, ri, ché, e*) vaut mieux qu'une plaine jonchée de morts. — C'est se (*di, f, ff, amé, r*) soi-même que d'écrire pour (*di, f, ff, amé, r*) les autres. — Entre le bon sens et le bon goût, il y a la (*di, f, ff, érence*) de la cause à son effet. — D'où vient que nos siècles sont si (*di, f, ff, érent, s*) de ceux de nos pères? — Un bon roi ne (*di, f, ff, ère*) pas d'un bon père. — On distingue (*di, f, ff, icilement*) la vérité au milieu des cris et de la fureur des partis. — Les sots, les ignorants, les avides sont les plus (*di, f, ff, icultueu, x*) des hommes.

Un pays libre à côté d'un pays esclave sert à celui-ci de miroir pour voir ses (*di, f, ff, ormité, s*). — Si quelquefois l'amitié rend (*di, f, ff, us*) celui qui parle, elle rend patient l'ami qui l'écoute. — Les Turcs ont fait de vastes (*dé, s, ss, ert, s*) des plus belles provinces de l'Asie. — Le cœur se (*dé, s, ss, èche*) toujours en se corrompant. — Les campagnes sont (*dé, s, ss, erte, s*) pendant la guerre. — Celui qui meurt pour son pays le sert plus en un jour qu'il n'a pu le (*dé, s, ss, ervir, e*) pendant toute sa vie. — Le crime de (*dé, s, ss, ertion*) est puni par les ordonnances militaires. — Il faut s'accoutumer à voir sans étonnement et sans envie ce qui est au-(*de, s, ss, us*) de nous, et sans mépris ce qui est au-(*de, s, ss, ous*). — La religion ne veut pas qu'on (*dé, s, ss, espère*). — On voit des femmes infortunées porter avec ostentation sur leur front leur (*dé, s, ss, honneur*) et leur ignominie. — Les hommes sont souvent bien (*di, s, ss, emblable, s*) à eux-mêmes. — L'orateur, dans le genre délibératif, a deux principaux objets, la persuasion et la (*di, s, ss, uasion*). — Le sucre se (*di, s, ss, out*) dans l'eau. — La corruption du corps se fait par la (*di, s, ss, olution*) des parties. — Les bienfaits sont bientôt (*e, f, ff, acé, s*) de la mémoire des ingrats. — Nos bons aïeux avaient une si haute opinion de l'espèce humaine qu'ils attribuaient ses (*é, c, cc, arts*) à l'impression des éléments. — Le vice semble chercher (*e, f, ff, rontément*) le grand jour. — L'autorité (*e, c, cc, lésiasti, c, que*) ne peut s'étendre sur ceux qui ne sont pas du corps de l'Église. — Ne quittez point le banquet de la vie sans avoir payé votre (*é, c, cc, ot*). — Le pédantisme (*e, f, ff, arouche*) les esprits et les éloigne de l'étude.

XXXVIe LEÇON

SUR LES RÈGLES N°s 68, 69, 70, 71, 72, 73, 74 ET 75.

(*Voir la 1re Partie.*)

EXPLICATION.

Mots terminés par *afe, affe, aphe*, n. 68
    Id.   *ail, eil, euil, eul*, n. 69.
    Id.   *aille, eille, euille, eule*, n. 69.
    Id.   *aire, ère*, n. 70.
    Id.   *ale, alle*, n. 71.
    Id.   *an, anc, ang, aon*, n. 72.
    Id.   *ance, ence, anse, ense*, n. 73.
    Id.   *ane, anne*, n. 74.
    Id.   *ate, atte*, n. 75.

La (*gira, f, ff, e*) est d'un naturel fort doux. — Un (*cénota, f: ph, e*) était un monument commémoratif d'un mort, élevé par sa famille. — Il est honteux de ne pas savoir l'(*or, t, th, ogra, ph, f, e*). — Le (*lexicogra, f, ph, e*) doit avoir une grande rectitude d'esprit et beaucoup de connaissances. — On trouve le premier essai du (*télégra, f, ph, e*) dans la marche des Hébreux à travers le désert : une colonne de feu les guidait dans ce long trajet. — Il n'y a plus d'(*i, hi, storiogra, f, ph, e*) de France, d'(*i, hi, storiogra, f, ph, e*) du roi. — Dans l'Afrique méridionale, les sauvages se font des chaussures de peau de (*gira, f, ff, e*). — C'est Dieu qui a lancé le (*sol, eil, eille*) dans l'espace. — C'est Dieu qui a dit à la mer : Ici se brisera l'(*org, ueil, euille*) de tes flots. — Le camphrier a le port élégant du (*till, eul, euille*). — La crainte prend l'homme au berceau et l'accompagne jusqu'au (*cerc, ueil, ueille*). — L'(*écur, euil, euille*) est le plus agréable des quadrupèdes. — L'(*aï, eul, e*) rit à son fils, dans ses bras le balance. — Les habitants du Midi aiment l'(*a, il, ille*) avec passion. — Le (*trav*, *ail*, *aille*) entretient la santé. — Le (*cam*, *ail*, *aille*) est un vêtement nécessaire pour se garantir de la piqûre des (*ab*, *eil*, *eille*, *s*). — Le (*cerf*, *euil*, *euille*) est une plante que les bestiaux et les lapins mangent avec avidité. — Les (*f*, *euil*, *euille*, *s*) du (*glaï*, *eul*, *eulle*) ressemblent à un glaive. — Le (*cor*, *ail*, *aille*) sert à la parure des négresses, aux yeux desquelles il est d'un grand prix.

Le premier (*ort*, *eil*, *eille*) ou le pouce est le plus gros et le plus long ; les autres vont ensuite en décroissant. — L'oie a le (*somm*, *eil*, *eille*) très-léger ; elle sert de garde dans la basse-cour. — Les (*f*, *euil*, *euille*, *s*) du navet de Suède sont avidement recherchées par le (*bét*. *ail*, *aille*). — La lime mord l'acier et l'(*or*, *eil*, *eille*) en frémit. — La (*vol*, *ail*, *aille*) est un aliment léger, savoureux. — La (*c*, *ail*, *aille*) est ce qu'il y de plus mignon et de plus aimable. — La piqûre de l'(*ab*, *eil*, *eille*) lui est presque toujours fatale : elle meurt un instant après. — L'air se purifie dans les (*entr*, *ail*, *aille*, *s*) de la terre. — Il importe de supprimer à la première (*t*, *ail*, *aille*) les bourgeons inutiles. — La (*gros*, *eil*, *eille*) à maquereau s'appelle ainsi, parce qu'on se sert de son suc, comme du verjus, pour préparer ce poisson. — Les oiseaux sont très-friands de la graine d'(*os*, *eil*, *eille*). — Les animaux préfèrent la (*p*, *ail*, *aille*) de l'orge à celle du blé, qui est moins tendre. — Alexandre était ami du jus de la (*tr*, *eil*, *eille*), puisqu'il noyait souvent dans le vin sa raison et son génie. — L'abricotier est (*origin*, *ère*, *aire*) d'Arménie. — La complaisance est (*nécess*, *ère*, *aire*) dans la société. — Les cailles s'enlèvent brusquement et dans une direction (*perpendicul*, *ère*, *aire*). — L'orge est pour les (*vol*, *ail*, *aille*, *s*) et pour les bestiaux un aliment (*salut*, *ère*, *aire*), et qui les engraisse facilement. — La France a été longtemps (*tribut*, *ère*, *aire*) de l'industrie hollandaise.

L'année (*sol*, *ère*, *aire*) est composée de 365 jours, 5 heures et 49 minutes. — L'année (*lun*, *ère*, *aire*) n'est composée que de 350 jours. — Les nèfles sont d'une saveur acerbe et (*aust*, *ère*, *aire*) avant leur maturité ; mais elles prennent ensuite une saveur douce. — La loi (*agr*, *ère*, *aire*) serait un larcin. — La routine rend la science (*stationn*, *ère*, *aire*). — Les Kalmouks sont cités pour la finesse (*extraordin*, *ère*, *aire*) de l'odorat, de la vue et de l'ouïe, — Les Indiens entendent le bruit que fait en marchant une armée ennemie plusieurs lieues de (*dist, an, en, ce*). — L'arc-en-ciél est un signe de la (*clém, en, an, ce*) de Dieu. — La (*prés, an, en, ce*) de l'homme fait le charme de la nature. — La (*confi, en, an, ce*) est un moyen de plaire.—La (*bienf, e, ai, s, an, en, ce*) est un besoin de i'âme. — L'(*indulg, an, en, ce*) encourage à la (*désobéiss, en, an, ce*). — La (*reconnaiss, en, an, ce*) est la mémoire du cœur. — Il faut se faire une loi de la (*biensé, en, an, ce*). — Les talents donnent l'(*indépend, en, an, ce*). —La (*prud, en, an, ce*) vaut souvent mieux que la valeur. — La (*pati, an, en, ce*) est le courage de tous les jours. — Les bonnes actions portent leur (*récompen, se, ce*). — Le bonheur n'est pas dans l'(*opul, an, en, ce*). — L'(*ais, en, an, ce*) étouffe l'industrie. — L'(*indig, an, en, ce*) avilit l'âme. — L'(*adolesc, an, en, ce*) méprise les jouets du passé. — L'époque de l'agriculture est celle de la (*naiss, en, an, ce*) des sociétés. — Le palmier est par (*excell, an, en, ce*) le végétal du soleil.

Lorsque les blés sont en fleur, c'est alors qu'ils sont revêtus de toute leur (*magnific, an, en, se*). — La (*ca, n, nn, e*) pond quelquefois de suite jusqu'à soixante œufs. — Les têtes de la (*barda, n, nn, e*) s'attachent aux vêtements et aux jambes des passants.—Ce fut vers le temps de la prise de Rome par les Gaulois qu'on apporta le (*plata, n, nn, e*) en Italie.— Les Chinois mâchent les capsules de la (*badia, n, nn, e*), comme un puissant stomachique, et en aromatisent souvent leur thé. — La jolie couleur des fruits de la (*toma, t, tt, e*) produit un effet agréable dans les jardins. — La couleur (*écarla, t, tt, e*) fait fuir certains animaux. — Les (*aroma, t, tt, e, s*) sont surtout usités par les habitants des pays méridionaux. — On reconnaît l'(*aga, t, tt, e*) orientale à la netteté, à la transparence, à la beauté du poli. — Les meilleures (*da, t, tt, es*) nous viennent de Tunis. — Les (*pira, t, tt, es*) vont sur mer attaquer les vaisseaux marchands pour les piller et les voler. — Une (*fréga, t, tt, e*) est un vaisseau de guerre qui n'a ordinairement que deux ponts. — La (*fabrica, s, t, c, ion*) de la tôle est aujourd'hui en grande activité. — Les plantes, les arbres, la (*végéta, t, s, c, ion*) purifient l'atmosphère. — Le lait d'ânesse n'est en (*réputa, t, s, c, ion*) en France que depuis François Ier.

XXXVIIe LEÇON.

SUR LES RÈGLES N°s 56, 57, 58, 59, 60, 61 ET 62.

(Voir la 1re Partie.)

EXPLICATION

C représenté par *q*, n. 56.
K   *ch*, n. 57.
C   *k*, id.
N changé en *m*. n. 58.
F représenté par *ph*, n. 59.
T   *th*, n. 60.
Mots avec un *h* muet, n. 61.
  Id.   *h* aspiré, id.
Mots où se trouve la lettre *y*, n. 62.

Le dimanche de la (*cua, qua, dragésime*) est le premier dimanche de carême. — La (*cua, qua, drature*) du cercle est regardée comme un problème insoluble. — Plusieurs grandes villes, telles que Rome et Londres, n'ont pas de (*ké, quai, s*). — Les (*co, quo, libel, s*) ne sont que de misérables pointes qui ne tombent sur rien. — Dans quelques marres on trouve beaucoup de (*quo, co, quille, s*). — Le (*cua, qua, drupède*) en tondant les prés les empêche de germer. — Les (*Cal, Kal, mouk, s*), comme les Arabes, les (*Quir, kir, ghize, s*), les (*Ya, cou, kou, te, s*) n'ont point de demeure fixe ni d'ameublement. — Des peuplades ont reçu dans l'antiquité, le nom d'(*ik, ich, tio, thyo, f, ph, age, s*), parce qu'elle ne se nourrissaient que de poissons. — Les (*Camt, Kamt, chadale, s*) entassent leurs poissons, les laissent pourrir et les mangent ensuite avec avidité. — La cassure du quartz est (*con, co, cho, ï, dale*). — Le (*co, que, ke*) est du charbon de terre desséché. — Bois du grain (*mo, ka, ca*) l'odorante ambroisie. — Les fleurs de la (*con, chon, drille*) sont for- mées de la réunion d'un grand nombre de fleurettes dans un calice commun. — Les feuilles du (*clein, klein, hovia*) ont l'odeur de la violette. — C'est du luxe que l'architecture a reçu ses (*en, em, be, l, ll, i, s, ss, emen, ts*). — Le (*tem, s, ps*) passe et coule avec rapidité. — Une année se (*con, com, pose*) de douze mois. — Pour (*tr, on, om, per*) le chemin on converse en voyage. — L'Autriche est un (*en, em, pire*). — Le forgeron (*d, on, omp, te*) les métaux enflammés.

Un (*s, in, im, ple*) (*trofi, c, que*) ou échange a dû être le commencement du commerce. — Dans l'Inde, il y a plusieurs tribus qui font toutes un commerce (*am, em, bulant*). — Un vase (*in, im, pur*) aigrit la plus pure liqueur. — Le bouilli est une nourriture qui apaise (*pr, on, omp, tement*) la faim. — Tous les (*ch, an, am, pignon, s*) ne sont pas comestibles. — La timide infortune aime à gémir dans l'(*on, om, bre*). — L'adversité (*retr, en, em, pe*) les âmes. — Les revers n'éteignent pas l'(*em, am, bition*). — Les (*b, an, am, bou, x, s*) du Gange s'élèvent à plus de cent pieds de hauteur. — Les volcans (*am, em, br, a, â, sent*) les montagnes. — L'air est le (*ch, an, amp*) des (*t, am, em, pêtes, s*). — La (*tr, on, om, be*) s'élève majestueusement du sein des eaux. — Les bois (*in, im, prégné, s*) d'alun sont presque (*in, con, com, bustible, s*). — On fait avec la peau des bergamottes des (*b, on, om, bo, n, nn, ière, s*) qui exhalent une odeur suave. — La fraise vermeille (*en, em, baume*) les gazons. — La tête s'(*en, em, boîte*) dans les vertèbres du cou. — L'(*atmos, f, ph, ère*), en réfléchissant les rayons du soleil, illumine tout le globe. — Le globe terrestre est (*s, f, ph, érique*). — Le plus beau (*por, f, ph, yre*) est rouge. — Le (*na, f, ph, te*) est très-transparent et d'une grande fluidité. — L'odeur de l'(*as, f, ph, alte*) n'est sensible que par le frottement. — L'(*o, f, ph, rys*) — bourdon et l'(*o, f, ph, rys*) — mouche ressemblent si parfaitement à l'insecte dont ils portent le nom, qu'on y est toujours trompé lorsqu'on ne les connaît pas.

Le (*té, thé, âtre*) du monde abonde en phénomènes. — L'(*amé, t, th, iste*) est le signe caractéristique de la dignité des évêques de l'Église chrétienne. — Les soudes d'(*Alican, te, the*), de (*Car, ta, tha, gène*) et de Malaga sont les plus estimées. — Le Nil du vert (*acan, te, the*) admire le feuillage. — Prise en infusion comme le (*t, th, é*), la mélasse est très-agréable et bonne pour les nerfs. — Les géraniums du Cap, qui font l'ornement des jardins, ont dix étamines, dont cinq seulement portent des (*an, t, th, ère, s*). — L'(*ari, t, th, métique*) décimale et les caractères numéraux dont nous nous servons ont été, dit-on, inventés par les Arabes. — L'(*i, hy, drogène*) s'enflamme dans les airs.—Les (*ou, hou, x*) servent à faire des (*ai, hai, e, s*). — La (*ou, hou, ille*) sert au chauffage. — L'(*agari, c, que*) arrête les (*é, hé, morr, a, ha, gie, s*). — Les (*a, ha, bitant, s*) des Moluques font usage du bétel. — Les (*a, ha, reng, s*) sont phosphoriques. — L'(*i, hi, p, pp, opotame*) est le patriarche des fleuves.— Les (*é, hé, ron, s*) se nourrissent de reptiles. — La (*u, hu, p, pp, e*) ne garnit jamais son nid de mousse. — L'(*i, hi, rond, el, elle*) nous annonce le retour des beaux jours. — Le coq matinal éveille les (*a, ha, meau, x*). — Les (*e, he, rbe, s*) poussent plus vite que les arbres. — Pendant l'(*i, hi, ver*) les plantes sont engourdies. — On ne peut courir vite et longtemps lorsque l'(*a, ha, leine*) est courte. — En France, les (*a, ha, bitant, s*) des montagnes sont plus petits que ceux des plaines.

La race caucasienne est le type de la race (*u, hu, maine*). — La plupart des peuples d'Afrique ont le poisson en (*o, ho, r, rr, eur, e*). — Les mêmes actes, plusieurs fois répétés, forment l'(*a, ha, bitude*). — Les eaux tombent des (*au, hau, te, s*) montagnes où leur réservoir est placé. — Les (*a, ha, ricot, s*) entrent comme aliments en (*a, har, moni, e*) avec les blés chez tous les peuples. — L'(*os, hos, pitalité, e*) est en (*o, ho, n, nn, eur, e*) chez tous les peuples de l'Orient.— Les Européens sont devenus les plus (*ar, har, di, s*) des navigateurs.—Le mensonge est un vice dont on ne saurait avoir trop d'(*o, hor, rr, eur, e*). — La belette et l'(*er, her, mine*) ne veulent pas manger quand on les regarde. — De (*bru, i, y, ante, s*) cataractes se précipitent du sommet des montagnes. — Les armes des (*Eg, i, y, ptien, s*) étaient de bronze. — Les cercueils des momies d'(*Eg, i, y, pte*) sont de (*c, y, i, près*) ou de cèdre. — L'(*os, i, y, ris*) croît dans les provinces méridionales de la France. — Les fleurs du (*nim, nym, f, ph, œa*) se ferment et se plongent dans l'eau au coucher du soleil. — Les anciens (*Si, Scy, t, th, es*) et les (*Un, Hun, s*) mettaient de la chair crue sous les selles de leurs chevaux et la mangeaient ensuite.

XXXVIIIe LEÇON.

SUR LES RÈGLES N°s 51, 52, 53, 54 ET 55.

(Voir la 1re partie.)

EXPLICATION

Emploi du *t* au milieu des mots, n. 51.
Ban et *ben*, n. 52.
Ga, gan, n. 53.
Isse, ice, n. 54.
I, é représentés par *ai, ei,* n. 55.

Il vaut mieux exceller dans le médiocre, que de s'égarer en voulant (*a, t, tt, in, ein, dre*) au sublime. — Il serait à désirer que les bons amis s'(*a, t, tt, endi, s, ss, ent*) pour mourir ensemble le même jour. — Ce ne sont pas les prières vocales qui font le mérite de l'(*o, r, rr, aison*). — Il ne peut y avoir de (*li, é, ai, son, s*) solides qu'entre les gens raisonnables. — Le temps de l'adversité est la (*s, é, ai, son*) de la vertu. — La jeunesse est la (*s, é, ai, son*) de l'imagination. — Epargner des (*tr, é, aî, tre, s*), c'est s'exposer à la trahison. — Un cœur (*tr, ê, aî, tre*) est nécessairement cruel. — Il faut avoir l'âme bien vigoureuse ou bien (*a, f, ff, aibli, e*) pour se maintenir dans la solitude. — Dans les grandes (*a, f, ff, aire, s*) on doit moins s'appliquer à (*f, é, ai, re*) (*n, é, aî, tre*) des occasions qu'à profiter de celles qui se présentent. — On ne peut rien fonder sur des cadavres : ils s'(*a, f, ff, e, ai, sse, nt*) et l'édifice croule. — Il n'y a rien qui (*ra, f, ff, ré, raî, chi, s, ss, e*) le sang comme une bonne œuvre. — Le flambeau de la vérité brûle souvent la (*m, ain, in*) qui le porte. — La religion et l'honneur prêtent (*m, ain, in*) forte à la justice. — L'ordre social d'une nation repose sur le choix des hommes destinés à le (*m, in, ain, tenir, e*). —

Je n'ai jamais vu d'homme ayant de la fierté dans l'âme en avoir dans le (*m, in, ain, tien*). — Il vaut mieux (*m, é, ai, grir, c*) dans l'honneur que d'(*engr, é, ai, s, ss, er*) dans l'infamie. — Je n'ai pas lu que les apôtres aient fait (*c, on, om, par, ê, aî, tre*) devant le tribunal.

Qu'est-ce qu'Alexandre, César, Pompée, en (*c, on, om, par, é, ai, son*) de Socrate ? — Il n'est pas dans l'homme d'(*é, ai, mer*) ce qui ne lui (*par, ê, aî, t*) pas (*é, ai, mable*). — La première qualité pour être (*é, ai, mé*), c'est d'être (*é, ai, mant*). — On n'est pas plus (*m, ê, aî, tre*) de toujours (*é, ai, mer*) qu'on ne l'a été de ne pas (*é, ai, mer*). — La république est la mère (*nou, r, rr, ice*) de l'éloquence, et la servitude son ennemi mortel. — La démocratie est la (*nou, r, rr, ice*) de l'ambition. — Sans l'amour de la patrie, la science et la philosophie ne (*garanti, s, ss, ent*) pas une nation de l'(*a, s, ss, ervi, s, ss, ement*). — L'(*obéi, s, ss, ance*) aux volontés d'un chef absolu (*a, s, ss, imile*) l'homme à la brute. — Dieu a permis l'(*établi, s, ss, ement*) des hérésies. — Des saignées trop abondantes produisent l'(*a, p, pp, auvri, s, ss, ement*) du sang. — Les (*joui, s, ss, ance, s*) deviennent rares, difficiles et (*pré, cai, quai, re, s*) chez un peuple qui ne cherche qu'à jouir. — Les études de la jeunesse font les (*joui, s, ss, ance, s*) de la vieillesse. — La belle Hélène appelait le temps son dernier (*ravi, s, ss, eur*). — Le temps apporte de l'(*adouci, s, ss, ement*) aux plus grandes douleurs. — Des feux d'artifice sont de pauvres (*réjoui, s, ss, ance, s*) publiques chez un peuple civilisé. — C'est une preuve de peu d'amitié de ne pas nous apercevoir du (*refroidi, s, ss, ement*) de celle de nos amis. — Le salut de tous est dans l'harmonie sociale et dans l'(*anéanti, s, ss, ement*) de l'esprit de parti.

La longue (*po, s, ss, e, s, ss, ion*) du pouvoir en produit l'(*a, f, ff, ermi, s, ss, ement*). — Les âmes communes pardonnent difficilement les (*servi, ss, c, es*) et la renommée des grands hommes. — L'(*égalité, e*) est le beau idéal du corps social. — L'(*inégalité, e*) de droits augmente le désordre ; celle de fait entretient l'harmonie sociale. — Consultez les vieillards ; ils ont appris à leurs dépens la route de la vie et ils vous empêcheront de vous (*égaré, r*). — La science des (*égar, d, s*) est celle de la politesse. — Parmi les courtisans, je découvre beaucoup d'(*intrig, ant, uant, s*) et peu d'amis. — L'(*a, r, rr, ogance*) est le déguisement de la bassesse. — Il n'y a personne de plus (*a, r, rr, ogant*) qu'un parvenu. — Il n'y a rien, à la longue, de plus (*fatig, uant, ant*) que l'oisiveté. — Des yeux (*fatigué, s*) par les larmes cherchent naturellement à se fermer. — En tout, la (*prodigalité, e*) nuit. — La (*prodigalité, e*) est criminelle, parce qu'elle appauvrit la (*bien, fe, fai, sance*). — La Providence travaille (*infatigablemen, t*) à prouver qu'elle sait punir. — Il faut (*ne, t, tt, oyer infatigablemen, t*) le miroir de la vérité. — Combien la rage de dire des choses nouvelles a fait dire des choses (*extravag, an, uan, te, s*)! — L'(*a, b, bb, andon*) dans la vieillesse est le sort de l'égoïste. — Trop souvent la couronne d'un roi n'est qu'un (*band, au, eau*) sur ses yeux. — Le suicide, se (*dé, r, rr, obant*) aux coups du sort, ne peut se dérober à ceux de l'éternelle justice. — Le (*turb, an, ant*) est la coiffure des Orientaux.

Les contrefacteurs sont les (*forb, an, ant, s*) de la librairie. — Il est un courage (*li, t, tt, éraire*) qui exige plus de force d'âme que le courage militaire : il expose à plus de dangers et obtient moins de récompenses. — Les traductions trop (*li, t, tt, érale, s*) sont comme des pâtés d'imprimerie ou des mosaïques brouillées. — Le goût de la (*li, t, tt, érature*) est un mets de tous les temps. — Je trouve plus de bon sens dans mes cultivateurs, et surtout plus de bonne foi, que dans les (*regra, t, tt, ier, s*) de la (*li, t, tt, érature*). — Parmi toutes les choses que nous (*regre, t, tt, on, s*), il n'y a réellement de (*regre, t, tt, able*) que le temps mal employé. — Il est de la destinée des peuples en révolution de (*regre, t, tt, er*) amèrement ce qu'ils avaient violemment rejeté. — Les combats de sectes, de partis, ne sont que des (*lu, t, tt, es*) de dénomination. — Il y a du bon sens à se (*me, t, tt, re*) quelquefois au-dessus des coutumes. — Un des (*a, t, tt, ribu, ts*) de la (*so, t, tt, ise*) est de passer le but en toutes choses. — On ne s'(*aq, acq, ui, t, tt, e*) pas envers les malheureux par une vaine exclamation de pitié.

XXXIXe LEÇON.

SUR LES RÈGLES N°s 25, 26, 27, 28, 29 ET 30.

(Voir la 1re Partie.)

EXPLICATION.

Mots commençant par *el*, n. 25.
  Id.   *em*, n. 26.
  Id.   *en*, n. 27.
  Id.   *es*, n. 28.
  Id.   *et*, n. 29.
  Id.   * feur*, n. 30.

Au printemps on (é, l, ll, ague) les arbres. — Les astres ne quittent pas leur séjour pour aller éclairer une autre terre ; la terre ne s'(é, l, ll, ance) pas en haut pour aller prendre leur place. — L'archevêque de Cologne est un archevêque (é, l, ll, ectif). — L'(e, l, ll, ectora, t) dans l'empire est la plus grande dignité après celle de l'empereur et du roi des Romains. — Nous savons nous plaindre (é, l, ll, éga, m, mm, ent). — Tibulle, Ovide et Properce sont les plus connus des poëtes (é, l, ll, égiaque, s). — L'(é, l, ll, égi, e) française est ordinairement en vers alexandrins. — Les cartésiens n'admettent que trois (é, l, ll, ément, s). — On se servait autrefois des (é, l, ll, é, f, ph, ant, s) à la guerre, et on s'en sert encore dans les Indes Orientales au même usage. — On met une (apostro, f, ph, e) dans l'écriture à la place de la voyelle qu'on (é, l, ll, ide). — Ceux que Dieu a (é, l, ll, us), il les a prédestinés. — Il y a beaucoup d'appelés, mais peu d'(é, l, ll, vs). — La providence de Dieu veille sur ses (é, l, ll, us). — Le Seigneur a ses (é, l, ll, us) partout. — L'(é, l, ll, ite) de la noblesse française a été précipitée dans le tombeau. — Le plus grand (é, l, ll, oge) d'un prince, c'est d'être bon. — L'amour des peuples est l'(é, l, ll, oge) le moins suspect du souverain. — Synésius a fait l'(é, l, ll, ogc) de la pauvreté, Favarin de la laideur, Erasme de la folie. — L'(é, l, ll, oignement) du temps est cause de l'obscurité qu'il y a dans certaines histoires.

Tel prend le parti des armes, et suit une route d'où mille raisons de tempérament, de goût, de conscience, d'intérêt même l'(é, l, ll, oigne, nt). — Quiconque s'(é, l, ll, oigne) de la règle et de la sagesse, s'(é, l, ll, oigne) du seul bonheur où l'homme puisse aspirer sur la terre. — La véritable (é, l, ll, oqu, en, an, ce) consiste encore plus dans les choses que dans les paroles. — Il y a des gens qui sont naturellement (é, l, llo, oqu, en, an, ts). — Démosthène et Cicéron sont les plus (é, l, ll, oqu, en, an, ts) orateurs de l'(antiquité, e). — La nature a (é, m, mm, aillé) les prairies d'une variété admirable de fleurs. — Les odeurs sont des (é, m, mm, anation, s) des corps odorants. — Le Saint-Esprit (é, m, mm, ane) du Père et du Fils. — On polit l'(é, m, mm, eraude), on taille le rubis. — Une foule de cultivateurs (é, m, mm, igre, nt) d'Europe en Amérique. — L'effet est contenu (é, m, mm, in, amen, emm, ent) dans la cause. — Les (é, m, mm, ir, s) descendent de Mahomet par les femmes. — On a cinq jours pour réclamer, à compter du jour de l'(é, m, mm, ission) des vœux. — L'acier de Damas coupe le fer sans s'(é, m, mm, ou, s, ss, er). — Le vin blanc (é, m, mm, eut). — Il y a dans les prophéties des expressions d'une grande (é, n, nn, ergi, e). — Le trop grand usage du vin est capable d'(é, n, nn, erver) un homme. — C'est l'orgueil des rois tout seul qui autorise et (en, ar, har, di, e, t) les adulations et les mauvais conseils.

La nature est une grande (é, n, nn, igme) proposée à l'intelligence du sage. — La bière (e, n, nn, ivre) aussi bien que le vin. — Les premières fureurs du vin (e, n, nn, ivre, nt) la raison et ne lui laissent pas le loisir de sentir sa misère. — Ne vous (e, n, nn, ivré, z) pas des éloges flatteurs. — Les sciences, les beaux-arts (e, n, nn, obli, s, ss, ent) une langue. — L'(e, n, nn, ui) est plus difficile à supporter que la douleur. — Les conversations nous (e, n, nn, uie, nt) par les oppositions d'humeur et la contrariété des sentiments. — Quand on n'a rien à faire, on passe la journée (e, n, nn, uyeusement). — Les sciences nous enflent, les œuvres saintes nous (*e, n, nn, orgueilli, s, ss, ent*). — L'(*é, n, nn, umération*) des parties est un des lieux communs de la rhétorique. — Les géants voulurent (*escaladé, r*) le ciel. — Vivre sous un despote, c'est être un (*es, esse, clave*). — Les emplois éclatants ne sont qu'un (*es, esse, clavage*) illustre. — Parmi les Romains, le maître avait puissance de vie et de mort sur ses (*es, esse, clave, s*). — L'(*es, esse, pèce*) la plus parfaite des animaux, c'est l'homme. — Le doute si nous parviendrons à la vieillesse, qui devrait, ce semble, borner en deça nos (*es, esse, pérance, s*), fait que nous les étendons même au delà de cet âge. — Les plaisirs ont arrêté bien des (*es, esse, pérance, s*) de fortune. — On perd (*esse, es, poir*) alors que l'on (*es, esse, père*) toujours.

Les plus difficiles victoires ne sont que les coups d'(*e, s, ss, ai*) de ceux que Dieu même instruit pour la guerre. — Il est sorti du Nord plusieurs (*e, s, ss, ain, aim, s*) de barbares. — La partie la plus (*e, s, ss, en, ciel, tiel, le*) à la royauté, c'est la justice. — La vérité et la fidélité sont les vertus (*e, ss, en, ciel, tiel, le, s*) des princes. — L'homme est (*e, s, ss, en, ciel, lement*) raisonnable. — On fait des (*e, s, ss, ieu, x*) de bois et de fer. — Sortez de vous-même et prenez un si noble (*e, s, ss, or, e*) que vous ne trouviez de repos que dans l'(*e, s, ss, an, en, ce*) éternelle du Père, du Fils et du Saint-Esprit. — Ne montez pas trop vite de peur de vous (*e, s, ss, ou, f, ff, ler*). — Si vous ne retenez votre cheval, vous l'(*e, s, ss, ou, f, ff, lerez*). — Le plus grand capitaine peut (*e, s, ss, uyé, r*) des revers. — Il y a une pureté de mœurs plus (*es, esse, timable*) que celle du sang. — On (*és, esse, time*) les coursiers de Naples par-dessus tous les autres chevaux. — Les draps d'Espagne sont plus (*e, esse, timé, s*) que ceux de France. — Le chaos se débrouilla, la nature (*é, t, tt, ala, t*) toutes ses beautés. — Le tabac (*é, t, tt, anche*) le sang. — L'âge (*é, t, tt, eint*) le feu des passions. — La jouissance (*é, t, tt, eint*) les désirs. — La vieillesse (*é, t, tt, eint*) le feu de l'imagination. — Les vains préceptes de la philosophie nous prêchaient une insensibilité ridicule, comme s'ils avaient pu (*e, t, tt, in, ein, dre*) la nature elle-même. — La vie de l'homme ne s'(*é, t, tt, en, d*) guère au delà de cent ans. — Les peines des damnés dureront (*é, t, tt, ern, èle, elle, ment*).

XLᵉ LEÇON.

SUR LES RÈGLES Nᵒˢ 2, 17, 18, 41, 42, 91, 92 ET 93.

(Voir la 1ʳᵉ Partie.)

EXPLICATION

Mots commençant par *ac*, n. 2.
   Id.   *com*, et *con*, n. 17 et 18.
   Id.   *ref*, n. 41.
   Id.   *suf* et *sup*, n. 42.
Mots terminés par *illard*, *illiard*, n. 91.
   Id.   *ciller*, *aillier*, *iller*, n. 92.
   Id.   *illeux*, *illieux*, n. 93.

L'huître s'(*a*, *c*, *cc*, *roche*) aux rochers ou aux racines des arbres sur le bord de la mer. — L'usage des (*a*, *c*, *cc*, *ent*, *s*) remonte à la haute antiquité. — La végétation des plantes s'(*a*, *c*, *cc*, *roît*) par leurs reflets. — L'immortalité est (*a*, *c*, *cc*, *ordé*, *e*) au génie. — En Angleterre, les viandes (*a*, *c*, *cc*, *o*, *m*, *mm*, *odé*, *e*, *s*) d'une manière (*su*, *c*, *cc*, *ulente*) composent le fond des repas. — Il ne faut pas se laisser (*a*, *c*, *cc*, *abler*) par le chagrin. — Tout corps pesant poussé de haut en bas, ou qui tombe librement (*a*, *c*, *cc*, *élère*) son mouvement. — La justice ne fait (*a*, *c*, *cc*, *eption*) de personne. — Qui a beaucoup de connaissances peut avoir (*a*, *c*, *cc*, *ès*) en beaucoup d'endroits. — Le Nil du vert (*a*, *c*, *cc*, *anthe*) admire le feuillage. — Le miel qui provient des fleurs de l'(*a*, *c*, *cc*, *onit*) est vénéneux. — Cela ne vaut rien, dit tout homme qui (*ach*, *ète*, *ette*): mais, rentré chez lui, il se vante de son marché. — Il y a des esprits peu justes qui prennent l'(*a*, *c*, *cc*, *e*, *s*, *ss*, *oir*, *e*) pour le principal. — La blancheur est (*a*, *c*, *cc*, *ident*, *èle*, *elle*) à la cire. — Il

est des (*a, c, cc, ident, s*) qu'il est impossible de prévenir.
— La plupart des grandes découvertes ont été faites (*a, c,
cc, ident, èle, elle, ment*). — Certains magistrats d'Athènes
étaient élus pas (*a, c, cc, lamation*). — Il faut du temps
pour (*a, c, cc, limater*) une plante étrangère. — Il y a des
plantes, telles que la vigne, le houblon, le liseron, qui s'(*a,
c, cc, ole, olle, nt*) d'elles-mêmes.

Un mauvais (*a, c, cc, om, omm, odement*) vaut mieux
que le meilleur procès. — Le sage sait s'(*a, c, cc, om, omm,
oder*) à tout. — Tous nos plaisirs doivent toujours être (*a, c,
cc, ompagné, s*) d'une certaine décence. — Ce sont les Grecs
et les Romains qui nous ont enseigné l'art de bâtir des palais, des temples, des maisons (*co, m, mm, ode, s*). — On ne
(*co, m, mm, ença, t*) à faire du verre à Rome que sous Tibère.
— La crainte du seigneur est le (*co, m, mm, encement*) de la
sagesse. — Les Bedjouanas vivent (*co, m, mm, unément*)
de lait caillé.— Le besoin invite les hommes au (*co, m, mm,
erce*) pour se donner mutuellement ce qui leur manque. —
La beauté passe (*co, m, mm, e*) la fleur. — Le lait caillé est
le mets (*co. m, mm, un*) des Tartares. — Le système des
emprunts est moins avantageux aux nations agricoles qu'aux
nations (*co, m, mm, erçante, s*). — L'Evangile (*co, m, mm,
ande*) d'aimer son prochain. — Le (*co, m, mm, encement*) de
toutes choses vient de Dieu. — (*Co, m, mm. encé, x*) par
vous faire aimer, afin que chacun cherche à vous complaire.
—Les (*co, m, mm, encements*) sont toujours difficiles. — Les
forces navales servent à protéger le (*co, m, mm, erce*). — Un
(*ver, re*) de montre est (*conca, ve*) en dedans et (*convex, e*)
en dehors. — La surface extérieure d'une bouteille est (*convex, e*) et la surface intérieure est (*concav, e*).

Les anciens ne (*co, n, nn, ai, s, ss, ai ent*) pas l'harmonie et n'avaient par (*con, sé, cé, quent*) pas de (*con, ser,
cer, t*). — Le violon avait seul jadis le privilége du (*con, ser,
cer, to*). — Dans les relations privées, il faut se faire des
(*con, ces, ses, sion, s*) mutuelles, sans quoi la vie commune
deviendrait insupportable. — Le (*con, ser, cer, to*) en France
est tout ce qui ressemble au clinquant du bel esprit. —Dans
le Midi et dans le Nord, il se fait une immense (*conso, m,
mm, ation*) de tous les (*con, com, brc, s*) indistinctement,
pour être employés crus en salade. — Des complices sont

toujours de (*co, n, nn, ivence*). — Mille (*co, n, nn, ai, s, ss, ance, s*) ne valent pas un ami. — Plus on (*co, n, nn, aît*) l'art, plus on en sent les épines. — Les (*re, f, ff, let, s*) de la terre augmentent la chaleur du soleil. — On met des chevaux au vert pour les (*re, f, ff, aire*). — Combien d'hommes passent leur vie à faire, défaire et (*re, f, ff, aire*) !—On doit toujours s'en (*ré, f, ff, érer*) à l'avis d'un homme sage. — Les miroirs (*ré, f, ff, léchi, s, ss, ent*) la lumière. — Les orangers, après avoir porté des fleurs au printemps (*re, f, ff, leuri, s, ss, ent*) ordinairement en automne. — Quand la mer monte, elle fait (*re, f, ff, luer*) les rivières. — Le mouvement du (*flux, e*) et du (*re, f, ff, lux, e*) est un balancement égal des eaux. — L'univers est présidé par l'Être-(*Su, p, pp, rême*). — La force décidait jadis de la (*su, p, pp, ériorité, e*) parmi les hommes.

Les nègres (*su, p, pp, orte, nt*) des fatigues auxquelles succomberaient les Européens. — L'ignorance est un état d'enfance perpétuelle ; elle (*su, p, pp, ose*) l'oisiveté qui engendre tous les vices. — En Arabie et en Perse, les habitants n'ont souvent l'usage d'autre boisson que de l'eau : un peu de riz ou de dattes (*su, f, ff, it*), au besoin, pour les nourrir. — La (*su, f, ff, isance*) est insupportable dans la société dont elle blesse les égards par son ton décidé. — Les altérations de la nature ne sont que (*su, p, pp, erficiel, le, s*). — L'homme trouve son (*su, p, pp, lice*) dans ses espérances. — (*Su, p, pp, orton, s*) mutuellement nos défauts. — Le (*babi, l, ll, ard*) s'ennuie s'il n'a rien à dire. — Le (*brou, l, ll, ar, d*) blanchit les monts de son voile léger. — Le (*corbi, l, ll, ar, d*) du pauvre n'est souvent suivi que de son chien. — Il a été exposé au Louvre un (*bi, l, ll, ar, d*) qui jouait un air quand la bille tombait dans la blouse. — L'art de (*tai, l, ll, er*) les cristaux nous vient de Bohême. — Il importe de (*survei, l, ll, er*) la cane lorsque l'on voit approcher le moment où elle doit commencer sa ponte. — C'est un jour perdu qu'un jour passé sans (*travai, l, ll, er*). — Il ne faut pas (*révei, l, ll, er*) le chat qui dort. — La plante des pieds est un endroit (*chatoui, l, ll, eu, x*). — Dieu se plaît à abaisser l'(*orguei, l, ll, eu, x*). — La lune fait briller son disque radieux au travers des chênes (*sourci, l, ll, eu, x*).— Le bonheur n'est pas dans un poste (*péri, l, ll, eu, x*).—Rien de plus ridicule et de plus insupportable qu'un homme (*véti, l, ll, eu, x*). — Il ne faut pas que la discussion nous rende (*pointi, l, ll, eu, x*). — Tout paraît (*mervei, l, ll, eu, x*) au jeune homme qui entre dans le monde ; tout paraît insi- pide au (*viei, l, ll, ar, d*) qui en sort. — Il faut des vers pour les choses (*mervei, l, ll, euse, s*) ; la prose n'y (*su, f, ff, it*) pas.

XLIe LEÇON.

SUR LES RÈGLES N°s 96, 97, 98, 100, 101, 23, 24, 25 ET 48.

(*Voir la 1re Partie.*)

EXPLICATION

Mots terminés en *ir, ire*, n. 96.
        Id.   *iscer, icer, isser*, n. 97.
        Id.   *ite, itte, iter, itter*, n. 98.
        Id.   *oin, ouin*, n. 100.
        Id.   *oir, oire*, n. 101.
Mots commençant par *ec, ef, el*, n. 23, 24 et 25.
N au milieu des mots, n. 48.

La glace ose (*s, é, ai, sir, e*) le vin du sacrifice. — Le char- bon sec s'emploie pour (*a, s, ss, é, ai, nir, e*) les apparte- ments humides. — Sur les rives du Gange on voit (*fleurir, e*) l'ébène. — Le long âge est un mal dont on ne peut (*guérir, e*). — Le sauvage ne songe pas à se (*vêtir, e*), à moins que la rigueur du climat ne l'y contraigne. — Après avoir cueilli les nèfles, on les laisse (*mûrir, e*) sur la paille, jusqu'à ce qu'el- les deviennent molles. — Les abeilles vont (*recueillir, e*) avec soin le suc des fleurs odoriférantes, pour en composer leur miel. — La culture a pour effet général d'(*adoucir, e*) les cli- mats extrêmes. — Le bananier seul donne à l'homme de quoi le (*nou, r, rr, ir, e*), le loger, le meubler, l'habiller et l'(*en- sevelir, e*). — Plus on s'éloigne, plus on voit les objets s'(*a, p, pp, eti, s, ss, er*). — Au milieu de la foule nous ne sentons pas la main du voleur se (*gli, s, ss, er*) dans notre poche pour nous dérober notre mouchoir ou notre bourse. — Au printemps on voit la terre se (*tapi, s, ss, er*) de fleurs.—Les herbes poussent plus (*vi, t, tt, e*) que les arbres.— Le blé est (*cosmopoli, t, tt, e*) comme l'homme.—Les hirondelles voyagent (*plu, s, tôt*) pour chercher la nourriture que pour (*évi, t, tt, er*) le froid. — Le (*crocodi, l, ll, e*) avale, dit-on, des pierres pour (*facili, t, tt, er, e*) sa digestion. — Le vrai (*méri, t, tt, e*) est modeste. — La lune semble partager avec le soleil le (*s, oin, ouin*) de nous éclairer. — Ce globe immense n'est qu'un (*poin, t*) perdu au milieu des soleils.

L'acier coupe le bois que déchirait le (*c, oin, ouin*). — Un épervier voit d'en haut, et de vingt fois plus loin, une alouette sur une motte de terre, qu'un homme ou un chien ne peuvent l'(*a, p, pp, ercevoir, e*). — Chacun a sa manière de (*voir, e*). — C'est Dieu qui nous donne le (*vouloir, e*) et le faire. — Il ne faut (*recevoir, e*) que ceux qu'on estime. — L'épine voit (*éclor, e*) et s'(*éclipsé, r*) la rose. — La foudre étincelante (*é, c, cc, late*) dans les nues. — L'(*é, c, cc, ureuil*) est le plus agréable des quadrupèdes. — Sur les ailes du feu l'(*é, c, cc, lair, e*) brille et serpente. — Le pinson remplit l'air de sa voix (*é, c, cc, latante*). — La colombe attendrit les (*é, c, cc, o, ho, s*) des forêts. — L'(*é, c, cc, revi, s, ss, e*) ne convient pas à tous les estomacs.—Le travail (*é, c, cc, arte*) l'ennui, le (*v, ice, isse*) et la misère. — Méfiez-vous de l'(*é, co, cho*)! —La bonne (*é, c, cc, onomi, e*) tient le milieu entre l'(*avar, ice, isse*) et la (*prodigalité, e*). — On gagne toujours à (*é, c, cc, outé, r*) un sage. — Celui qui ne sait ni lire ni (*é, c, cc, rir, e*) est aisément dupé par ceux qui le savent. — Les chevaux mal dressés renversent les (*é, c, cc. uyer, s*) brutaux ou trop confiants. — Les raisins sont tardifs ou se pressent d'(*é, c, cc, lor, e*). — La tige des arbres se revêt d'une dure (*é, c, cc, orce*) qui met le bois tendre à l'abri des injures de l'air. — Les abréviations sont presque aussi anciennes que l'(*é, c, cc, ritur, e*).—Les cardinaux occupent en France le premier rang (*e, c, cc, lésiastique*).

L'(*é, c, cc, ritur, e*) est la gardienne de l'histoire. — La tortue caret est celle dont on tire la plus belle (*é, c, c, aille*) employée dans les arts. — L'(*é, c, cc, arlate*) des Gobelins a joui pendant longtemps d'une grande réputation. — Les (é, qu, cc, a, r, rr, i, s, ss, eur, s) sont chargés de débarrasser la voie publique des animaux morts ou abandonnés. — L'(é, c, cc, arté) ne fut d'abord en usage que chez les laquais. — L''(é, c, cc, art, ële, elle, ment) était l'une des peines les plus horribles que l'imagination la plus déréglée ait pu inventer. — On voit des (e, c, cc, hymose, s) se former autour des piqûres de sangsues et des ouvertures de veines qu'on pratique avec la lancette.—Salomon passa pour être l'auteur de l'(É, c, cc, lésiaste).—Les larmes qu'on s'(e. f, ff, orce) de cacher sont les plus touchantes. — L'aréométrie est la science qui détermine la pesanteur et les (e, f, ff, et, s) de l'air. — L'(e, f, ff, açure) n'empêche pas qu'on ne lise encore quelque chose de ce qui était écrit. — Chez nous les couleurs de la honte s'(e, f, ff, ace, nt) bientôt. — Dans certaines contrées on (e, f, ff, ane) la vigne, lorsque le raisin est presque mûr. — (Un, e) air (e, f, ff, aré, e) bien souvent nous fait rire. — Toutes les passions sensibles logent dans des corps (e, f, ff, éminé, s). —.Le fer se dissout dans l'eau-forte avec (e, f, ff, erves, ss, sc, ence). — Qu'est-ce qu'un phénomène dans la nature, sinon un (e, f, ff, et) plus rare que les autres? — Le soleil est la cause (e, f, ff, iciente) de la chaleur. — Autrefois on pendait en (e, f, ff, igie).

Les perruquiers disent (e, f, ff, ilé, r) les cheveux, pour dire les dégarnir en les coupant en pointe. — On (e, f, ff, lanque) un cheval à force de le faire travailler. — Dès le matin, (é, l, ll, evé, z) votre cœur à Dieu. — La flamme en jets brillants s'(é, l, ll, ance) dans les airs. — La véritable (é, l, ll, oquence) est celle du bon sens. — Le travail calme les passions, il occupe l'esprit, il (é, l, ll, oigne) l'ennui. — L'(é, l, ll, ectricité) est le soleil des pôles. — La trombe s'(é, l, ll, ève) majestueusement du sein des eaux. — Le latanier a une forme (é, l, ll, égante) et pittoresque.—Les Romains (é, l, ll, evai, ent) beaucoup de bestiaux. — Les (co, l, ll, o, n, nn, ade, s) supposent un haut degré de perfection dans les arts et dans le goût. — Dans tout l'Orient, un médecin est un (perso, n, nn, age) respecté. — On raconte de quelques peuples sauvages que, pour se guérir des maux de tête, ils se font (do, n, nn, er) de violents coups de bâton sur la partie malade. — La permission de porter à la (bouto, n, nn, ière) un petit ruban, signe d'un ordre de chevalerie, fait bien des heureux et ne coûte rien aux princes. — Dans le nord de l'Europe, les vieillards étaient (anci, ène, enne, ment) les gardiens des lois et coutumes (*judici, ère, aire, s*). — Pour se bien porter, il faut (*boir, e*) et manger sobrement. — Il y a des choses qu'il faut (*voir, e*) pour les (*croir, e*), et d'autres qu'il faut (*croir, e*) pour les (*voir, e*). — On se trompe soi-même, lorsqu'on s'en fait (*a, c, cc, roir, e*). — On meurt sans s'en (*a, p, pp, ercevoir, e*). — Le mauvais, en aucun genre, ne doit se (*recevoir, e*). — Ne rien (*pouvoir, e*), c'est vivre mort. — Il faut se (*pourvoir, e*) longtemps contre la vieillesse et la mort.

XLIIe LEÇON.

SUR LES RÈGLES N°s 77, 78, 31, 32, 33, 34, 102 ET 103.

(Voir la 1re Partie.)

EXPLICATION.

Mots terminés par *tier, cier, ciable, tiable*, n. 77.
     Id.   *eau, au*, n. 78.
Mots commençant par *hip* ou *hyp*, n. 31.
     Id.   *il*, n. 32.
     Id.   *im* et *in*, n. 33 et 34.
Mots terminés par *oir* et *oire*, n. 102 et 103.

Les hommes qui composent la race (*h, ip, yp, erLoré, ène, enne*) sont remarquables par l'exiguïté de leur taille. — L'(*h, ip, yp, popotame*) est le patriarche des fleuves. — L'(*h, ip, yp, pocentaure*) est un animal fabuleux qu'on suppose être moitié homme et moitié cheval. — L'(*h, ip, yp, pocras*) est une espèce de liqueur faite avec du vin, du sucre et de la (*ca, n, nn, elle*). — Il suffit d'avoir bu de l'eau de l'(*H, ip, yp, pocrène*) pour faire d'excellents vers. — L'(*H, ip, yp, podrome*) était un lieu destiné, chez les Grecs, aux courses de chevaux. — L'(*h, ip, yp, pogri, f, ff, e*) est un animal fabuleux qu'on suppose être un cheval ailé. — L'(*h, ip, yp, pocri, t, tt, e*) joue la dévotion afin de cacher ses vices. — L'(*atmos, f, ph, ère*), en réfléchissant les rayons du soleil, (*i, l, ll, umine*) tout le globe. — La foi est un don et une (*i, l, ll, umination*) de l'Esprit-Saint. — Les (*ve, r, rr, e, s*) de l'optique nous font (*i, l, ll, usion*) de cent manières différentes, en altérant la grandeur, la forme, la couleur et la distance. — Chacun a ses (*i, l, ll, usion, s*). — On peut naître d'une maison (*i, l, ll, ustre*) et n'être qu'un homme ordinaire. — L'(*i, m, mm, unité, e*) est la dispense d'une charge onéreuse. — L'âme de l'homme est (*i, m, mm, ortel, le*). — Les belles actions sont (*i, m, mm, ortalisé, es*). — Le pourceau est pour les Juifs un animal (*i, m, mm, onde*). — Jésus-Christ est l'hostie qui a été (*i, m, mm, o, lé, e*) pour le salut des hommes. — Dans les prer iers temps du Christianisme, on baptisait par (*i, m, mm, ersion*).

Les perroquets (*i, m, mm, ite, nt*) de préférence la voix des enfants. — Belle tête souvent n'est qu'une belle (*i, m, mm, age*). — L'(*i, m, mm, agination*) d'autrui nous trompe aussi souvent que la nôtre. — De temps (*i, m, mm, émorial, e*) on gravait, on moulait, on sculptait le bois et la pierre. — L'aigle (*in, im, péricu, x*) plane au haut du ciel. — L'amarante est le symbole de l'(*i, m, mm, ortalité, e*). — Une grange est un bâtiment nécessaire dans tous les pays où l'on ne bat pas le blé (*i, m, mm, édiatement*) après la moisson. — L'(*i. n, nn, action*), la contrainte où l'on retient les membres d'un enfant ne peuvent que gêner la circulation du sang. — L'(*i, n, nn, advertance*) est un des défauts de l'enfance. — Il n'y a rien dans la nature qui soit (*i, n, nn, altérable*). — L'(*i, nn, aptitude*) exclut tout talent. — Tout ce qui est nouveau et (*i, n, nn, a, t, tt, endu*) saisit toujours. — L'univers (*déc, èle, elle*) une (*inte, l, ll, igence*) pleine de sagesse. — A celui qui te donne sur-le-champ une goutte d'eau, tu lui donneras une fontaine (*inta, r, rr, i, s, ss, able*). — L'(*i, n, nn, on, dation*) est nuisible aux champs. — Le buffle est (*ind, on, om, ptable*) ; il habite les bois. — La scolopendre est après le scorpion l'(*in, s, ss, ecte*) le plus formidable en apparence. — De la grenade l'anémone imite l'(*incarna, t*). — L'(*institutr, ice, isse*) doit se considérer comme la mère des enfants. — La perte du temps est la chose la plus (*insu, p, pp, ortable*) pour celui qui aime à employer son temps. — Les sauvages (*indig, ène, enne, s*) de Formose (*pr, ène, enne, nt*) le gibier vivant à la course.

La force (*matériel, lle*) est rarement compagne d'une haute capacité (*inte, l, ll, ectuel, lle*). — Les hommes (*iuvesti, s*) de la puissance en abusent toujours. — L'(*in, s, ss, ecte*) dépose un ver rongeur dans le sein de la fleur. — Toute la nature montre l'art (*infini, e*) de son auteur. — C'est du sein (*i, n, nn, épuisable*) de la terre que sort tout ce qu'il y a de plus précieux. — Il n'y a presque point de terre entièrement (*ingra, t, tt, e*). — La parole est l'(*interpr, ète, ette*) de l'âme. — Le droit de (*gra, cier, sier*) un coupable n'appartient qu'au roi. — On doit chercher ses intérêts sans (*préjudi, cier, sier*) à ceux des autres. — Il faut (*a, p, pp, récier*) les choses à leur juste valeur. — Un (*o, f, ff, icier*), pour être plus ancien, n'en est pas toujours meilleur. — Sur le front des mortels, Dieu mit son (*s, sc, eau*) divin. — La nature offre un spectacle toujours (*nouv, au, eau*). — Le sable est impénétrable à l'(*au, eau*). — La minéralogie remonte au (*berc, au, eau*) des sociétés humaines. — On fait avec la (*p, au, eau*) des bergamottes des bonbonnières qui exhalent une odeur suave. — Le (*maquer, au, eau*) se sale comme le hareng. — Le (*cham, au, eau*) voyageur traverse l'Arabie. — La (*campanu, l, ll, e*) se sème sur la fin de mai, dans une terre très-légère, recouverte d'une petite quantité de (*terr, au, eau*) fin. — Le tollipot, qui par sa hauteur ressemble à un mât de (*vaiss, au, eau*), est célèbre au Ceylan par ses feuilles : une seule suffit pour mettre quinze ou vingt personnes à couvert de la pluie.

Une fois que le premier œuf a été déposé dans un (*pondoir, e*) quelconque, la (*ca, n, nn, e*) ne manque pas d'y venir pondre les autres. — Il n'y a point de (*terroir, e*) si ingrat qui n'ait quelque propriété. — Les eaux tombent des hautes montagnes où leur (*réservoir, e*) est placé. — Ce n'est point dans l'(*abreuvoir, e*) ni dans le vivier qu'on doit rouir le chanvre, le lin. — Un (*a, r, rr, osoir, e*) en fer-blanc se corrode par la rouille. — L'(*échenilloir, e*) sert aussi à couper les petites branches qui sont à une certaine hauteur. — Le (*rati, s, ss, oir, e*) sert à couper et à détruire les mauvaises herbes dans les allées. — Naturellement un peu froide, la (*poir, e*) se digère mieux lorsqu'on boit en la mangeant un verre de vin. — L'(*histoir, e*) célèbre les grands hommes de guerre. — Rome encore pauvre ne respirait que la (*gloir, e*). — Les Romains sacrifiaient à la (*Victoir, e*). — C'est un acte très-(*méritoir, e*) aux Indes de prier Dieu dans l'eau courante. — Les enfants attrapent les (*ois, au, eau, x*) avec des (*glu, au, eau, x*). — La (*tisa, n, nn, e*) de (*gru, au, eau*) est rafraîchissante. — Aucun prétexte ne peut excuser celui qui se trouve, dans sa patrie, sous les (*drap, au, eau, x*) des ennemis de sa patrie. — Il faut avoir de bonnes dents pour casser des (*noy, au, eau, x*) de pêche. — Les enfants s'amusent à faire des (*bu, l, ll, e, s*) de savon avec des (*tuy, au, eau, x*) de paille.

XLIIIe LEÇON.

SUR LES RÈGLES N°s 79, 80, 49, 50, 51, 52, 53, 87 ET 88.

(*Voir la 1re Partie.*)

EXPLICATION.

Mots terminés par *eindre, indre, aindre*, n. 79
     Id.   *andre* et *endre*, n. 80.
Emploi de l'*r* médial, n. 49.
    Id.   du *c*, n. 50.
    Id.   du *t* au milieu des mots, n. 51.
Ban et *ben* au milieu des mots, n. 52.
Ga et *gen*   Id.   n. 53.
Mots terminés par *ic, ique, ict*, n. 87.
    Id.   *if, ife, iffe, iphe, yphe*, n. 88.

Les demeures (*soute, r, rr, aine, s*) sont d'un usage général en hiver, dans le nord de la Sibérie et en Laponie. — Autrefois, après avoir (*a, r, rr, aché*) à des innocents par des tourments (*ho, r, rr, ible, s*) des aveux forcés, on les punissait sur ces mêmes aveux. — Chez les Arabes nomades, la famille de celui qui a été tué est en droit de tuer le meurtrier, si celui-ci ne s'(*a, r, rr, ange*) avec elle. — En Orient, on couvre la maison de (*te, r, rr, a, ss, c, es*) qui sont, le soir surtout, le séjour des maîtres du logis. — Nous attirons par notre industrie les substances (*nou, r, rr, içière, s*) les plus délicates de toutes les parties du monde. — Dans l'Amérique méridionale, le manioc et le maïs font la base de la (*nou, r, rr, iture*). — L'agaric arrête les (*hé, é, mo, rr, a, ha, gie, s*). — On sait combien l'intérêt particulier (*fa, ss, sc, ine*) les yeux et rétrécit l'esprit. — Dieu donne et ôte le (*s, sc, eptre*) aux rois, comme il lui plaît. — Les anciens (*S, Sc, ythe, s*) et les Huns mettaient de la chair crue sous les selles de leurs chevaux, et la mangeaient ensuite. — Dans tout l'Orient, un médecin est accueilli partout, et on le consulte avant d'avoir même la moindre preuve de sa (*s, sc, ience*). — Le vrai repos dépend d'une (*con, s, sc, ience*) pure. — Chassées de Cappadoce par Thésée, les Amazones s'établirent en (*S, Sc, ythie*), au delà du Tanaïs. — Dans chaque village de l'Inde, le blanchisseur (*ne, t, tt, oie*) le linge de tous les villageois.

Les anciens Scandinaves abandonnaient les enfants que la stérilité de leur sol ne leur (*perme, t, tt, ait*) pas de nourrir. — On fabrique du papier avec la pulpe de la (*be, t, tt, erave*). — La nouvelle lune était jadis annoncée par le bruit des (*trompe, t, tt, es*). — Dans la Chine, excessivement peuplée, on assure que l'usage d'(*aban, do, n, nn, er*) les enfants sur la voie publique n'est malheureusement que trop commun. — Le ver, ce destructeur-né de nos garde-robes, est tué par l'odeur seule de la (*térében, ti, thi, ne*). — Les chrétiens n'oseraient porter le (*turb, en, an*) blanc dans les Etats du Grand-Seigneur. — Autrefois on condamnait les (*contreb, en, an, dier, s*) aux galères. — La (*contreb, en, an, de*) tend à ruiner les fabriques nationales en inondant nos marchés de produits étrangers. — C'est surtout dans le bouleversement des Etats que les (*intrig, uan, ant, s*) s'agitent. — La (*si, ci, gale*) cesse de vivre dès qu'elle a passé le temps où elle chante. — La fumée du (*ci, si, ga, r, rr, e*) est comme l'opium en Orient. — Le temps marche toujours d'un pas (*é, gal, e*), uniforme et réglé. — On doit savoir se (*contr, in, ain, dre*) quand l'occasion l'exige. — Un enfant veut déranger tout ce qu'il voit ; il casse, il brise tout ce qu'il peut (*a, t, tt, in, ein, ain, dre*). — Avant de se jeter dans le péril, il faut le prévoir et le (*cr, in, ein, ain, dre*). — Prévenir tous les désirs, n'est pas l'art de les contenter, mais de les (*ét, in, ein, ain, dre*). — Il n'est pas permis à l'homme d'(*enfr, in, ein, ain, dre*) les lois de la nature.

Il faut savoir se (*restr, in, ein, ain, dre*) selon les circonstances. — Il faut (*p, in, ein, ain, dre*) les choses dans toute leur vérité. — Bien des gens voudraient (*a, p, pp, rendre*) sans étudier. — On est protégé par les autres ; on peut se (*déf, en, an, dre*) et se soutenir par soi-même. — Il est toujours bon d'(*ent, en, an, dre*) les deux parties. — On ne doit rien (*entrepr, en, an, dre*) au-dessus de ses forces.—Il faut bien se garder de (*condesc, en, an, dre*) toujours aux goûts des enfants. — Les méchants ne peuvent (*compr, en, an, dre*) la pure vertu. — Plus on est élevé en dignité, plus il faut craindre de (*desc, en, an, dre*). — L'(*arseni, c, que*) est un poison dont on ne saurait trop se défier. — Le (*caoutchou, c*) a beaucoup d'analogie avec la gomme (*élasti, c, que*). — L'(*agari, c*) arrête les hémorragies. — Les tiges de l'(*angéli, c, que*) confites dans le sucre font des conserves très-recherchées. — Les araignées aiment la (*musi, c, que*). — Le caille-lait a une odeur (*aromati, c, que*) ; c'est une plante que son utilité recommande à l'économie rurale et (*domesti, c, que*). — La (*mécani, c, que*) a multiplié les forces.—La chaleur est (*organi, c, que*).— L'(*aéorostati, c, que*) est la science de la navigation aérienne.—Les cardinaux occupent en France le premier rang (*e, c, cc, lésiasti, c, que*).

Le mineur (*a, t, tt, entif, e*) suit le filon errant. — L'(*if, c*) s'épanouit au souffle de Borée. — Le bœuf au pas (*tardif, e*) a la force en partage. — Le développement du corps ne doit pas être trop (*hâtif, e*). — Le sauvage, sur un frêle (*esquif, e*) ose braver la fureur des flots. — Les enfants jettent un regard (*furtif, e*) sur tous les objets de leur convoitise. — Un froid (*excessif, e*) engourdit la main et suspend la sensation du toucher. — L'arbre à (*suif, e*) est une espèce d'arbre de la Chine, dont le fruit a quelques-unes des qualités du (*suif, e*) et sert à faire des (*chand, èl, elle, s*). — Un (*re, ss, c, if, e*) offre en quelques lieux un bon mouillage, un port où les vaisseaux peuvent stationner en sûreté. — Les Italiens font un grand usage du (*récitatif, e*) dans leurs opéras bouffes. — Dans un livre de pensées, il y a toujours la part de la (*rémini, ss, sc, en, ce*). — La vanité est le (*s, sc, eau*) de la médiocrité. — Un paysan est plus grand dans sa chaumière qu'un (*s, cé, léra, t*) sur le trône. — Le sourire du méchant couvre, aux yeux de l'homme bon, tout ce qu'il renferme de (*s, sc, élératesse*).

Les jeunes gens se précipitent en foule sur la (*s, sc, ène*) du monde : mais, s'ils n'ont des talents ou des vertus, ils disparaissent dans les coulisses, ou tombent bientôt dans le trou du souffleur. — Le (*s, sc, eptique*) conséquent devrait pousser son système jusqu'à douter de lui, de sa propre raison. — Un (*s, sc, eptre*) de fer est fragile. — La vraie philosophie ne connaît pas de (*s, sch, ismes*). — Moïse dut aux Egyptiens ses premières idées (*s, sc, ientifique, s*). — Il y a des étoiles plus (*s, sc, intillante, s*) les unes que les autres. — Le (*s, sc, epticisme*) est un fort élevé par l'orgueil sur les frontières de la (*s, sc, ience*) et de l'ignorance.

XLIVᵉ LEÇON.

SUR LES RÈGLES Nᵒˢ 35, 36, 37, 38, 80, 83, 84 ET 85.

(*Voir la 1ʳᵉ Partie.*)

EXPLICATION

Mots commençant par *ir*, n. 35.
    Id.   *oc, of, op,* n. 36, 37 et 38.
Mots terminés par *andre, endre,* n. 80.
    Id.   *eu, eue, eux,* n. 83.
    Id.   *eur, eure, eurre,* n. 84.
    Id.   *ge, je,* n. 85.

La danse est pour la plupart des nègres une passion (*i, r, rr, ésistible*).—L'(*i, r, rr, is*) est le cercle coloré qui entoure la (*prun, èlc, elle*) de l'œil.—Les (*i, r, rr, i, s*) sont des plantes vives et herbacées. — Les (*I, r, rr, oquois*) ne sont déjà plus étrangers à toute civilisation. — Dans l'(*Océani, e*), le riz remplace le blé. — Dans l'(*o, sé, cé, an*) des airs l'affreux orage gronde. — Les déserts peuvent être regardés comme des (*o, cé, sé, an, s*) de sable.—Les cardinaux (*o, c, cc, upe, nt*) en France le premier rang ecclésiastique. — Les choses abandonnées sont au premier (*o, c, cc, upa, nt*).—Les (*o. r, cc, upation*, *s*) champêtres tiennent lieu d'amusement. — En général, les montagnes (*o*, *c*, *cc*, *upe*, *nt*) le milieu des continents.—S'il est prudent, il n'est pas toujours honnête de changer de conduite suivant les (*o*, *c*, *cc*, *u*, *r*, *rr*, *ence*, *s*).—Il faut se gouverner selon les cas (*o*, *c*, *cc*, *u*, *r*, *rr*, *ent*, *s*). — Il faut saisir l'(*o*, *c*, *cc*, *asion*) aux cheveux. — L'(*o*, *f*, *ff*, *ice*) d'un médecin s'étend également à purifier l'âme et le corps. — Les licteurs étaient des (*o*, *f*, *ff*, *icier*, *s*) publics qui marchaient devant les premiers magistrats. — Que peut-on attendre d'un homme qu'on (*o*, *f*, *ff*, *ense*) en l'obligeant? — La nature (*o*, *f*, *ff*, *re*) un spectacle tojours nouveau. — Les oies jettent de grands cris lorsqu'on leur présente de la nourriture, au lieu qu'on rend le chien muet en lui (*o*, *f*, *ff*, *rant*) cet appât.—Les (*o*, *f*, *ff*, *rande*, *s*) des fruits de la terre sont celles que nous trouvons le plus anciennement établies chez tous les peuples.

Que Dieu nous pardonne nos (*o*, *f*, *ff*, *ense*, *s*) comme nous pardonnons à ceux qui nous ont (*o*, *f*, *ff*, *ensé*, *s*). — Autrefois, l'(*o*, *f*, *ff*, *ertoir*, *e*) consistait en un psaume avec son antienne. — Les chartreux disaient l'(*o*, *f*, *ff*, *ice*) des morts tous les jours, hors les fêtes. — Dans les églises cathédrales, il y a des jours solennels et marqués auxquels l'évêque luimême doit (*o*, *f*, *ff*, *icier*) à l'autel et au chœur. — Un chef de bureau qui craint la destitution d'un employé à qui il s'intéresse, le fait prévenir (*o*, *f*, *ff*, *icieusement*) et non (*o*, *f*, *ff*, *ici*, *èle*, *elle*, *ment*), qu'il ait à se mieux conduire.—Les (*o*, *f*, *ff*, *iciers*, *s*) supérieurs commandent tout ou partie d'un corps de troupes. — La préparation, la conservation et la mixtion des substances (*o*, *f*, *ff*, *icinale*, *s*) constituent tout l'art du pharmacien. — Les commis voyageurs de commerce vous obsèdent de leurs (*o*, *f*, *ff*, *re*, *s*) de services.—L'abus des boissons alcooliques s'(*o*, *p*, *pp*, *ose*) au développement de la taille. — Trop souvent on croit voir l'(*o*, *p*, *pp*, *inion*) publique dans la sienne. — L'(*o*, *p*, *pp*, *ale*) noble, pour son éclat chatoyant, est aussi estimée que l'(*o*, *p*, *pp*, *ale*) de feu pour ses couleurs : on en fait des bagues et des boucles d'oreilles. — L'eau la plus limpide devient (*o*, *p*, *pp*, *aque*) lorsque son volume a une très-grande profondeur. — Les (*o*, *p*, *pp*, *ération*, *s*) de médecine sont excessivement difficiles et compliquées.—On finit par s'accoutumer à l'action de l'(*o*, *p*, *pp*, *ium*).

Toute la nature parle de (*Dieu, x*). — Ce glóbe immense n'est qu'un point perdu au (*milieu, x*) des soleils.— Le (*feu, x*) remplit toute la nature. — Dans l'océan des airs, l'(*affreu, x*) orage gronde. —L'autruche en courroux a le maintien (*impérieu, x*) et fier. — Aux (*gueu, x*) la besace. — Le miel qui provient des fleurs de l'aconit est (*vénéneu, x*).—Le blé offre des asiles assurés au lièvre (*peureu, x*) qui y fait son gîte. — L'ananas est sans contredit le plus (*délicieu, x*) de tous les fruits. — Naturellement grossier et poltron, le loup devient (*ingénieu, x*) par besoin et hardi par nécessité. —La (*chaleur, e*) n'est que le toucher de la lumière. —Dieu est le (*créateur, e*) de toutes choses. — Dieu a appris au soleil l'(*heur, e*) de son coucher. — La puissance et la (*grandeur, e*) de Dieu éclatent dans ses ouvrages. — Les brises s'élèvent de la mer et répandent la vie et la (*f, ré, rai, cheur, e*). — Le vent fracasse un chêne ou caresse une (*fleur, e*). — La (*vapeur, e*) des brouillards obscurcit les cieux. — L'(*honneur, e*) est l'instinct de la vertu. — Georges Agricola est regardé comme le (*fondateur, e*) de la (*méta, l, ll, urgi, e*), dans les temps modernes. — L'(*odeur, e*) de l'asphalte n'est sensible que par le frottement. — Le lis à nos regards étale sa (*blancheur, e*). — Les oignons d'Egypte sont remarquables par leur (*grosseur, e*).— La conscience est le (*meilleur, e*) livre de morale. — Dans la vertu seule est notre vrai (*bonheur, e*), — Le (*malheur, e*) est le père des mauvaises pensées.

L'insecte dépose un ver (*rongeur, e*) dans le sein de la (*fleur, e*). — La (*chaleur, e*) augmente en raison de la (*profondeur, e*) des couches de terre. — L'affût est l'endroit où se cache le (*chasseur, e*) pour attendre le gibier au passage. — Les papillons provenus des chenilles qui donnent la soie choisissent le mûrier pour (*demeur, e*). — L'éclat continuel de la (*n, è, ei, ge*) éblouit la vue. — L'art du (*laboura, j, g, e*) a nécessité l'emploi des métaux. —Le Nil du vert acanthe admire le (*feuilla, j, ge*). — Des oiseaux nous charment toujours par leur touchant (*rama, j, ge*). — Belle tête souvent n'est qu'une belle (*ima, j, ge*). — Les lèvres embellissent tout le (*visa, j, ge*). — La beauté est l'(*apana, j, ge*) des peuples policés. — La (*gén, ice, isse*) se plaît dans un gras (*pâtura, j, ge*). — Ne (*ju, j, ge, on, s*) jamais sur l'apparence. — Les chenilles dévorent les feuilles et les (*bour, j, ge, on, s*). — L'(*escour, j, geon*) est d'une couleur plus jaune que l'(*or. j, g, e*) commune. — C'est à l'époque qui précède l'épanouissement de la fleur qu'il faut faucher l'(*ajon, c*). — Un beau visage (*rép, en, and*) ses charmes sur toute la personne. — Il faut voyager par mer pour (*a, p, pp, ran, ren, dre*) à prier. — Nous trouvons aisées les choses dans lesquelles les autres réussissent, et que nous ne devons pas (*entrepr, an, en, dre.*)

XLVe LEÇON.

SUR LES RÈGLES Nᵒˢ 104, 105, 106, 107, 108, 109, 110, 112 ET 113.

(*Voir la 1ʳᵉ Partie.*)

EXPLICATION

Mots terminés par *oupe, ouper, ouppe, oupper*, n. 104.
    Id.   *se, ze*, n. 105.
    Id.   *son, zon*, n. 106.
    Id.   *xion, cion, sion, tion*, n. 107.
    Id.   *tiel, ciel, cieux*, n. 108.
    Id.   *é* ou *ée*, n. 109.
    Id.   *ul, ule, ulle*, n. 110.
    Id.   *ur, ure*, n. 112.
Règles sur les Homonymes, n. 113.

Mettre le feu aux (*étou, p, pp, es*). — L'œil de la vanité est une (*lou, p, pp, e*) qui grossit tous les petits objets. — Avoir le vent en (*pou, p, pp, e*). — Une (*trou, p, pp, e*) d'enfants. — (*Cou, p, pp, er*) du bois. — (*Attrou, p, pp, er*) les passants. — (*Décou, p, pp, er*) une image. — Une petite (*chalou, p, pp, e*). — Une bonne (*sou, p, pp, e*). — Les armes des Egyptiens étaient de (*bron, s, z, e*). — La (*ro, s, z, e*) est la reine des fleurs. — Les rivières serpentent dans les vastes campagnes pour les mieux (*a, r, rr, o, s, z, er*). — Le nègre trouve ce qu'il lui faut dans sa petite (*ca, z, s, e*) qu'une journée de travail suffit pour construire. — Dans la Norwége on mange le poisson sec en (*gui, z, s, e*) de pain. — Dans l'Amérique méridionale le manioc et le maïs sont la (*ba, s, z, e*) de la nourriture. — Le lait caillé est le mets commun des Tartares, ainsi que des habitants du (*Cauca, s, z, e*) qui y trempent leur viande.—On retire de la (*meri, s, z, e*) une eau-de-vie que les Allemands ont nommée kirschwaser, c'est-à-dire eau de (*ceri, s, z, e*). — La pêche est un (*poi, s, z, on*) mortel dans ia Perse. — La marmotte reste toute une (*sai-s, z, on*) sans prendre d'aliments. — Les nuées volent d'un bout de l'(*hori, z, s, on*) à l'autre sur les ailes des vents. — En Suisse, le paysan construit sa (*mai, s, z, on*) en planches de sapin. —L'air sert à la (*respira, s, t, ion*).—L'(*i, n, nn, onda, t, s, ion*) est nuisible aux champs. — Le feu est une (*émana, t, s, ion*) du soleil. — L'(*exploita, t, s, ion*) des mines était autrefois abandonnée aux esclaves et aux con-damnés.

A l'(*a, p, pp, ari, c, t, ion*) de la cardamine des près, les saumons remontent les rivières. — Une (*a, f, ff, li, xion, ction*) arrive rarement seule. — La (*modéra, s, t, ion*) des désirs enrichit. — La (*distrac, s, t, ion*) est nuisible à l'étude. — A l'(*em, am, bi, t, s, ion*) tout semble être possible. — On sale les choux pour en faciliter la (*fermenta, s, t, ion*). — Le régime est d'une grande importance pour la (*conserva, t, s, ion*) de la santé. — Sarcler, biner et arroser légèrement, sont tous les soins qu'exigent les calycanthes après leur (*planta, s, t, ion*). — On place le canard loin des viviers et des étangs où l'on élève du poisson : sans cette (*précau, s, t, ion*), il les dévasterait en peu de temps. — La belle architecture fut d'abord employée à la (*constru, xion, ction*) des temples. — L'(*instru, xion, ction*) est l'ornement du riche et la richesse du pauvre. —Le travail élève et fortifie l'âme ; l'esprit s'accroît par la (*médita, s, t, ion*) et par la pensée. — La caméline réussit dans les terres légères, mais elle produit davantage sur un sol (*substan, ciel, tiel*). — Un motif (*essen, ciel, tiel*).—Une fleur (*artifi, tiel, ciel, ll, e*). — Un men (*superfi, tiel, ciel*). —Un homme (*offi-cieu, x*). — Un enfant (*audacieu, x*).—Un fruit (*délicieu, x*). — Un (*gracieu, x*) sourire. — Un enfant (*capricieu, x*). — Un travail (*consciencieu, x*). — La (*bonté, é*) du cœur est la plus précieuse des qualités. — L'(*équité, é*) finit où le courroux commence. — La (*libéralité*, *e*) est une branche de la (*générosité*, *e*).

La véritable (*charité*, *e*) est sans ostentation. — L'(*humanité*, *e*) est la première des vertus. — La bonne foi est le lien et l'âme de la (*société*, *e*). — La (*sincérité*, *e*) est la mère de la (*vérité*, *e*). — La (*naïveté*, *e*) sera toujours la fleur de la jeunesse. — L'innocence est le premier charme de la (*beauté*, *e*). — La (*simplicité*, *e*) est la compagne de la (*beauté*, *e*). — L'(*affabilité*, *e*) est l'ornement de la grandeur. — L'économie est fille de l'ordre et de l'(*assiduité*, *e*). — L'(*oisiveté*, *e*) est la mère de tous les vices. — La (*fierté*, *e*) dans les manières est le vice des sots. — L'(*adversité*, *e*) est l'épreuve de la vertu. — Sans religion, point de (*société*, *e*). — L'(*hospitalité*, *e*) est en honneur chez tous les peuples de l'Orient. — Tout bâtiment doit réunir la (*solidité*, *e*) et la (*commodité*, *e*). — Les pèlerins portent la (*h*, *è*, *ai*, *re*). — Il y a dans ce monde de pauvres (*h*, *è*, *ai*, *re*, *s*). — Sénèque se fit ouvrir les (*v*, *ai*, *ei*, *ne*, *s*). — Jésus-Christ donna-t-il une (*v*, *ai*, *ei*, *ne*) leçon, lorsqu'il prit naissance dans une famille, non de prêtres, de rois, de nobles, mais du peuple? — Saint Étienne est le premier (*martyr*, *e*). — Au sortir du baptême on courait au (*martyr*, *e*). — L'oisiveté est la (*mèr*, *e*) du vice. — Les (*m*, *è*, *ai*, *re*, *s*) sont électifs. — Pour aller à Londres il faut passer la (*mer*, *e*). — L'(*or*) fait souvent le mérite. — La chambre des Pairs d'Angleterre se compose de (*lor*, *d*, *s*).

(*Lor*, *s*) d'une révolution, tout paraît changer ; mais ce sont les mêmes passions, sous d'autres noms et d'autres hommes. — Il n'y a (*gu*, *è*, *r*, *rr*, *e*) de gens désintéressés. — Dans une (*gu*, *e*, *r*, *rr*, *e*) civile, la victoire même est une défaite. — Virgile est appelé le (*s*, *c*, *i*, *y*, *gne*) de Mantoue. — Les menaces sont le (*si*, *cy*, *gne*) de la faiblesse. — Rome fut fondée sept cents ans avant l'(*é*, *r*, *rr*, *e*) chrétienne. — Quand on ne sait où l'on va, on (*è*, *r*, *rr*, *e*) à l'aventure. — Les cordonniers se servent d'(*a*, *ha*, *lei*, *lè*, *ne*, *s*). — L'(*ha*, *lei*, *lè*, *ne*) de l'homme est mortelle à ses semblables. — Les cendres de Napoléon sont déposées à l'(*hôtel*, *autel*) des Invalides. — Partout où vous verrez un (*autel*, *hôtel*), là se trouve la civilisation. — (*Apprêt*, *après*) l'hiver vient le printemps. — Ne faites point d'(*après*, *apprêt*, *s*) pour le plaisir. — La guerre a ses (*appâts*, *appas*) et la paix ses douceurs. — Les services du méchant et de l'avare sont des (*appas, appâts*) dangereux. — Pendant le carnaval on donne des (*bal, balle, s*) masqués. — Ne différez en rien et sachez prendre la (*bal, le*) au bond. — Paris est bâti dans un (*fond, fonds*). — Vendre son (*fonds, fond*), c'est acheter d'ordinaire le regret et l'ennui. — L'or (*fond, font*) dans la main du prodigue. — Les vrais (*héros, hérauts*) sont plus rares que les grands guerriers. — Les Romains faisaient déclarer la guerre par des (*héros, hérauts*). — Il y a des maisons bâties en (*plein, plain*) champ. — La statue de Henri IV est élevée sur un terre-(*pl, ein, ain*). — Les jeunes gens sont (*pl, ein, ain, s*) de présomption. — Dieu regarde les mains pures et non les (*pl, ain, ein, es*). — Si nous voyageons, les belles et fertiles (*pl, eine, aine, s*) nous ennuient.

XLVIe LEÇON.

SUR LA RÈGLE N° 113.

(*Voir la 1re Partie.*)

EXPLICATION.

Mots terminés par *el, elle, èle*, n. 113.

J'ai toujours regardé comme un acte (*criminel, le*) l'(*appel, le*) des étrangers. — Le sang (*appel, elle*) le sang. — La justice humaine est impuissante pour punir les illustres scélérats ; elle en (*app, èle, elle*) à l'(*éternel, le*) justice. — N'(*app, ellez, elez*) pas grand celui qui n'est pas maître de lui-même. — Partout où vous verrez un (*autel, le*), là se trouve la civilisation. — La fortune fait passer les crimes des gens heureux pour des (*bagatel, le, s*) et les (*bagatel, le, s*) des malheureux pour des crimes. — Ne gardez point de haines (*i, m, mm, ortel, le, s*). — L'homme est (*mortel, le*) par ses craintes, (*i, m, mm, ortel, le*) par ses désirs. — Il faut bien distinguer le (*sel, le*) d'avec le (*fiel, le*) dans la conversation. — Les (*querel, le, s*) s'évitent plus aisément qu'elles ne s'étouffent. — Fuyez ceux avec lesquels il faut toujours se (*quere, ler, ller*), si l'on ne veut toujours céder ou se taire. — On emploie avec (*x, èle, elle*) le fer et le feu pour la cause du (*ci, el, elle*), lorsqu'on y trouve un grand avantage sur la terre. — Il est impossible qu'une belle (*coqu, èle, ette*) allume tant de feux, sans qu'il en tombe quelque (*étinc, ele, elle*) dans son cœur. — On perd tout le mérite des bienfaits quand ils ne sont pas (*renouv, elé, ellé, s*). — L'uniformité abrége la vie ; les changements la (*renouv, èle, elle, nt*). — La mode et le commerce du luxe s'alimentent du nouveau et du (*renouv, elé, ellé*). — Les dominateurs des mers (*renouv, èle, elle, nt*) leur marine en (*renouv, el, ell, ant*) périodiquement la guerre.

Le vrai régime (*constitutio, n, nn, el, elle*) d'un peuple doit être l'expression de ses institutions anciennes, modifiées selon ses besoins nouveaux. — Le peuple ne tient qu'au (*matér, iel, le*) de la religion. — La matière ne peut avoir que des qualités (*matéri, el, elle, s*). — Les (*arc, s*)-en-ciel n'ont lieu que lorsque le soleil est peu élevé sur l'(*hori, s, z, on*). — Tout artiste est jaloux d'une gloire (*immort, el, elle*). — Une mémoire active et (*fid, èle, elle*) double la vie. — Chassez le (*natur, el, elle*), il revient au galop. — Ceux qui s'aiment s'exposent à mourir deux fois, de la mort (*natur, el, elle*) et de l'absence. — Le (*mi, el, elle*) des éloges est enivrant. — La raison ne cherche qu'à goûter le (*mi, el, elle*) sans endommager la fleur. — Il faut que l'homme qui veut en forcer un autre à se brûler la (*cerv, el, elle*) prouve qu'il en a. — Les (*cerv, el, elle, s*) humaines sont des verres de couleur qui ne reçoivent et ne transmettent que tel ou tel rayon de lumière. — Un roman obscène est un (*lib, el, elle*) contre la morale. — La voix de la vérité ne prend pas le ton du (*lib, ell, elé*). — Dans une société bien réglée, les bons doivent servir de (*mod, èle, elle*) et les méchants d'exemple. — Si l'on avait l'histoire du (*x, èle, elle*), depuis Caïn jusqu'à nous, on n'y trouverait que meurtres et massacres. — Les membres d'une société qui refusent d'obéir à l'autorité qu'elle approuve sont des (*reb, ele, elle, s*).

Tout (*para, l, ll, èle, elle*) offense l'homme, parce qu'il se croit unique dans son espèce. — Il est difficile d'(*amonc, ele,*) *elle*, r) les tempêtes sur le (*ci, el, elle*) de sa patrie et de 'n'en être pas frappé.—Le bonheur (*chanc, èle, elle*) lorsqu'il s'appuie sur la fortune. — Il y a des étoiles qui (*étinc, èle, elle, nt*) plus que d'autres. — La conscience (*bour, èle, elle*) le méchant. — Le vent (*amonc, èle, elle*) les sables. —Une âme corrompue se (*déc, èle, elle*) par ses actions. — Les feuilles du lierre terrestre sont (*crén, élé, ellé, es*). — Les lapins durant la neige (*p, èle, elle, nt*) les jeunes arbres. — Le retour du printemps (*renouv, èle, elle*) toutes choses. — Il suffit d'être juste pour être vrai (*fid, èle, elle*), et d'être généreux pour être saint. — Les usages sont plus (*fid, èle, elle, ment*) observés chez une nation simple, que les lois les plus sévères chez une nation policée. — Par esprit de contradiction, on chérit souvent un (*infid, èle, elle*). — Une femme ne doit pas échanger la vertu, son plus (*bel, el*) ornement, contre les parures (*artificiel, el, elle, s*). — Ne serait-ce pas offenser l'(*Etern, el, le*), que de lui donner les faiblesses, les passions de l'humanité ? — Un cœur profondément affligé n'a nul besoin de s'environner des souvenirs de l'objet regretté, pour que sa douleur soit (*éter, n, el, elle*). — La pensée (*continu, el, elle*) de la mort en ôte l'horreur. — Les morts et les vivants se succèdent et se remplacent (*continu, el, elle, ment*). — Les rédacteurs de la procédure (*crimin, el, elle*) ancienne ont plus songé à trouver des coupables que des innocents. — Nous sommes ici comme des (*crimin, el, elle, s*) dans leur prison, incertains de leur supplice. —La justice est coupable alors qu'elle est (*cru, el, elle*). — Valérien ne fut (*cru, el, elle*) qu'aux chrétiens.

Le tigre est une bête (*cru, el, elle*). —Les Romains étaient (*cru, el, elle, s*) à ceux qui leur résistaient. —Dans toute entreprise légitime, l'(*essenti, el, elle*) est de réussir par des moyens honnêtes. — La vérité et la fidélité sont les vertus (*essenti, el, elle, s*) des princes. —On (*préf, ère, erre*) les égards, monnaie de l'amitié, à un dévouement (*éventu, el, elle*) qui l'acquitterait en entier. —La loi est (*univers, el, elle*), qui commande de naître, de souffrir, et de mourir. — L'homme réellement (*univers, el, elle*) est celui qui se rend utile à tous les hommes. — Il y a entre les hommes une inégalité (*origin, el, elle*), à laquelle rien ne peut remédier. — Chaque homme naît avec le péché (*origin, el, elle*). — Un ancien peuple demandait du pain et des spectacles ; un peuple moderne demande du pain et des (*nouv, el, elle, s*). —La vertu semble plus (*b, el, elle*) dans un beau corps. — La clémence est le plus (*bel, le*) usage de l'autorité. — Les (*constitutionn, el, elle, s*) sont des gobe-mouches ; on a rayé tous les pactes en France : les chartes furent des feuilles de papier. — Une femme sans pudeur est un mets sans (*s, el, elle*). — Les insouciants se soumettent à tous les régimes comme les chevaux usés à toutes les (*sel, les*). — La fortune suscite des obstacles au prince qu'elle veut agrandir, et, par cette (*éch, el, èle, elle*), le fait monter au plus haut degré de puissance.

XLVIIᵉ LEÇON.

SUR LES RÈGLES Nᵒˢ 59, 60, 61 ET 62.

(*Voir la 1ʳᵉ Partie.*)

EXPLICATION

F représenté par *ph*, n. 59.
T   id.   *th*, n. 60.
Mots avec un *h* muet et avec un *h* aspiré, n. 61.
Mots où se trouve la lettre *y*, n. 62.

L'(*al, f, ph, ab, et, ète, ette*) français comprend vingt-cinq lettres. — La grenouille est un animal (*am, an, f, ph, ibi, c*). — L'(*élé, f, ph, ant*) est le plus grand, le plus gros et le plus intelligent des quadrupèdes. — Le style (*enfa, empha, tique*) et précieux nous choque, parce qu'il semble exiger notre admiration. — L'expérience prouve assez qu'il ne faut jamais annoncer (*enfa, empha, tiquement*) l'avenir que nos espérances nous promettent. — Les (*é, f, ph, émé, ride, s*) contiennent, jour par jour, le récit d'une série de faits. — A la lecture de certains (*p, anf, amph, let, s*), on s'étonne que leur auteur ait pu se compromettre pour eux. — Le (*p, anf, amph, lét, ère, aire*) est presque toujours un lâche méchant. — Un bon (*f, ph, iloso. f, ph, e*) est nécessairement un bon citoyen. — Les peuples seront heureux quand les vrais (*f, ph, iloso, ph, f, es*) seront rois, ou quand les rois seront vraiment (*f, ph, iloso, f, ph, es*). — L'ordre et l'économie trouvent la pierre (*f, ph, iloso, f, ph, ale*). — Les Chinois inventèrent longtemps avant nous l'imprimerie, la poudre à canon, les feux d'artifice, les (*ba, l, ll, ons*), les (*ph, f, antas, magorie, s*). — La défiance est le (*ph, f, are*) du sage ; mais il peut s'y briser. — Une collection de maximes doit être une (*ph, f, arma, tie, cie*) morale où l'on trouve des remèdes pour tous les maux. — C'est un (*ph, fé, nomène*) que de rencontrer une femme qui fasse le bonheur de son mari. — La vraie (*ph, f, ilant, th, ropie*) consiste à faire du bien aux hommes sans en espérer aucune récompense.

Un grain de philosophie dispose à l'(*a, t, th, éisme*); beaucoup de (*ph, f, iloso, ph, ie*) ramène à la religion. — Les (*ph, f, oque, s*) sont des animaux (*anf, amph, ibie, s*). — On n'est sûr de bien parler une langue qu'autant que l'on emploie des (*ph, f, rase, s*) entières de bons écrivains. — On nie la (*ph, f, ysiognonomi, e*), et cependant chacun croit qu'il y a une expression significative dans un visage. — Que de maux la France eût évités, si la (*ph, f, ysiognomoni, e*) avait eu plus de docteurs et de partisans! telle tête n'aurait jamais dominé. — Ce ne sont pas les (*ph, f, ysionomi, es*) qui sont trompeuses, mais les manières et surtout les discours. — Le (*ph, f, ysionomiste*) Lavater prédit à l'Europe ses destinées en voyant celui qui les eut à son caprice. — Sous un gouvernement de fait, il n'y a que les forces (*ph, f, ysique, s*) qui soient effectives. — Notre globe eut certainement un commencement, puisqu'il est (*ph, f, ysiquement*) impossible qu'il n'ait pas une fin. — Utile dans les sciences, l'(*ana, li, ly, se*) partout ailleurs tue l'imagination. — Ceux qui veulent toujours (*ana, li, ly, ser*) ressemblent au chimiste qui, pour connaître les fleurs, en détruit l'éclat et le parfum. — Virgile est appelé le (*cy, si, gne*) de Mantoue. — Les (*cy, ni, nique, s*) faisaient redevenir brute l'homme civilisé. — Le (*ci, ny, nisme*) des mœurs est la perte du corps politique. — Les nouvelles (*di, dy, nastie, s*) ne peuvent se soutenir que par la popularité. — En matière d'(*é, ti, ty, mologie*), les mots sont comme les cloches auxquelles on fait dire tout ce qu'on veut. — Le législateur doit être un (*er, her, cule*) pour combattre l'(*i, hy, dre*) de l'égoïsme. — Plus on a d'expérience, plus on se détrompe de cette idée que le peuple est une (*i, hy, dre*) redoutable qu'il faut enchaîner. — L'amour entre les rois ne fait pas l'(*i, hy, méné, e*).

L'imagination se nourrit d'(*i, hy, perbole, s*). — L'(*i, hy, perbole*) exprime au delà de la vérité pour ramener l'esprit à la mieux connaître.—La vie des courtisans est une (*hi, hy, pocrisie*) continuelle. — Notre bonheur est en (*hi, hy, po, t, th, èse*) et notre malheur en réalité. — C'est être médiocrement (*a, ha, bil, e*) que de faire des dupes.—Il y a bien de la différence entre l'(*a, ha, bileté, e*) et la finesse. — La Vérité, que les peintres et les poëtes représentent toute nue, est toujours (*a, ha, billé, e*) de mille façons devant les rois.—L'(*a, ha, bit*) fait l'(*o, h, omme*). — N'y a-t-il donc dans le vaste univers que la terre d'(*a, ha, bitable*), et ne peut-il s'y trouver un astre plus pur où nous vivrons éternellement (*eu, heu, reux*) avec ceux que nous avons aimés? — Si Dieu l'eût voulu, tous les (*a, ha, bitant, s*) de la terre auraient suivi sa loi. — Le malheur est au lieu qu'on (*a, ha, bite*), et le bonheur où l'on n'est pas. — L'(*a, ha, bitude*) de se soumettre à la règle ne saurait se prendre trop tôt. —Je n'aime pas l'orgueil de l'or, mais j'aime encore moins l'orgueil des (*ail, hail, lon, s*).—L'innocent accusé voit pendant une lente procédure la (*a, ha, che*) suspendue sur sa tête, et la société ne l'indemnise pas. — Les sots font la (*ai, hai, e*), et les sages passent leur chemin en souriant.—On pardonne à la (*ai, hai, ne*) et jamais au mépris. — Les révolutions avortées amenèrent toujours des gouvernements (*ai, hai, neu, x*) et vindicatifs. — Les grands (*a, ha, ïsse, nt*) la vérité parce qu'elle les rend (*a, ha, ïssable, s*).— L'(*a, ha, leine*) de l'homme est mortelle à ses semblables. — Dis-moi qui tu (*an, han, te, s*), je te dirai qui tu es. — Législateurs, laissez au peuple la liberté du (*a, ha, n, nn, eton*) retenu par un fil.—La plus belle (*a, ha, rangue*) est celle que le cœur a dictée. — Le mérite est toujours (*ar, har, celé*) par les envieux. — On est bien (*ar, har, di*) quand on demande pour un ami. — Le (*a, ha, reng*) est un poisson très-commun. — Les personnes (*ar, har, gneuse, s*) sont comme des buissons épineux.—Les (*a, haricot, s*) d'Espagne sont très-gros. — Utile dans les sciences, l'(*ana, li, ly, se*) partout ailleurs tue l'imagination.

FIN DES EXERCICES.

TABLE

DES TABLEAUX SYNOPTIQUES

—

INITIALES.

MÉDIALES.

FINALES.

HOMONYMES.

FIN DE LA TABLE DES TABLEAUX SYNOPTIQUES.

TABLE DES EXERCICES

EXPLICATION

F représenté par *ph*, n. 59.
T   id.   -   *th*, n. 60.
Mots avec un *h* muet et avec un *h* aspiré, n. 61.
Mots où se trouve la lettre *y*, n. 62.

FIN DE LA TABLE DES MATIÈRES.

Paris, Imprimerie de Ch. Bonnet, 42, Vavin

OUVRAGES BESCHERELLE

EN VENTE CHEZ LES MÊMES LIBRAIRES

Petite Grammaire nationale ou Grammaire de toutes les écoles, la plus exacte et la plus complète. 1 volume in-12, cartonné. 1 50

    Exercices, 1 volume in-12, cartonné. 1 50

    Corrigé, 1 volume in-12, cartonné. 1 50

Abrégé de la petite Grammaire nationale, 1 volume in-12, cartonné. . . . . » 60

    Exercices, 1 volume in-12, cartonné. . . . . » 60

    Corrige, 1 volume in-12, cartonné. . . . . . » 60

Dictionnaire des Verbes Français, classés par catégories et conjugués par ordre alphabétique de terminaisons, 1 volume in-12, cartonné. 1 75

Nouvelle Méthode de Lecture comprenant tous les sons de la langue française avec leurs différences orthographiques ; ouvrage gradué et divisé en trois parties au terme desquelles les enfants sont naturellement préparés à l'étude de la grammaire et de l'orthographe, 1 volume in-12, cartonné. . . . . 1 »

Dictionnaire grammatical et usuel des participes français, classés par catégories et par ordre alphabétique de terminaisons, avec la solution analytique et raisonnée de toutes les difficultés auxquelles peuvent donner lieu les participes sous le rapport de leur orthographe, de leur usage, de leur construction et de leur syntaxe, 1 volume in-12, cartonné. . . . . 2 »

Manuel de correspondance administrative, commerciale et familière. Modèles de Pétitions, Mémoires, Réclamations et Actes sous seing privé, Préceptes généraux sur le cérémonial des lettres, le Service des Postes, la Correspondance télégraphique, le Timbre et l'Enregistrement, 1 beau volume in-18 jésus. . . . 2 25

Nouveau traité du subjonctif et de la concordance, un petit volume in-12, cartonné. . . . . » 30

Éléments de la Grammaire de Lhomond, avec Questionnaires et Exercices, 1 volume in-12, cartonné. » 60

Dictionnaire des Verbes latins classés par catégories, et à chacune desquelles se trouve un modèle entièrement conjugué, et suivi de remarques latines et étymologiques, 1 volume in-12, cartonné. 2 50

Petit Cours de Littérature théorique et pratique, 1 volume in-12, cartonné. 2 25

Manuel classique et pratique des synonymes français.

    Livre du maître. 2 50

    Livre de l'élève. 2 50

Paris. Imprimerie Ch. Bonnet, 42, rue Vavin.

9 782019 623890